语言游戏的语用维度

范秀英◎著

中国社会科学出版社

图书在版编目（CIP）数据

语言游戏的语用维度／范秀英著 . —北京：中国社会科学出版社，2014. 12
ISBN 978 - 7 - 5161 - 3778 - 9

Ⅰ. ①语… Ⅱ. ①范… Ⅲ. ①维特根斯坦, L(1889～1951)—语言哲学
Ⅳ. ①B561. 59

中国版本图书馆 CIP 数据核字（2013）第 303483 号

出 版 人 赵剑英
特约编辑 胡国秀等
责任编辑 陈 彪
责任校对 李 楠
责任印制 张雪娇

出 版 中国社会科学出版社
社 址 北京鼓楼西大街甲 158 号（邮编 100720）
网 址 http://www. csspw. cn
中文域名:中国社科网 010 - 64070619
发 行 部 010 - 84083685
门 市 部 010 - 84029450
经 销 新华书店及其他书店

印刷装订 北京金瀑印刷有限公司
版 次 2014 年 12 月第 1 版
印 次 2014 年 12 月第 1 次印刷

开 本 710×1000 1/16
印 张 13. 75
插 页 2
字 数 252 千字
定 价 39. 00 元

目　　录

前　言

　　维特根斯坦哲学对当代西方哲学的发展所给予的影响是广泛的、深远的。他是当代西方哲学最有影响的、最重要的哲学家，也是当代分析哲学的首创者之一。其早期哲学从根本上影响了第二次世界大战期间流行于欧洲的逻辑原子理论和逻辑实证主义；其后期哲学对第二次世界大战后英国兴起的日常语言分析哲学又给予了决定性的影响。

　　维特根斯坦是一个很有争议的哲学家，尽管由于逻辑实证主义在近20年分析哲学的发展中所出现的衰落，使得人们开始怀疑维特根斯坦前期哲学思想的力量；而日常语言哲学对形而上学的推崇，也使得维特根斯坦后期哲学思想魅力大减，但这一切都不足以从根本上动摇维特根斯坦在哲学史上的地位，也不能抹去维特根斯坦哲学曾给予哲学发展所带来的影响。曾有学者评价认为，维特根斯坦哲学预示了传统西方哲学的终结和现代西方哲学的发展方向，也许现在将维特根斯坦与亚里士多德、笛卡儿、康德、黑格尔相提并论尚为时过早，但维特根斯坦作为现代西方哲学——逻辑语言分析和日常语言分析两种哲学思潮的奠基人，其哲学以独特的反传统性和开创性的双重品格对现代西方哲学的发展以及未来哲学发展所给予的影响是不容低估的。

　　现代的世界是一个开放的世界，而开放的世界的一个显著特点就是世界一体化。随着国际一体化进程的加快，对西方文化的研究已成为一个时代课题。而现代西方哲学作为其文化的一部分，是西方文化的灵魂，对现代西方哲学的研究将有助于中西文化的交流与促进。而深入研究维特根斯坦哲学，将有助于我们把握现代西方哲学发展的脉络和趋势。与其说维特根斯坦哲学的独创性给我们构建了什么理论，毋宁说他给我们留下了什么启示。走近维特根斯坦，了解维特根斯坦，研究维特根斯坦，无论是在理论上还是在实践中，都将具有重大意义。

　　前后期维特根斯坦都关心语言，但前期的维特根斯坦所关心的是语言的逻辑分析和逻辑结构；而后期维特根斯坦所关心的则是语言的使用和践行语言的基础。维特根斯坦指出："语言是一种活动，或是生活形式的一部分。""想象一种语言就意味着想象一种生活形式。"从语言与人类生活、人的活动紧密相连的视角考察语言，使得语言不再是静止不动的指称、僵死不变的符号，而是生活中活生生的有生命的语言，是动态中的语言，是有根基的语言。而活动就是语言使用的活动，语言游戏就根植于生活形式。正是人使用语言的活动赋予语言以生命、以灵魂、以意义。语言在本质上是实践的，这不仅在于它是在实践中产生和发展的，是根源于生活实践的，而且在于其生命和活力也来自于实践，更在于其规则和意义皆来自于实践。而生活形式对每个人来说都是先在的、必须接受的、被给予的、别无选择的。每个人都必须接受学习、训练和教育，任何活动都是在生活形式的基础上发生的。所以，"理解一种语言意味着掌握一门技术。"适应生活形式，亦即学会生活，懂得生活；掌握一门技术，也就是掌握一种生活形式，在不同的生活形式中学会适应，并能适应生活形式的变化。

　　维特根斯坦立足语言实践，提出了其践行的语言规则论——参与，强调遵守规则只能在语言游戏中实现。如果脱离语言游戏的实践活动，抽象地、孤立地、静态地谈论规则问题，就不可避免地出现规则与理由的对峙；如果将语言游戏与规则分离，到游戏之外找规则，就会陷入遵守规则的悖论。那么，要避免规则与理由的对峙，消解规则悖论，只有一条途径：训练与参与，即在参与语言游戏中感受规则，在训练和教育中理解规则，在活动和实践中遵守规则。

　　意义是语言的灵魂，没有意义的语言是难以想象的。后期的维特根斯坦改变了对问题的提问方式，由以往的"什么是意义？"变成了"什么是意义的说明？"这一变换就使逻辑问题变成了实际问题，就把人们从寻找意义的对象的束缚中解放出来，从而用"用法"替代了"指称"。"意义即用法"引导着语言哲学由理想语言、逻辑语言回归到日常语言、生活实践，冲出了由语言的逻辑结构为其确定意义的囚笼，突出强调了语境的具体特定性及使用方式的差别性对于意义的规定性，这样，人们对语言意义的研究也由静态走向了动态。语言是具体的、多样的、可变的，语言的意义也是具体的、多样的、可变的；而语言的每一次不同的使用，都会产生不同的意义。这种不同，不仅仅是由于语境的不同，更在于使用者使用方式的差别。因此，理解语言的意义不是通过定义的方式或解释说明的方式，而是要深入生活，参与游戏。语言不仅为我们划定了生活的世界，也向我们"显示"了生活的意义。由此，"意义"与"语言"不再是一种外在的关系，而是一种内在的关系，意义不存在于语言游戏之外，而是存在于语言游戏之中，只有在语言的实际使用中才能理解意义。意义之于语言，就如同规则之于游戏；游戏必有规则，语言必有意义；规则不外在于游戏，意义不外在于语言；遵守规则是一种实践，意义就在于语言游戏中的用法。维特根斯坦后期所关心的就是语言的使用——语言实践。

"实践"概念自古希腊哲学以来一直是哲学上的重要概念，特别是近现代，更多地吸引了哲学家们的注意力。"实践"一般被用以指人类的一切活动，包括语言的和非语言的活动。而维特根斯坦的实践概念则有别于传统，他把实践归结为语言游戏。

通常理解的"实践"是与"理论"相对的范畴，而维特根斯坦立足于语言游戏，转换了一个新的视角，赋予了"实践"以新的内涵。维特根斯坦指出："我可以说，语言是基于一种生活方式。为了描述这种语言现象，我们就必须描述任何一种实践，但不是孤立的事件。""只有在实践中词才会有意义。只有在语言的实践中。""如果你看到这个词在语言的用法中所起的作用，我是指在语言的整个实践中所起的作用。"在维特根斯坦看来，语言游戏也就是整个的语言实践，人类使用语言这一基本活动就是人类最基本的实践，而这种使用语言的实践活动也就是人类存在的基本状态。人，正是由于使用语言而成为人。人之所以被赞为"制作者"，被誉为"理性者"，被称为"游戏者"，正在于人为"语言者"。所以，维特根斯坦的实践指的是人类特有的使用语言的社会活动。他在强调实践活动性的同时，突出了实践的语言性及语言的使用者。

语言游戏是人做的，人是语言游戏的游戏者，是游戏的参与者；语言怎样被使用，什么人在使用，在什么语境下使用，都是语言意义的相关因素。所以，语言游戏作为一种实践活动，就是人的存在状态，其根本特征就在于践行，而生活形式就是语言游戏别无选择的基础。

维特根斯坦前后期思想的转变，在一定意义上说，也是一种思维方式的转变。正是其思维方式的转变，才使其从理想语言转向语言实践。思维方式也就是观察事物的方式，对待事物的态度。维特根斯坦后期所力图给予我们的就是一种方法。正如维特根斯坦所言："我想要你去做的，不是在个别观点上同意我的意见，而是以正确的方式研究问题。""我想要教你的不是意见而是一种方法。"应该说，观察事物的方式或方法，比观察本身更为重要，更为根本。

维特根斯坦后期哲学不仅是其个人思维方式的转变，也是对整个西方传统思维方式的否定。而其中尤为引人注目的是其对语言游戏的动态观察取代了对语言的静态分析，而其所倡导的动态观察实际就是无须任何理论分析和反思的语言实践。理解，是一种使用语言的活动，在语言活动中才能实现。语言从人类生活的实践中产生，也应该在人类的生活实践中加以理解。

理论是灰色的，生活是多彩的。维特根斯坦立足生活，注重行动，强调使用，鼓励践行，意在引导人们关注生活、关注社会、关注语言、关注活动。语言是生活中的语言，生活是语言中的生活，践行语言的根基在生活。因此，不要追寻那形而上的东西，那是皇帝的新装；不要热衷于那玄思空想，那是枉费心机；不要再在那灰色的天空下沉浮，那寻不到根基。让你的双脚踏上那粗糙的地面吧，那是坚实的，足以为你奠基；置身于多彩的生活世界，回归生活，回归现实，语言会获得活力，游戏会更精彩。生活因智慧而灵光，社会因创造而多彩，世界因语言而生动。

与其说维特根斯坦消解了哲学，宣告了哲学的终结，毋宁说他在哲学这座语言的迷宫中为后人树起了警示的路标，希望后人免于误入歧途，指引后人走上正确之路——践行语言，回归生活。

引　言

正如亚里士多德所言："人乃为思想的动物。"

亦如马克思所言："人的生命是有意识的。"

正因为历史是人创造的，而不是神创造的，人方为万物之灵。

人既是"制造者"，又是"理性者"；

既是"游戏者"，又是"语言者"。

人类世界不仅需要实践家，而且需要思想家。

人为理性者，人思故人在，我思故我在；

人为语言者，人语故人在，我语故我在。

思你所疑的，语你所思的，而行动才是语言游戏的根基。

"'我知道'经常表示这样的意思：我有正当的理由支持我说的语句。"

"人们在准备好给出令人信服的理由时才说'我知道……'"。

"哲学必须为可思想的东西划一条界线，从而为不可思想的东西划一条界线。"

哲学必须经过可思想的东西从内部限制不可思想的东西。

它表示什么是不可说的，同时清楚地显示什么是可说的。

凡是能够说的东西，都能够说清楚。

凡是不能够说的东西，就应该保持沉默。

第一章　导论

　　语言是人类的重要标志。20 世纪 90 年代牛津大学威廉信托人类遗传学中心及伦敦儿童健康研究所的科学家对一个患有罕见遗传病的家族中的三代人进行了长期观察和跟踪研究，发现这个家族的 24 名成员中约有半数无法自主控制嘴唇和舌头，阅读存在障碍，而且无法记住词汇，不能理解和运用语法，难以组织句子。研究者把这个家族称为"KE 家族"。研究者推测，一定存在有某种决定着人的语言能力的遗传基因，由于它出现了问题才会导致人的语言缺陷，科学家把这个基因称作"语法基因"，也称为"KE 基因"。几年后一个与"KE 家族"没有任何亲缘关系的英国男孩"CS"也患上了类似疾病，通过两者的基因对比，研究者发现，是第七染色体当中的一个基因——"FOXP2"基因遭到破坏造成的，科学家称之为语言基因。这一科学发现进一步证实了语言是人类与生俱来的，是遗传的结果，是人所特有的。希腊人把人定义为"会说话的动物"，应该说不无道理。每个人从其婴儿时期开始就凭借遗传人类所特有的天赋，学习和使用语言。语言是一种社会现象，因为语言，人类有别于世界的其他动物；因为语言，人与人之间实现了沟通、交流；因为语言，人类的全部精神财富得以保留传世。语言之于人类的重要意义从远古时代人们对语言的崇拜就可略见一斑。很多民族把语言作为一种可以显灵的咒语使用，如起誓发愿、毒誓、祝福语等，都足以反映人们对语言神力的敬畏；有人甚至赋予语言以创世之功，如《约翰福音》一书即以"太初有言"开篇；英国哲学家罗素（B. Russell，1872—1970 年）在《人类的知识》一书中说："语言也像呼吸、血液、性别和闪电一样，从人类能够记录思想开始，人们就一直用迷信的眼光来看待它。野蛮人害怕把真名泄露给敌人，唯恐敌人借以施展邪术。奥里金告诉我们，异教的巫师用圣名耶和华比用宙斯·奥西里斯或婆罗门等名字受到的法力更大。"古希腊哲人赫拉克利特（Herakleitos，约公元前540—前480年）认为，只有语言才是代表多变世界中之恒定的"逻各斯"的东西。"逻各斯"——"Logos"，其词语根"leg-"的本义是"说、讲"之意，即语言。被视为德国文化史上影响最深刻和最伟大人物之一的威廉·冯·洪堡（Friedrich Wilhelm Christian Carl Ferdinand von Humboldt，1767年6月22日—1835年4月8日）认为，语言是人类最重要的特征，"语言是人类情绪的摇篮、家乡和住地，因此在语言里包含和隐藏着人类的情绪。"洪堡是最早提出"语言左右思想"学说的学者之一，他认为，人与人之间要交换复杂的思想，就必须要借助或通过共同的语言；语言也是科学发展的动力和媒体，"理解不是不可分割的点与点之间的接触，而是不同人的思想圈之间的部分重叠。这样才会有人类的思想进步，每个思想的扩展可以进入到另一个人的思想圈内，而同时又不会束缚另一个的思想。对思想的束缚只会导致反感。这是思想扩展的必需条件。"洪堡在《论人类语言结构的区别及其对人类精神发展的影响》中提出："语言是世界观"，"每一个人，不管操什么语言，都可以被看作是一种特殊世界观的承担者。世界观本身的形成要通过语言这一手段才能实现……每种语言中都会有各自的世界观"，"语言是一个民族人民的精神，一个民族人民的精神就是其语言"。自古以来，语言就吸引着无数知反省、尚反思、善思辨的人们的目光和注意力，也许正如柏拉图（Plato，公元前427—前347年）所说："语言这个题目是所有题目中最重大的一个。"

在一定意义上说，语言哲学思想自有语言之时即已存在。

中国哲学对语言的探求始于对"名"的反思。中国古代的语言哲学思想极其丰富精深，在被冠以"群经之首"的《周易》及《诗》等经典古籍中就有所体现。如"近取诸身，远取诸物"的思想，这是对语言意义和语境的探究；"言不尽意"、"立象以尽意"则对"言—象—意"关系进行了研究。春秋战国时期，社会动荡不安，"奇辞起，名实乱"，"诸侯异政，百家异说"、"名实相怨"，从而引起诸子百家对语言问题的关注，以至于使语言哲学成为先秦的"显学"。诸子百家从不同的立场、视角，形成了各具特色的观点。

"名实之辩"始于孔子和老子。孔子沿着循名责实之径，提出了"正名"之主张。孔子从言与德、言与行、言与礼、言与政关系切入语言问题，注重语言的功效，注重人我心意的沟通，注重语言表达的文质相彰，提出善言者要因人而言，从而形成了其独特的重人道并以人道顺乎天道的语言哲学思想。孟子继承了孔子的正名思想，强调名的规范功能，并把孔子的正名思想从"正政"之说发展为"正人心，息邪说，距诐行，方淫辞"（《孟子·滕文公下》），认为正名、正政的工夫肇始于"正人心"。孟子关注到了语言与环境、语言与社会的关系，在一定意义上触及语言与存在的关系，提出了"言无实不祥"、"言近而指远"（《孟子·离娄下》）的思想，通过论证"知言"、"知道"、"养气"之间的辩证互动关系，从而把语言哲学与人格修养联系起来，凸显了孟子语言哲学的道德实用价值。由于儒家孔子和孟子的正名思想是以伦理政治为旨趣，侧重语言与道德的关系，注重语言的道德功能，因此，我国学界有学者称之为"德行派"。

老子和庄子语言哲学思想的重心则在本体论和认识论领域。《道德经》开宗明义："道，可道，非常道。名，可名，非常名。""无名天地之始；有名万物之母"（《道德经·第一章》）。庄子在承继老子的基础上进一步论述了道与言的关系，在充分肯定"道"存在的前提下，又断言"道"无形、无象、无声、无为、无名，指出："道不可闻，闻而非也；道不可见，见而非也；道不可言，言而非也！知形形之不形乎！道不当名。"（《庄子·知北游》）老庄在阐述语言与世界本体关系的基础上又进一步探讨了语言的认识功能。老子认为："信言不美，美言不信"（《老子·第八十一章》），"知者不言，言者不知"（《老子·第五十六章》），"多言数穷，不如守中"（《老子·第五章》），老子看到了语言的局限性，但也由此而否认了语言的认识功能。庄子与老子有别，他在充分肯定语言的功能和价值的同时，也指出了语言认知功能的有限性、不确定性和片面性，认为："夫言非吹也，言者有言。其所言者特未定也。果有言邪？其未尝有言邪？其以为异于鷇音，亦有辩乎？其无辩乎？道恶乎隐而有真伪？言恶乎隐而有是非？道恶乎往而不存？言恶乎存而不可？道隐于小成，言隐于荣华。故有儒墨之是非，以是其所非而非其所是。欲是其所非而非其所是，则莫若以明。"（《庄子·齐物论》）"可以言论者，物之粗也；可以意致者，物之精也；言之所不能论，意之所不能察致者，不期精粗焉"（《庄子·秋水》）。

墨家和名家则从逻辑的角度对语言本身进行了深入研究。墨子对逻辑问题的思考是从对老子的无名与孔子的正名思想辨析开始的。墨子第一次提出了"辩"、"故"、"本"、"原"、"用"等逻辑概念，第一次把人的理性思维逻辑化、公理化，在试图解决名实不符问题的过程中阐发了名实关系、名取关系和言意关系，并提出了辨别语言真伪、善恶、当否的标准；主张取实予名，认为仅仅知道名是远远不够的，"名"是由其所指的"实"得来的，"今瞽曰：'钜者白也，黔者黑也。'虽明目者无以易之。兼白黑，使瞽取焉，不能知也。故我曰：瞽不知白黑者，非以其名也，以其取也。今天下之君子之名仁也，虽禹、汤无以易之。兼仁与不仁，而使天下之君子取焉，不能知也。故我曰天下之君子不知仁者，非以其名也，亦以其取也"；同时认为："言必立仪。言而毋仪，譬犹运钧之上，而立朝夕者也，是非利害之辨，不可得而明知也。故言必有三表。"（《墨子·非命上第三十九》）"善无主于心者不留，行莫辩于身者不立；名不可简而成也，誉不可巧而立也，君子以身戴行者也。思利寻焉，忘名忽焉，可以为士于天下者，未尝有也。"（《墨子·修身》）"凡出言谈、由文学之为道也，则不可而不先立义法。若言而无义，譬犹立朝夕于员钧之上也，则虽有巧工，必不能得正焉。然今天下之情伪，未可得而识也。故使言有三法。三法者何也？有本之者，有原之者，有用之者。于其本之也？考之天鬼之志，圣王之事；于其原之也？征以先王之书；用之奈何？发而为刑。此言之三法也。"（《墨子·非命中》）"凡言凡动，利于天、鬼、百姓者为之；凡言凡动，害于天、鬼、百姓者舍之。凡言凡动，合于三代圣王尧、舜、禹、汤、文、武者为之；凡言凡动，合于三代暴王桀、纣、幽、厉者舍之。"（《墨子·贵义》）"举，拟实也"，"信，言合于意也"，"言，出举也"，"言，口之利也"（《墨子·经上》）。

　　名家思想的开山鼻祖、战国时代"名辩"思潮中的思想巨子惠子与博学善辩的公孙龙共同将名辩学说推向顶峰。"名家"与其他诸子百家的不同之处，就在于其"正名实"的方法。名家主要是以逻辑原理来分析事物，辩论的内容主要集中于那些与政治人伦事务无关的纯哲学问题。在春秋战国礼崩乐坏的纷乱里，对纠正当时名实混乱发挥了一定积极作用。他们注重分析名词概念，始终以"名"为研究对象。惠子强调事物的普遍联系和不断变化，认为一切事物都处于不停的变动之中，正如"日方中方睨，物方生方死"。公孙龙是"离坚白"学派的主要代表，在其著名的诡辩学代表著作《公孙龙子》中，主要研究了概念的内涵与外延、逻辑学中的"个别"与"一般"以及事物的共性与个性所具有的内在矛盾。惠子和公孙龙分别代表名家的两个基本派别，其思想差别主要体现在"合同异"说中。惠子倾向于合万物之异（合异同），强调事物的"同一"（即同）

的一方面；公孙龙则倾向于离万物之同（"离坚"），强调事物的差别（即"异"）的一方面。惠子强调"实"是相对的、变化的；公孙龙强调"名"是绝对的、不变的。他们在各自所强调的方面都有精辟的思想。公孙龙完全脱离感性认识，只强调概念的逻辑分析，具有十分浓厚的形而上学特色，但在逻辑学上，他的贡献是值得重视的；公孙龙的论证在逻辑上和概念分析上其观点运思深刻独到，只是他把一些概念混淆而流入诡辩。在《白马论》中公孙龙分析了"马"与"白马"这两个概念的差别，但是，他夸大了这种差别，把两者完全割裂开来，并加以绝对化，认为共相是一种独立存在，最后达到否认个别，只承认一般，使一般脱离个别独立存在。

总之，中国先秦语言哲学是在当时"名实相怨"社会背景下提出的思想主张，关注的都是社会现实问题，是对现实的回应，立言宗旨都是围绕名实关系展开的，不论是儒家的"循名责实"，法家的"综核名实"，还是墨家的"以名举实"，都体现了先秦哲学追求名实相符的根本态度及伦理本位；各派所主张的妄言、不言、无言、去言、谨言、慎言思想均体现了中国哲学追求"舍筏登岸，见月忽指"的超然境界，以及追求超越语言而直接指向意义的道德归宿和人文宗旨。这和西方20世纪哲学语言学转向以来的某些流派颇有不同，西方的某些语言哲学挟后现代之风尚，不是希望跨过语言寻找意义，而恰恰相反，是要解构意义，关注语言。先秦语言哲学对秦后中国哲学的发展产生了极其深远的影响。

正如塞尔所言：语言哲学"与哲学一样古老"①，两千多年的西方哲学史所讨论的问题，几乎都与语言有关，语言与哲学一直就有不解之缘。哲学发展的历史，从一定意义上说，就是追求获得具体的语言使用环境，并通过引入语言分析方法发展其自身的思辨思维的过程，而在这一过程中，语言却摆脱了其单纯的工具性而逐步获得了本体地位，成为显学。

逻各斯一直是西方哲学探究的中心课题，由于原则上几乎无法用一个确定的词汇对逻各斯——Logos作出精确的翻译，因此大多采取直接音译的方法，把"Logos"音译为"逻各斯"。希腊文 λογος 这个词本来就有多种含义，总体来说，它大致有语言、言谈、思考、公式、公理、论证、尺度、说明、比例之意。在最早将这个概念引入哲学的赫拉克利特著作残篇

① 参见 Searle, J. R., *Philosophy of Language*, Oxford Press, 1971, p. 1.

中，这个词也具有上述多种含义，但他更主要的还是用"Logos"来说明万物生灭变化所具有的尺度和准则，虽然它变幻无常，但人们能够把握它。在这个意义上，"逻各斯"是西方哲学史上最早提出的关于"规律"的哲学范畴。亚里士多德用这个词表示事物的定义或公式，具有事物本质的意思。西方各门科学如"生物学"、"地质学"中词尾的"学"字（-logy），均起源于逻各斯这个词，"逻辑"一词也是由逻各斯这个词引申出来的。斯多亚学派是逻各斯的提倡者和发扬者，他们把它理解为自然运动的合理秩序和规则。亚历山大的斐洛（Philo Judaeus of Alexandria，约公元前15—前40/45年）在尝试将宗教信仰与哲学理性相结合的过程中首次把希腊哲学的逻各斯概念和犹太—基督教的"道"联系起来。希伯来圣经塔纳赫中说，上帝有无上的智慧，以言辞创造世界。斐洛认为，希腊哲学和犹太教的思想是同根异枝的，旧约箴言和诗篇等多处赞美了上帝的智慧，而创世纪也记载了上帝以言辞创造的伟业。据此，斐洛认为，上帝的智慧就是内在的逻各斯，上帝的言辞就是外在的逻各斯。创作于2世纪的《约翰福音》深受斐洛思想的影响，其开宗明义："太初有道，道与神同在，道就是神。"而"道"在希腊语圣经中，就是logos。在斐洛那里，逻各斯是世界的神圣原则，是上帝创造世界的工具，是人和上帝交流沟通的中介。黑格尔很重视古希腊哲学中的"逻各斯"概念，他将赫拉克利特提出的逻各斯主要解释为理性，有很多哲学家跟从了他的说法。

我们知道，语言与感觉异质，亦与存在异质，那么我们如何用语言表达"思想"、"感觉"，进而描述"存在"呢？古希腊哲学家们发现了语言表达思想、感觉及存在的困境，于是，他们开始寻找和探究能够表达思想、感情、感觉及存在的新的语言工具，从此开启了日常语言、诗性语言到哲学语言、科学语言的求索之路。对日常语言及其功效和意义，古希腊哲学家们历来有着两种截然相反的观点和态度，一种是以普罗泰戈拉等智者为代表的感觉主义者，他们重视日常语言，捍卫日常生活，倡导常识思维的真实性，肯定日常语言的功能和作用；另一种是以苏格拉底、柏拉图、亚里士多德为代表的理性主义者，他们认为日常语言由于其以日常生活为基准，与常识思维相适应，词语易生歧义，具有多义性的特征，因此只适合表达意见，不适合表达思想和真理，表现出对日常语言极大的不信任。苏格拉底和柏拉图是科学语言和哲学语言的探索者，亚里士多德则是系统制定科学概念和哲学概念的第一人。诗性语言是日常语言向哲学语言发展的重要一环，是古希腊先哲们表达思想和哲理的工具。柏拉图在充分肯定诗性语言的同时，又质疑了诗性语言。认为诗是神赐的"愉悦"，是寻求真理的有效手段，但又认为，"谁也无法解释诗人的话语"①，因为诗人受神灵的操纵，激情、狂野、冲动、不羁、无理性，诗性语言是追求真相和获得真理、智慧的最大干扰，极易扰乱哲学思辨方向，因此主张要发明创建一种可以理智把握智慧和真理的哲学话语体系。为回答苏格拉底的"普遍定义"，柏拉图对如何使哲学语言范畴系统化进行了首次探究，前期柏拉图主要探究了伦理道德范畴和具体的经验事实概念，后期主要探究纯理念或纯哲学范畴，在《巴门尼德篇》中柏拉图集中探讨了19组哲学范畴，他把范畴看作理念世界的思想表达和语言表达。在柏拉图的多篇对话中都有大段大段关于语言的讨论，突出表现在《克拉底鲁篇》中，在这篇对话中柏拉图主要讨论了人们是否可以只凭借语词来洞悉事物的本性、是否能够不需要借助于语词来认识事物、不变的本质与流变的现实之间究竟是什么关系等一系列重要哲学问题。在《泰阿泰德篇》及《智者篇》提出并深入讨论了否定的存在命题，这个问题被后来语言哲学反复探讨亦成为哲学史上一个经年纠结困惑无解的难题，蒯因称之为"柏拉图的胡须"。可见，在柏拉图那里，语言问题的研究探讨始终与一般哲学问题的研究紧密交织在一起。

亚里士多德在很多方面不赞同柏拉图，特别是对待诗性语言的态度。亚里士多德在对诗学和修辞学进行彻底改造的基础上，对诗性语言的本质特征和积极功能、意义做了深入研究和发掘，创造性地提出了诗性语言的"隐喻"修辞学。认为修辞论证是目的，修辞语言是手段；语言中的语词数目是有限的，而现实中事物的数目是无限的，用有限的语词表达无限的事物就必然产生语言的多义现象；隐喻的诗性语言"应当来自与原事物有固有关系的事物"②，它是对日常语言的语义偏离，而这种与本义相偏离的具有借用意义的诗性语言却通过隐喻表达和填补了新的语义空白，并可以跨出"诗学"的门槛，走进哲学的领地。因为"诗比历史更富有哲理，更

---

① 《柏拉图全集》第三卷，王晓朝译，人民出版社 2002 年版，第 472 页。
② 亚里士多德：《修辞术·亚历山大修辞学·诗论》，颜一、崔延强译，中国人民大学出版社 2003 年版，第 90 页。

富有严肃性，因为诗意在描述普遍性的事件，而历史则意在记录个别事件"①。从语言表达的视角来说，日常语言关注的是个别的事物、确定的场合、特定的存在，科学语言关注的是普遍的、确定的概念、本质、规律，而只有诗性语言能够超越现实的存在，具有语言的思辨性。在《范畴篇》中，亚里士多德对语词进行了分类并逐一进行了研究，在《解释篇》中，亚里士多德定义了名词、动词、肯定、否定、命题等概念，并表达了他对语言的观点，认为口语是内心经验的符号，文字是口语的符号；语词由约定产生，名词具有与时间无关的意义，动词不仅具有意义且与时间相关。由此，亚里士多德提出了日常语言的约定俗成说、科学语言的本质主义论、哲学语言范畴的意义分析理论，后世语言哲学的主要论题几乎在亚里士多德那里都有过探讨。

近代以来，由于近代科学的迅猛发展，科学方法的诞生，人们对古希腊、罗马、阿拉伯等典籍的再发掘，促使语言哲学、语言思辨进一步发展。影响较大的哲学家有洛克、莱布尼兹、休谟、康德等。洛克的语言哲学思想在从古典哲学走向现代语言哲学的过程中占据着重要的历史地位。这不仅仅是因为在洛克的整个哲学体系中，语言哲学思想是其很重要的一部分，而且因为洛克的许多思想即使在当代，对分析哲学也有很大影响。洛克的语言哲学思想是在批判继承前人思想的基础上发展起来的。近代对语言现象的研究并非始自洛克，培根对混乱使用语言的"市场假象"进行了批判，霍布斯提出了几何学语言是唯一科学的语言，胡克认为"许多语词的意义须被更多地限定"，这些近代初期哲学家的思想对语言哲学的发展都起到积极的推动作用。而洛克的突出贡献就在于把语言问题真正提到了哲学的高度。洛克语言哲学思想主要体现在意义理论、命题学说、真理理论以及语言和实在的关系四个方面。人类理解力是洛克哲学研究的对象，他从对理解力的批判转向了对语言的分析、批判。他认为，观念和语词是理解力的工具和材料，"观念和语词既然是知识的伟大工具，因此人们如果要想考察人类知识的全部，亦应当考察观念和语词，因为它们正是很重要的"②，"我们如果不先来考察语言的本质、功能和意义，则我们不

---

① 亚里士多德：《修辞术·亚历山大修辞学·诗论》，颜一、崔延强译，中国人民大学出版社 2003 年版，第 320 页。

② 洛克：《人类理解论》（中译本），商务印书馆 1981 年版，Ⅳ.1.2。

能明白、清晰地谈论我们的知识，因为知识成立于命题，命题又是成立于语词的"[1]。洛克提示了语言问题与知识论的内在联系，具有重要的方法论意义。洛克也触及语言的界限问题，而这一问题恰好成为维特根斯坦早期语言批判的核心。洛克对语言的指称、公共规则、实指定义、逻辑功能等意义问题都进行了一定研究，认为"语词秘密指称事物的实相"，此外还秘密指称别人心中的观念，"我们的思想必须依据于语言的常度"，即"在自己的著作中，谈话中具有极明白的意念，而且依据极精确的选择和适度，用各种名词来表示它们"，这样我们才有"交易和沟通的公共尺度"[2]，人与人之间才能顺利交流。洛克对语言意义所进行的多方面探析对现代语言意义理论产生的影响深刻而广泛，"洛克被迫承担了三个论题——维特根斯坦在《哲学研究》中攻击传统的意义见解的三个目标——意义依靠指称；意义有些像是心理学的；意义依靠私人的实指定义的可能性"[3]。洛克一反传统的真理符合论，认为真理在于言辞与事物之间的对应关系，他的真理契合论思想对罗素、维特根斯坦的语言哲学思想产生了重要影响；他在寻求知识确定性的过程中，自觉不自觉地意识到并探究了语言与实在的关系这一语言哲学的最根本问题，并把语言与实在的关系问题作为其意义理论、命题学说和真理理论的最终落脚点。

　　莱布尼兹在其著名著作《人类理智新论》的第三卷中，用一整卷的篇幅在挑战洛克语言哲学思想的过程中阐发了自己的语言哲学思想。莱布尼兹是从一个更广泛的意义上理解语言的，他把语言看作各种可能符号的一种，强调自然语言依赖于知觉，具有模糊、歧义等种种缺陷，自然语言不是描述客观事物的最佳工具，所以，必须建立一个由普遍符号组成的更为清晰明了的符号体系。莱布尼兹对后世语言哲学最为重大的影响就是他为创建一种理想的人工语言所作出的巨大努力。他在1666年发表的《论组合术》一书中，就倡导建立一套普遍的科学语言，在这种普遍的科学语言中，每一种复合概念都可以用基本的表意文字之组合来表示；同时，在这种普遍语言中，每一种复合概念都可以凭借简单概念相应的符号组合而加以表述，以便使认识这些符号的人能够懂得这种语言。莱布尼兹非常陶醉

---

① 洛克：《人类理解论》（中译本），商务印书馆1981年版，Ⅰ.23.19。
② 同上书，Ⅱ.11.11。
③ Stephen Pricst, *The British Empiricists*. Harmondsworth，1990，p. 96.

于自己的发现：因为我被这一研究所强烈地占据着，我未料到遇到这一显明的思想，人们思想的字母可以被设计，并且，借这一字母表、字母的结合和对作为结果的词语的分析，各种事物都可被发现和区别。莱布尼兹认为在这种理想的人工语言中，一切真理都会被还原为一种演算、推理，即我们可以创造一种普遍的方法，运用这种普遍的方法，一切论证的正确性都能够归结为某种计算；同时，这也是一种世界通用的语言或文字，其间的符号甚至词语会导致推理，而除了那些事实以外的谬误，都只能是计算中的错误。通过这种推理我们还可以获得新的知识；他认为这种语言才是能够用符号来表达思想内容的真正文字，且这种文字仅与理性思维形式有关，只有逻辑形式而没有内容，它是为表达概念和命题之间的逻辑关系所指定的规则系统。

贝克莱从另一个角度对洛克发起挑战，甚至可以说，正是洛克的哲学思想激起了贝克莱心中对事物的独立存在、对物质（matter）的实在性的怀疑。洛克在阐发观念与事物之间的关系时，假定了第一性质、第二性质之间的区别，认为第一性质的观念与物体的第一性质（大小、形状、体积、动静、数目）的原型是相似的。第二性质（色、声音、味）的观念是和第二性质不相似的；但是洛克坚持这种性质的观念都是物体作用于感官的结果，都是与物体的性质相契合的，同时认为，观念是纯粹主观的东西，不论是第二性质的观念，还是第一性质的观念，都没有与之相似的原型，观念只能是存在于心中的东西，它不可能有离开心灵而存在的客观内容。因为按照存在即被感知的原理，事物就是观念或观念的集合，心灵感知事物，就是心灵感知观念，最终，贝克莱否定了"物质实体"的存在。贝克莱否定洛克关于第一性质的观念是物体的第一性质原型的肖像的思想，包含有一定合理因素，因为任何感觉观念都不可能与事物的原型绝对符合，都不可避免地带有一定的相对性、主观性；但贝克莱却由此走向了把这种相对性、主观性绝对化之路，根本否认感觉观念所包含的客观内容，否认感觉是对外物的反映，并以此否定外物的客观实在性，从而陷入了相对主义和主观主义。

一 当代西方哲学的"语言转向"

19世纪末20世纪初，西方哲学开始了一个发展历程上的重要转折——从认识论哲学转向语言哲学，哲学的研究对象从认识论的主体自我转向原来人们借以表达思想的语言本身，即哲学的主题从"自我"转向语言，语言成为哲学研究的核心，语言哲学成为第一哲学。从此，西方哲学进入一个崭新的发展时期：语言哲学时期。

　　20世纪的西方哲学从不同侧面、不同程度上反映着西方的时代精神。"时代精神是一个贯穿着各个文化部门的特定的本质或性格，它表现它自身在政治里面以及别的活动里面，把这些方面作为它的不同的成分。"① "哲学是这样一个形式：什么样的形式呢？它是最盛开的花朵。它是精神的整个形态的概念，它是整个客观环境的自觉和精神实质，它是时代精神、作为自己正在思维的精神。"② "哲学的任务在于理解存在的东西，因为存在的东西就是理性。就个人来说，每个人都是他那个时代的产儿。哲学也是这样，它是被把握在思想中的它的时代。"③ "所以，哲学不站在它的时代以外，它就是对它的时代的实质的知识。"④ 20世纪的西方，既经历了历史上空前的第二次世界大战的灾难，又经历了科学技术的长足进步以及生产力的迅猛发展，各种错综复杂的社会矛盾困惑着西方人，这一切都对西方哲学的发展方向和发展进程产生着决定性的影响，并使西方哲学具有与以往哲学所不同的形态和特点。现代西方哲学作为对西方古典哲学的反叛，则完全改变了哲学的传统形态，无论是学科观念还是理论信条，从研究的对象和内容，到研究的方法和手段，都以与以往全然不同的面貌和姿态出现在世人面前。20世纪前的西方哲学，概括地说，就是在"理智主义"的支撑下，担起了探索世界的本质、阐明万物存在的普遍基础及其本质乃至其发展规律的重任。可以说，对理性的信仰是自古希腊以来西方哲学的主要传统。始自休谟和康德对传统哲学的发难，以及他们对至上理性及传统形而上学的批判，形成了认识论和形而上学历史上的转折点。而20世纪的西方哲学则进入了多元化的时代，主义繁多，学派林立，思想分歧，观点迥异，前后有界，早晚有别。20世纪西方哲学这一突出特征恰好集中地反映在当代西方最引人注目的哲学家——维特根斯坦及其哲学思想中。

---

①　黑格尔：《哲学讲演录》第1卷，商务印书馆1981年版，第56页。
②　同上。
③　黑格尔：《法哲学原理》，商务印书馆1979年版，第12页。
④　黑格尔：《哲学讲演录》第1卷，商务印书馆1981年版，第56页。

任何具有时代标志性意义或里程碑奠基意义的新思想、新理论，都往往以其或独具的视角、或特有的运思、或超常的历史厚度、或非凡的理论深度，引起世人的广泛关注。然而，我们深知，要真正理解和掌握其要义，却并非易事。而要解读一位伟大哲人的深思奥想，更实属不易。维特根斯坦，作为具有反传统意义和开拓性意义的哲学思想的建构者，在"反建构"中构建了一种新的哲学——"语言游戏"，在解构哲学的过程中确立了其独特的哲学研究方法——语用。他那几分怪异、几分率真的性格，几分传奇、几分神秘的生活，几分波折、几分坎坷的经历，更为我们解读他那深邃的思想增添了几多难度。维特根斯坦作为对 20 世纪英国哲学影响最大的哲学家，是当代西方哲学中最重要的哲学家之一，是当代分析哲学的首创者之一。

路德维希·维特根斯坦（Ludwig Wittgenstein）于 1889 年 4 月 26 日出生于维也纳的一个犹太裔富豪家庭。维特根斯坦的个人生活充满着传奇的色彩，他的生活道路曲折坎坷。在与他相识的朋友或其学生的眼中，历来以特异的矛盾性格和不入时的生活作风而著称。他偏好离群索居却又期盼与人交往；他性情暴躁、情绪多变却又渴望平静、友谊和爱；他对自己近于苛求般的思想上的严格性要求与其有如宗教般的生活上的简单性要求是那么的相异，他思想的厚重与生活的简朴形成了巨大的反差。他满怀对人类本真情感和人类理智纯真情感的渴望，避开喧嚣的现代社会，执著地追求与世无争的宁静生活。维特根斯坦的思想发展如同他的生活道路一样曲折复杂，他的个人生活与他的哲学思想之间有着极其惊人的一致性。可以说，维特根斯坦的个人生活实际上正是其哲学思想的绝佳体现，他是西方哲学史上少有的生活与思想紧密结合的哲学家，更是继笛卡尔、莱布尼茨和康德之后的现代哲学中唯一一个以自己的全部生活和全部生命践行着自己的哲学理念的人。

维特根斯坦内心一生充满着孤独，充满着对爱和友谊的渴望，充满着对确定、平静和真实的追求。他认为自己并不是有意要为人类寻找一些伟大的真理，不是他走向哲学，而是哲学走向他。他认为内心世界的平静是探讨哲学的人所渴望的境界，[①] 因此，他探求的基点始终是追寻他自己的内心平静，恢复他与现实的和谐一致；同时也为与他一样陷入哲学困扰的

---

① 维特根斯坦：《文化与价值》，Culture and Value（缩 CV.），第 43、124 页。

人们指出摆脱之路。即使在生命的最后时期，他仍在不断地思考生命的确定性问题。这是自其童年起从内心深处萌生的、并且终其一生为之苦苦追寻答案的哲学问题。这一问题作为研究主题，贯穿于他的前后期哲学思想中。可以说，维特根斯坦的一生，不仅在为语言和逻辑寻找确定性和意义，也在为生活和生命寻找确定性和意义。而在对这一问题的追思中，他以前后期哲学思想分别为哲学发展开拓了新路径。

一生能够创造一种哲学系统已难能可贵，而一生中能够创造两种哲学系统的哲学家在哲学史上实属罕见。维特根斯坦却以他坚韧的精神和过人的智慧做到了。虽然维特根斯坦始终是一个很有争议的哲学家，但是，一种哲学理论的价值往往在于其对后世的影响。对维特根斯坦或褒或贬，从其对后世的影响看，无论是积极的还是消极的，都改变不了其在哲学史上的地位，其对哲学发展的影响都是深远的、巨大的。作为 20 世纪最伟大、最重要的哲学家，维特根斯坦已被载入史册。

正如马克思所言："任何真正的哲学都是自己时代精神的精华"，是"文明的活的灵魂"①。哲学与时代紧密相连，哲学不是站在时代之外，而是置身于时代之中，是关于它那个时代的文化的灵魂；哲学与生活休戚相关，它植根于生活。那么，20 世纪是怎样一个时代呢？20 世纪是"动荡的时代"、"危机的时代"、"多元的时代"、"改革的时代"。特别是 20 世纪的西方，各种错综复杂的矛盾困惑着西方，这对西方哲学的发展方向和发展进程产生着决定性的影响，现代西方哲学作为对西方古典哲学的反叛，具有与以往哲学不同的形态和特点。"如果我们企图涉及一切表明过去五六十年间哲学家对语言发生兴趣的研究，就不得不涉及我们时代的几乎全部哲学成果。因为这种对语言的兴趣，是今日哲学最主要的特征之一。"② 始于 19 世纪中叶的现代西方哲学，在步入 20 世纪之初，经历了人所共知的"语言转向"（linguistic turn）。时代的发展，历史的变迁，总是引导着哲学重大论题的转换。"语言转向"应该说既与当时的历史背景有关，又符合西方哲学发展的内在逻辑。

（一）从哲学发展的角度看"语言转向"

哲学是一种反思的文化，是人类对生活于其中的客观世界及其自身的

---

① 《马克思恩格斯全集》第 1 卷，人民出版社 1956 年版，第 121 页。
② 利科主编：《哲学主要趋向》，商务印书馆 1988 年版，第 337 页。

反思，是理论化、系统化的世界观。客观世界时空的无限性特点决定了哲学研究内容、研究对象、研究问题的无限性；哲学作为人类的认识成果，又是在具体的历史条件下获得的，不可避免地要受到当时所处的时代、社会历史条件等各种主客观条件的制约，这就决定了哲学研究内容、研究对象、研究问题的有限性。哲学正是在这种有限与无限的辩证统一中承载着历史、解释着当代、标识着未来，也正是在这种连续性与非连续性的辩证统一中实现着历史超越、理论创新、主题转换，从而形成了独具魅力和特色的阶段性发展的哲学历史。从古希腊罗马的直观哲学，一直到现代西方哲学，两千多年的哲学研究的对象、重点问题、核心论题不断地发生着演变，由于视角不同，对哲学发展史基本阶段的划分有许多不同的观点，如按历时态可分为：古代哲学（公元前6—4世纪）、中世纪哲学（公元5—16世纪）、近代哲学（公元17—19世纪）、现代西方哲学（20世纪至今）；如果依照对哲学核心问题——主客观关系问题的认识，可以把哲学分为直观认识阶段、反省认识阶段、自觉认识阶段；如果从哲学中心问题的转向来看，可以分为古代本体论哲学、近代知识论哲学或近代认识论哲学、现代语言哲学三个阶段，或者说，存在阶段、思维阶段和语言阶段。

就哲学研究的问题而言，虽然它从产生之初就几乎包括了人类认识发展过程中所提出的一切重大而带有根本性的问题，但它的研究应该说始终是有重点的。不同发展阶段有不同的核心问题，核心问题的转移则体现了哲学思想深化发展的内在逻辑。古希腊哲学始于自然哲学，研究的重点是客体，而且是自然客体，由于人们尚未自觉地意识到认识中主观与客观的矛盾，因而把认识直接指向外界对象，凭借个人的直接经验和初级的思维能力，借助于想象和猜测，去把握对象，是对自然的笼统直观。随着认识的深入发展，认识逐步摆脱了自发性和朴素性，重点开始转向主体自身，逐步提出了伦理问题、认识问题、逻辑问题、社会问题，人们开始对认识活动自身进行反省和反思，人们开始意识到人们对实体本性的了解是同人的认识方式分不开的，开始意识到在人的认识活动中的基本矛盾是主体与客体、主观与客观的矛盾，并逐步自觉地把解决主体及其与客体、主观与客观的统一问题作为哲学的中心任务。19世纪中后期，哲学家们开始尝试以非理性的"形而上学"，取代理性的近代知识论哲学。20世纪上半期，随着分析哲学和现象学的兴起，哲学研究的主题、方法都发生了重大变化，特别是在思维方式上完成了由近代到现代的整体转换，哲学家们不再囿于传统意义探讨本体论、认识论问题，而是把目光和注意力转移到作为人类思维载体的语言，通过分析语言而达到对语言表达式意义的阐明。语言成为 20 世纪哲学界的主要研究对象，关于认识、存在、思维等一系列重大哲学问题皆以语言为中心得以展开。语言与哲学历来就有着不解之缘，正如塞尔所言：语言哲学本身与哲学一样古老。哲学自身的发展要求获得具体的语言应用环境，并通过引入语言分析方法发展其自身的思辨思维，语言在摆脱作为单纯哲学理性工具的同时，试图奠定自身的实在或本体地位，借助于现代逻辑，哲学家们完成了这一重大哲学转向——语言转向，以弗雷格量词理论为代表的现代逻辑学的诞生使哲学从对感性的心理观念的研究走向了对具有公共形式的语言的研究，使语言哲学成为具有本体地位的一门显学。

　　阿佩尔以精练的语言总结了西方哲学发展的历史：古代哲学注重的是本体论，从近代开始，哲学注重的是认识论，到 20 世纪，哲学注重的是语言。"首先，哲学家们思考这个世界，接着，他反思认识这个世界的方式，最后，他们转向注意表达这种认识的媒介。这似乎就是哲学从形而上学，经过认识论，到语言哲学的自然进程。"① 古代本体论要确定的是"何物存在"；近代认识论要确定的是"哪些东西是我们能认识的"。古代哲学离开人的反省意识直接断言何物存在，而近代认识论则是一种反省意识，通过人类认识来确定何物存在。因此，近代哲学取代古代本体论实现了哲学发展史上的一次重大转向——"认识论转向"，于是，哲学从向外的探索转向内在的反思。而现代西方哲学的"语言转向"，则要求哲学家在建立关于"意识"和"世界"及其相互关系之前，必须先建立关于"语言"的理论。如果说"认识论转向"提供了"反思认识这个世界的方式"，那么，"语言转向"则提供了反思"表达这种认识的媒介"的方式。因为"意识"、"认识"或"思想"要用语言表达。

　　古代哲学直接断言"何物存在"，其实他们所断言的"存在之物"不过是他们所"认识到的事物"。当人们意识到，如果不解决认识的本质问题，是无法回答"何物存在"的，于是近代哲学开始把认识的本质、起源等认识论问题作为哲学研究的中心和出发点。而他们所说的"认识的本质"和"世界的本原"（认识中的世界），实际上只是他们从不同角度、

---

① 斯鲁格：《弗雷格》，中国社会科学出版社 1989 年版，第 10 页。

以不同的方式对认识的本质和世界的本原的表达。如果不首先弄清语言的本质、意义和理解等问题，认识论和本体论的问题都是无法回答的。于是，"语言的批判"就成为现代西方哲学"语言转向"中一个激动人心的口号，"语言"就成为哲学家们研究的中心论题。西方最重要的哲学流派都走上了通向语言的道路。这种"语言转向"，使20世纪以来的哲学研究主题和研究的方式都发生了根本性的变化。由"认识论转向"到"语言转向"，在西方哲学发展史上具有极其重大的意义。"认识论转向"使哲学关注的是对"观念"的反思；而"语言转向"则使哲学关注于"语言"的反思。"观念"具有内在性、主观性、私人性；而"语言"具有外在性、客观性、公共性。特别是从"语言"出发理解的人，才是真正从人的存在方式去理解人与世界及其相互关系，因为人对世界、对人、对自我的理解和把握是通过语言实现的。以"语言"这种中介环节去反省人与世界及其相互关系，反省人的实践，有利于促进人类的新的世界观的形成。所以"语言"和"观念"相比，具有更大的哲学反思价值，其反思的广度、深度、力度、角度都是前所未有的。

（二）从哲学与科学关系角度看"语言转向"

哲学的发展历来与科学发展息息相关，随着科学每一次划时代的突破，哲学都会重新开辟和发展新领域，演化出新论题。"语言转向"与20世纪科学的迅速发展及当代科学技术的特点密切相关。

如果按照哲学研究的对象、哲学与科学的关系的演变，我们可以把西方哲学发展史分为三个阶段：第一阶段是古代哲学与科学处于浑然一体之中，哲学表现为包括各种理论知识在内的"知识总汇"；第二阶段是近代科学开始并陆续从哲学中分化出来的初期阶段，这时，哲学与科学在知识体系中虽然有着不同的分工但又尚未完全明确严格地区分开来，哲学变成了一种"科学之科学"的理论；第三阶段是现代，当"思维领域"也成为科学的地盘——以语言学、心理学、逻辑学、脑科学等为主要内容的思维科学发展起来，于是，哲学被驱逐出了它的全部"世袭领地"。哲学开始重新反思其与科学的关系，哲学真正成为反思的哲学，反思"关于世界的各种思想"。

由于古代人类对世界认识的能力极其有限，人依赖于自然又无力抗争自然，于是，产生了幻化的神话思维方式。同时，随着日常生活经验的积累，产生了常识思维方式。人类的理性思维是对神话思维方式和常识思维方式的超越，而科学和哲学作为理性思维的两种基本方式是在这种超越的过程中同步完成的。在相当长的历史时期，科学和哲学处于未分化状态，所以，人们常把古代哲学称之为包罗万象的"知识总汇"。这时的哲学主要代表一种区别于宗教神话幻想意识和各种技艺、实用知识的理性思维方式，也就是说，凭借经验，运用理性，去寻求万物的存在和运动原因的一种学问，如在古代，哲学被看作对智慧的追求，而智慧就是关于事物原理与原因的知识。因此，古代哲学也就是关于"世界"的全部"思想"。近代科学的迅速发展，使得科学纷纷从哲学母体中分化独立出去。这时，哲学虽然实际上已经有了自己区别于科学的研究对象和认识方式，如本体论问题、认识论问题、伦理问题，但在形式上科学理论仍然被包括在哲学之中，或者仍然从属于哲学的思辨理论，哲学仍然保留着古代那种包罗万象的知识总汇的性质。"在近代之初哲学和科学是彼此不分的。哲学这个术语广义上用来泛指所有世俗的知识，包括一切今天所称的科学。为了使哲学摆脱从属于基督教神学的地位（这是经院哲学的最大特征所在），近代思想的先驱者们长期努力不懈。"最终，"经验上可证实的自然知识便同因无法证实或不能充分证实而令人可疑的思辨区别了开来。"① 正如恩格斯所言："一旦对每一门科学都提出了要求，要它弄清它在事物以及关于事物的知识的总联系中的地位，关于总联系的任何特殊科学就是多余的了。于是，在以往的全部哲学中还仍旧独立存在的，就只有关于思维及其规律的学说——形式逻辑和辩证法。其他一切都归到关于自然和历史的实证科学中去了。"② "现在无论从哪一方面，都不再是要从头脑中想出联系，而是要从事实中发现这种联系了。这样，对于已经从自然界和历史中被驱逐出去的哲学来说，要是还留下什么的话，那就只留下一个纯粹思想的领域：关于思维过程本身的规律的学说，即逻辑和辩证法。"③ 于是，近代哲学发生了"认识论转向"——把包括科学的认识成果在内的人类认识作为自己再思想、再认识的对象，并明确提出和探讨哲学基本问题。但近代哲学仍试图凌驾于科学之上，为包括科学认识在内的全部人类认识提供理论根

---

① 沃尔夫：《十六、十七世纪科学、技术和哲学史》，商务印书馆 1985 年版，第 704 页。
② 斯鲁格：《弗雷格》，中国社会科学出版社 1989 年版，第 10 页。
③ 《马克思恩格斯选集》第 4 卷，人民出版社 1995 年版，第 257 页。

据，即成为"全部知识的基础"的"科学之科学"，也就是关于"世界"的最具普遍性的"思想"。然而，现代科学发展的结果，使原来仅留下的"思维领域"也成为科学的地盘——以语言学、心理学、逻辑学、脑科学等为主要内容的思维科学发展起来。于是，哲学被驱逐出了它的全部"世袭领地"。如果说近代，哲学被驱逐出"自然界"和"历史"领域的同时，还留下了"思维"领域，那么现代，哲学则从最后一个"思维"领域被驱逐出来，那么，对于已经从"自然"、"历史"和"思维"中被驱逐出去的哲学来说，还留下了什么？维特根斯坦告诉人们："哲学剩余的唯一工作就是语言分析。"① 于是，现代哲学发生了"语言转向"。

只有当科学得到充分发展，达到在诸多领域、诸多方面、诸多层次上足以提供关于世界上的各种事物运动发展规律时，哲学才有可能成为反思的哲学，反思"关于世界的各种思想"。"当我们一旦弄清楚学科之间没有明确的分界线，而且没有一门学科可以称得起在认识分类表中占有一个唯我独尊的位置时，当我们弄清楚了人类各种经验的形式也和认识同样重要时：只有到那个时候才算打通最广义的、关于人的哲学研究的道路。"② 当代科学技术的最显著特点是呈指数增长的发展趋势，这使得科学的分支化与整体化同步展开，与此相应所形成的"思维方式的特点是：从绝对走向相对；从单义性走向多义性；从精确走向模糊；从因果性走向偶然性；从确定走向不确定；从可逆性走向不可逆性；从分析方法走向系统方法；从定域论走向场论；从时空分离走向时空统一。"③ 这一切都要求真正地从人的实践活动及其历史发展去理解和把握人与世界及其相互关系。人们常从多元化的角度概括 20 世纪，称之为"分析的时代""综合的时代"或"相对主义的时代"。所以，发生在 20 世纪的"语言转向"具有深刻的历史背景和社会背景。观念必须以语言的形式而确立为思想，即是说，思想是人的思想，要借助于语言才得以表达，通过语言而实现的人的自我理解和相互理解，构成人类存在的"意义世界"。人类使用语言，就是以历史文化去理解人的存在和人的世界，"意义"离不开人的主体创造性活动。所以，人的存在方式就是人使用语言的创造性实践。以"语言"为中介去

---

① 《逻辑哲学论》，郭英译，商务印书馆 1985 年版；Tractatus Logico Philosophicus（TLP.），tr. D. F. Pears and B. F. McGuinnness，Routledge，1961，4.112。

② M. 怀特：《分析的时代——二十世纪的哲学家》，商务印书馆 1981 年版，第 243 页。

③ 霍金：《时间简史》，第 154 页。

理解人与世界及其相互关系，应该是一种现实化的自觉反思的哲学意识。以人类社会存在为中介、以人的历史活动为中介去探讨和理解人与世界的关系问题，是整个现代哲学的共同特征。人的历史活动是多种多样的中介环节构成的人与世界的对立统一关系，而语言、科学、文化等都是中介性存在。"语言转向"通过对语言分析，从人类文化的多样统一性去寻求人的自我理解，追求对人与世界关系的理解，从而就把人与世界之间的诸多中间环节凸显了出来，从而使马克思所开拓的从人的存在方式——实践出发考察人与世界关系的思想获得了某种具体的展开。19世纪探索真理方式的根本性改变，使得预言性的实证科学和理解性的概念思辨逐渐分离。因而，"语言转向"就成为哲学自身调整的必然。"语言转向"既是现代西方哲学发展合乎逻辑的结果，又是哲学的重大进步。以"语言转向"为标志的现代西方哲学，充分利用"语言"自身所具有的诸如客观性、公共性、多样性、历史性、可分析性、可解释性、自主性等独特优势，展开了对各种文化形式的批判，使传统哲学问题得到了深化，使哲学基本问题获得了更为丰富的理论内涵。在通过"语言"中介去实现思维与存在、人与世界的文化层面上的统一之意义上，"语言转向"标志着哲学思维方式的深刻革命。

"语言转向"使哲学研究从一种概念思辨体系转换到关注语言的意义和使用；一反传统哲学对形而上学、对本质的追寻，而直接研究语言的表达方式、意义、理解等。哲学研究中使用的概念同传统哲学相比发生了巨大变化，传统哲学张口闭口必言之的"本质"、"认识"、"主体"、"客体"被"语言"、"意义"、"理解"、"规则"、"语法"等新的概念所取代。"语言转向"对现代西方哲学影响之巨大，从其范围之广、程度之深就可略见一斑。无论是哲学家们研究的内容和形式，还是研究的目的和方法，乃至哲学研究活动本身，都发生了根本性的转变。"语言转向"开阔了哲学的视野，拓展了哲学研究的领域，转换了哲学研究的主题和对象，改变了哲学研究的方法和手段。可以说，这种转变具有划时代的意义。

总之，哲学的"语言转向"，从研究方式上说，是要求哲学家从语言出发，去反思人与世界的关系；而从哲学的自我理解上说，则是要求哲学家通过对语言的反思而实现对哲学的现代理解。现代西方哲学的发展表明，现代西方哲学家在对语言的反思中深化了对哲学的自我理解，它以人的历史性存在为中介，理解和把握人与世界及其相互关系，从而以"历史的"、"现实的"方式解决哲学问题，体现了人类理论理性和实践理性相融合的自我意识，使哲学同那种以"抽象的"、"超历史的"方式解决哲学问题的传统哲学有了本质区别，使哲学发展到了现代水平。

二 当代西方语言哲学的发展

现代西方哲学在近代哲学所实现的"认识论转向"基础上，实现了"语言转向"。从哲学发展的逻辑看，它是以克服近代哲学的主客二元对立为理论出发点，在寻求中介化道路的过程中发生的，是理论发展的必然；它也是在特定的时代背景下产生的，具有深刻的社会历史背景。

对"语言转向"产生的具体原因，人们的观点并非一致，但比较趋同的理由主要是：第一，传统哲学的形而上学弊端。对古典哲学特别是德国古典哲学的厌倦，认为传统哲学中存在很多混乱，思辨哲学家们制造了种种无法解决的哲学问题。第二，现代逻辑的发展是导致"语言转向"的一个主要动力。人们认为依靠逻辑就能够掌握语言的本质和结构。第三，反对心理主义。认为对心理活动的解释总掺杂有主观成分，而只有对语言——命题的意义才能进行客观的研究。第四，现代语言学的建立。现代语言学诞生的时期，正是西方人文学术领域重视语言学研究的时期。有一批语言哲学家积极热衷于从语言的角度去审视、研究哲学的相关问题，从而加速了哲学的"语言转向"。

把哲学研究的中心转向语言，这是西方哲学自身符合逻辑发展的结果。语言是人类所特有的。自古以来，哲学家、思想家们就关心对语言的研究。柏拉图曾慨叹：语言这个题目也许是所有题目中最重大的一个。亚里士多德是系统探讨语言的第一人。近代哲学对语言问题的思考，也为语言哲学奠定了一定基础，特别是洛克、莱布尼茨、贝克莱、休谟、康德等。尤其是康德，很多人认为对20世纪语言哲学产生最重大影响的哲学家当属康德。

从哲学角度看，普遍的观点一般认为，对"语言哲学"可以有两种理解：一是狭义的，指哲学的一个分支；二是泛指20世纪以语言为主要内容的哲学研究，即通常所说的"第一哲学"意义上的。我们这里所说的"语言哲学"不是指哲学的一个分支，而是通常"第一哲学"意义上的。是指语言哲学家不仅研究语言问题，而且把语言问题变成哲学研究的中心和出发点，并以"语言"为中介达到对思维与存在、人与世界及其相互关系的总体把握。

对于语言哲学的开端问题，学界也是观点不一。一般认为弗雷格是第一个最重要的语言哲学家，是语言哲学的奠基人，但由于作为数学家的弗雷格是在为数学提供逻辑基础的研究工作中对语言作出了思考，因此，其思想当时并未对哲学产生很大影响，并且他本人也从来没有明确提出"语言转向"。在逻辑研究和语言研究取得一定进展并广为人知以后，弗雷格的成果才由于罗素的偶然赏读并大力推介方为世人所知。正由于这个原因，有学者认为罗素才是真正的语言哲学的奠基人。由于罗素和弗雷格的哲学兴趣，使得逻辑主义在早期的语言中占据核心地位，并成为语言哲学发展的一条主线。维特根斯坦第一次明确提出：哲学剩余的唯一工作就是语言分析，"一切哲学都是对'语言的批判'"① 因此，哈克等人认为，维特根斯坦才是第一个语言哲学家，是语言哲学的奠基人。无论如何，可以看出，弗雷格、罗素、维特根斯坦、摩尔等哲学家的早期研究是开创性的，具有奠基作用。在语言哲学的创建时期，发挥了极其重要的作用。

对语言哲学发展的主要脉络有很多划分方式，但一般有两种。分歧主要在索绪尔等人创立的结构主义语言学传统，有人把它作为语言哲学发展的第三条线索。但也有很多学者认为索绪尔是现代语言学的创始人，他是语言学家，而不是语言哲学家，因而一般不把他列入语言哲学的发展线索。但由于他作为一门最重要的新兴学科的开创者，他对语言哲学产生了极深刻的影响，所以，尽管不视其为语言哲学发展的第三条线索，但也都承认其思想对语言哲学的影响，包括在国内的一些教科书中，都会以各种方式对索绪尔的思想有所介绍。那么前两条线索一般是没有争议的，一是语言分析哲学传统；二是现象学—解释学传统。

（一）语言分析哲学传统

语言哲学的第一条线索就是语言分析哲学传统。它与传统哲学的差别最主要体现在两个方面：第一，它把其所处理的哲学问题都作为语言问题，或者说，通过对语言的分析来解决或回答一切哲学问题，并且否认其

---

① M. 怀特：《分析的时代——二十世纪的哲学家》，商务印书馆 1984 年版，第 243 页。

他方法对哲学的作用。第二，有自己独特的分析方法。在一定意义上说，分析哲学首先是一种方法论哲学。主要是分析语言或语言现象。语言哲学的奠基期就是分析哲学的奠基期，主要代表人物有弗雷格、罗素、维特根斯坦、摩尔等。发展到 20 世纪 30 年代以后，分析哲学内部开始分化，出现了一个新的流派——日常语言分析学派。所以，一般说，分析哲学有两个流派：逻辑语言分析和日常语言分析。

逻辑语言分析流派主要是指始于弗雷格、罗素、维特根斯坦等人的奠基期，经由石里克、卡尔纳普等人延续下去的传统，其中维特根斯坦主要是指其前期思想。通常亦称这一流派为"理想语言学派"。

日常语言学派主要是主张对日常语言的用法分析，代表人物主要有摩尔、维特根斯坦、赖尔、奥斯汀、斯特劳森、格赖斯、塞尔等人。这里的维特根斯坦指其后期的思想。

这两个学派有着共同的出发点：拒斥传统的形而上学。为此二者均主张运用语言分析手段，"分析人的思想、分析人们理解和接受这个世界或互相交流的概念的最好办法，就是研究它们的实际应用。"① 于是，语言分析哲学就改换了哲学的研究主题及研究方式，就把"哲学的技术问题"即对语言的分析，提升为哲学的中心问题。但它们的分析手法不同。理想语言分析学派对日常语言不信任，因此，他们采用的是逻辑分析以建立理想语言。而日常语言学派认为日常语言没有问题，哲学问题在于对语言的误用，所以他们采用的是语言用法分析。

20 世纪 60 年代之后，这两个学派已不再作为一个学派活动在学界，一些新的哲学家崭露头角，如达米特、蒯因、戴维森、万德勒、莱柯夫、普特南、克里普克等。20 世纪五六十年代，逻辑实证主义在美国达到鼎盛，但融入了大量实用主义因素。语言哲学在 20 世纪后半期形成了一个突出特点，即逻辑实证主义和实用主义相结合，被称为"逻辑实用主义"。

20 世纪末，分析哲学中的一些哲学家转而更多地探讨传统的哲学问题，如"真理"、"存在"、"正义"等。所以，有人认为，分析哲学作为一个相对统一的哲学流派已不复存在。

---

① 宋健主编：《现代科学技术基础知识》，科学出版社、中共中央党校出版社 1999 年版，第 48 页。

（二）现象学—解释学传统

语言哲学的第二条线索是现象学—解释学传统。主要代表人物有胡塞尔、海德格尔、伽达默尔、梅洛·庞蒂、德里达等。19 世纪末，西方哲学领域兴起了一股历史主义和人文主义思潮，强调反思语言的人文特性，通常人们称之为欧陆人文哲学。它认为哲学的使命不是对语言的逻辑分析或澄清科学命题的意义，而是寻求人类存在的意义。它实际上是对分析哲学丢失语言的人文性的一种反击，提出了要以语言学研究为人文科学和整个文化研究的范型，试图寻求一种独立于自然科学的方法："普遍的人文科学方法论"。它集中表现在对语言的人文主义理解和解释，认为语言不是人的一种工具，而是人类自己的存在方式，是人类内在的人文精神追求的体现；人是一种历史文化的存在，语言则是储存历史文化的"水库"；人作为历史文化的存在，不是人去占有语言，而是人被语言所占有；人从属于历史也就是从属于语言，人只有从属于语言才能实现人的自我理解和相互理解；语言是研究人类一切文化现象（包括自然科学）的基础。海德格尔则将纯粹意识的现象学引向人的生存活动，这对于语言哲学的发展是极其重要的，因为它实际上指出了语言的社会生活基础。现象学的根本方法就是让事物在直观的明证性中显现出来，理解是对存在本身意义的理解。海德格尔关于"理解"的思想使得现象学的方法对语言哲学的发展具有决定性的意义。到20 世纪50 年代，他提出了著名的口号："语言是存在的家。"最后完成了现象学与解释学的结合，开创了现象学的解释学传统。而作为其学生的伽达默尔，则在哲学解释学中，使语言处于中心地位，"能被理解的存在就是语言"①。

三　维特根斯坦的语言"转向"

（一）思想渊源

从孩提时代就对数学和哲学问题有着浓厚兴趣的维特根斯坦，在其哲学生涯中，始终关注着我们与世界的关系，关心着我们生活的世界，思考着生命、伦理以及形而上学问题，并最终把对语言和逻辑的研究作为其全

---

① 伽达默尔：《真理与方法》，上海译文出版社 1999 年版，第606 页。

部哲学的主题。而其前后期的区别也主要体现在对语言的态度上。维特根斯坦一生的哲学活动大致以 1930 年为界，划分为两个时期。英国著名哲学家罗素，把前期维特根斯坦称为维特根斯坦 I，把后期维特根斯坦称为维特根斯坦 II。前期的维特根斯坦哲学思想，集中体现在《逻辑哲学论》一书中，后期的维特根斯坦哲学思想，则主要以其《哲学研究》为代表；前期的维特根斯坦，在语言哲学问题上关注的是语言与逻辑的关系，而后期维特根斯坦，在语言问题上则关注的是语言与日常生活的关系；前期的维特根斯坦致力于建构一种理想语言，而后期的维特根斯坦则重返日常语言。所以，前期、后期维特根斯坦思想的变化，集中表现在语言哲学观上。

维特根斯坦哲学的产生及演变，是有一定的社会历史、自然科学、哲学理论发展背景的。早期的维特根斯坦哲学形成于第一次世界大战前夕和战争期间，并受到罗素、弗雷格、毛特纳、赫兹等人的影响，特别是罗素和弗雷格，M. 怀特在《分析的时代》一书中曾说，维特根斯坦的第一部著作有许多逻辑符号同时表现出受罗素和弗雷格的很大影响。安斯康在《维特根斯坦的〈逻辑哲学论〉导论》中说，维特根斯坦的哲学思想被弗雷格和罗素对意义的研究所鼓舞。前期的维特根斯坦一直追随弗雷格和罗素，把对语言的逻辑研究视为重点，甚至比弗雷格和罗素更倾心于逻辑——用逻辑方法去解决一切哲学问题。

维特根斯坦深受弗雷格两个方面的影响：数理逻辑及逻辑分析方法。维特根斯坦对弗雷格《算术的基础》一书表达的思想极为重视。在《算术的基础》一书中，弗雷格提出存在一个第三领域，它包括概念、思想、数学以及其他对象，而这些东西既不是客观的物理现象，也不是主观的心理活动，而是思维的对象。在弗雷格看来，思想的真不依赖于我们的判断，如果要理解思想规则或逻辑规则的普遍性和可靠性，就要承认思想的对象。弗雷格的思想吸引着维特根斯坦潜心研究数学领域中的逻辑问题。

对维特根斯坦影响最大的还是罗素。应该说，是罗素发现了维特根斯坦的哲学天赋，并引导他走进逻辑和语言的殿堂，助其确定了终身职业。维特根斯坦一直关心的是世界问题，逻辑与世界是什么关系，语言起什么作用，这些问题困扰着维特根斯坦。初识罗素时，维特根斯坦正为如何用逻辑解释世界的问题而苦苦思索，而罗素恰好为他解决这一问题提供了一种有效的工具和途径——用数理逻辑的手段分析语言的逻辑结构，从而达到解释世界的目的。罗素认为，逻辑可以向我们表明语言的性质，并帮助我们解决哲学问题。在《我们对于外间世界的知识》一书中，罗素对其逻辑分析方法进行了详细的说明：逻辑分析方法是"哲学中的科学方法"；它使哲学变成科学，犹如数学使物理学变成科学一样。逻辑分析方法是使哲学逻辑化的唯一手段。以往的各派哲学之所以陷入与事实不符的玄想，就在于缺少这种方法和手段。只有逻辑分析方法才是使一切思想领域中的混乱得以澄清的有效方法。罗素关于逻辑分析方法的思想，绝大部分为维特根斯坦所接受。此外，罗素的逻辑原子主义和有关摹状词的理论也对维特根斯坦产生了重大影响，在维特根斯坦早期思想的代表作《逻辑哲学论》中都有不同程度的吸收。

维特根斯坦在《逻辑哲学论》一书中提到了毛特纳。毛特纳是德国唯心主义哲学家，语言哲学的代表。其在 20 世纪初出版的著作有《语言批判论稿》、《语言》。主张思维和语言全是"相同的行为"；哲学的批判亦即"语言的批判"；对语言的性质进行分析或批判，就会达到一个结论：不能运用语言这一工具去认识世界；语言如球戏一般，是建立在约定的规则上的；"语言就是语言的应用"，语言不一定合乎逻辑，为语言的日常用法找出逻辑根据是不可能的，更不可能制造出一套完善的、以逻辑为基础的"哲学语法"；既然关于世界的问题没有答案，那就根本不应该提出，最好的办法是"保持沉默"。仔细研究维特根斯坦的《逻辑哲学论》，不难发现此书中的总思想、总结论与毛特纳有着千丝万缕的联系。所以，有人评论说毛特纳是维特根斯坦哲学的思想先导，就不足为奇了。

尽管维特根斯坦哲学思想形成的过程，受到罗素、弗雷格、毛特纳、摩尔等人的影响，但在他形成自己的思想时则更多地表现出独有的创造性。在其从师求学的过程中，完成了从一个求学者到独立的思想创造者的转变，并出版了凝聚其七年青春中所有的理论思考和人生体验的著作——《逻辑哲学论》，其前期思想集中体现在此书中。

维特根斯坦哲学是在传统哲学面临危机的形势下产生的。众所周知，古希腊本体论哲学发展到中世纪，已逐渐演变成一种"坐而论道"式的没有多少实际意义的经院哲学。近代哲学的典型代表笛卡尔，在批判经院哲学的过程中，提出了其普遍怀疑原则和"我思故我在"的哲学第一原理，但他那毋庸置疑的怀疑者、思想者的存在，则引导哲学家们把眼光从外在的实在转向自身、转向能思维的"自我"的本质以及与之相关的观念的起源、知识的结构等有关知识论问题。近代唯心主义把自己封闭在"自我"之内，无法找到一条从主体通向客体的现实之路。人们再次追问，哲学究竟是以什么为研究对象？它的方法是什么？它的本性是什么？维特根斯坦哲学就是在这样的时代背景下产生的。发端于 20 世纪初的西方分析哲学，就是要从根本上与西方传统哲学决裂。在分析哲学家看来，哲学的基础和起点不再是传统的认识论，而是现代诞生的数理逻辑；哲学研究的方法也不再是对个人感知的心理分析，而是具有客观性和形式特征的逻辑分析；逻辑不再被看作是人类理性思维的基本本能，而被奉为哲学发展的真正楷模。石里克把现代分析哲学与传统哲学的这种决裂，称为"哲学的转变"，艾耶尔则称之为"哲学中的革命"，而维特根斯坦则是自莱布尼茨以来"一直推进到这个决定性转变的第一人"①。

维特根斯坦的《逻辑哲学论》回答了时代向哲学提出的问题。认为哲学家们必须放弃哲学是关于实在本质的观点，必须放弃形而上学；必须放弃知识论，放弃哲学是关于思想观念和精神内省的观点，前者属于心理学，后者属于实验科学。"哲学不是一种原理的体系，而是一种活动"，一种澄清思想的活动。在维特根斯坦看来，传统哲学问题不是真正的问题，它们的产生是"由于我们语言的逻辑被误解了"②。哲学的任务就是从语言分析入手去化解它们，澄清思想。由此，"语言批判"就成为维特根斯坦哲学批判的基本出发点。他在《逻辑哲学论》中直言不讳地指出："全部哲学就是语言批判。"③

（二）思想转变

无论是前期的维特根斯坦还是后期的维特根斯坦，都没有对"哲学"这一概念作出明确的界定，但他却在《逻辑哲学论》中为思想的语言表达划定了界限，也就是为哲学重新划定了范围——可清楚地言说的东西与不可言说的东西。在维特根斯坦看来，哲学不是一种学说，而是

---

① 麦基：《思想家——当代哲学的创造者们》，三联书店 1987 年版，第 182 页。
② 伽达默尔：《真理与方法》，上海译文出版社 1999 年版，第 606 页。
③ 石里克：《哲学的转变》，转自洪谦主编《逻辑经验主义》（上卷），商务印书馆 1982 年版，第 7 页。

一种活动，所以，这种意义上的哲学是不可思的，而只能去体验。为了确定哲学的本性就需要确定思想的界限，也就是说，要确定什么是可思的，什么是不可思的。而为了确定可思与不可思的界限，我们就必须去思不可思的东西，但"我们不能思我们不能思的东西"①。因此，我们只能求助于思想的看得见的表达——语言。这样，我们为了确定可思与不可思的界限，又要为可说与不可说的划界，亦即为语言划界，寻找什么是可清楚地言说的，什么是不可言说的。这恰好就构成了《逻辑哲学论》的主题和中心，而这一主题和中心实际就是前期维特根斯坦哲学的主题和中心。维特根斯坦在写于1918年的序言中直言："这本书的整个意义可以概括如下：凡是能够说的东西，都能够说清楚，凡是不能够说的东西，就应该保持沉默。因此，这本书旨在为思想划定一条界限，或更准确地说，不是给思想而是给思想的表达划定一条界限；要划定思维的界限，我就必须能从这个界限的两边来思考（因此我们就必须能够思不能思的东西）。因此，这种界限只能在语言中划定，而在界限那一边的东西，就简直是无意义的胡说。"②

在维根特斯坦的早期思想中，我们能看到的主题词是语言、逻辑、思维、哲学及思想的表达式。应该说，维根特斯坦无论是研究语言还是逻辑，无论是研究思维还是思想的表达式，都是服务于哲学问题的。维特根斯坦直面语言和逻辑，并不是为了论述语言，而是显示语言的界限，为思维划界，同时也为世界划界，正如维特根斯坦所言："语言的界限，意味着我们世界的界限。"③ 早期的维特根斯坦认为，世界和语言是同型同构的。"世界是事实的总和，而不是物的总和。那发生的东西，即事实，就是原子事实的存在。"④ "基本事实是对象的结合"⑤，"对象的配置构成基本事实"⑥。在维特根斯坦看来，世界是事实组成的，是所有事实的总汇；而事实又可简约为原子事实（或基本事实），是基本事实的复合；而基本事实则是由对象构成的，是对象的一定方式的结合。语言则是世界的配对

---

① 《逻辑哲学论》，郭英译，商务印书馆1985年版；Tractatus Logico Philosophicus, tr. D. F. Pears and B. F. McGuinnness, Routledge, 1961, 5.61。

② 同上书，前言。

③ 同上书，5.62。

④ 同上书，1.1。

⑤ 同上书，2.01。

⑥ 同上书，2.03。

物。与世界相对应，语言是由命题组成的，是所有命题的总和；而命题又可简约为基本命题，是基本命题的真值函数；而基本命题则是由简单的符号（名字）组成的。这样，维根特斯坦就建立起了名字（语词）—对象，基本命题—基本事实，命题—事实，语言—世界，这样一种一一对应的同型同构关系。由此，维特根斯坦主张，事态能够为语言所摹状，世界可以为语言所描画（描述），因为语言与世界共有实在的逻辑形式，命题的本质在于它是实在的图画。正是在逻辑的空间，对象成其为对象，事实成其为事实，世界成其为世界。这就是说，逻辑是一种界限，一切可说的东西，都是可以用逻辑命题加以描述的，因而属于逻辑研究的范围；而一切不可说的，它们则不属于逻辑研究的范围，只能保持沉默。如果言那不可言的东西，说那不可说之"问题"，道那不可道的形而上学，则只能是无意义的。如"本体"、"存在"、"自我"、"终极原因"、"善恶"、"美丑"等，根本不存在于逻辑空间。所以维特根斯坦认为，人们不可能从日常语言中直接得到语言逻辑。语言是非常善于乔装打扮自己的，因此，我们根本无法根据这种打扮的外在形式去推知装扮了的思想形式。关于哲学问题的大多数命题都没有表达任何事实，它们虽不是虚假的，但却是无意义的，都是由于我们不了解我们语言的逻辑而产生的。传统形而上学问题都是一些伪命题，是无意义的假命题。对日常语言的误用最终导致了哲学问题的产生，如果我们从语法的角度去分析这些问题，借助于逻辑手段，一切问题都将不成问题。他认为，日常生活中的语言是模糊的，极易产生混乱，产生意义上的混淆，而"整个哲学就充满了这种混淆"①。哲学的任务就是要运用逻辑手段澄清语言，消除混乱，"哲学的目的是使思想在逻辑上明晰。……哲学的结果不是某些数量的'哲学命题'，而是使命题明晰。哲学应该说明和清楚地划分，否则就像模糊不清的思想。"②早期的维特根斯坦充满了对日常语言的不信任感，力图建立一种严格精确的人工语言以防止日常语言出错，所以他给自己规定的任务就是建立普遍的理想语言，并以语言的逻辑形式构造整个世界的图式。

---

① 《逻辑哲学论》，郭英译，商务印书馆 1985 年版；Tractatus Logico Philosophicus, tr. D. F. Pears and B. F. McGuinnness, Routledge, 1961, 3.324。

② 同上书，4.112。

　　维特根斯坦前后期思想的转变主要发生在 1929 年秋至 1936 年。1929年 1 月，维特根斯坦重返剑桥，开始他中断了近 15 年之久的哲学研究。这一时期，维特根斯坦开始全面清理他的早期哲学，从批判《逻辑哲学论》入手，提出了一种全新的哲学观念。后来编辑出版的《哲学评论》、《蓝色和棕色笔记本》、《哲学语法》等都是维特根斯坦从《逻辑哲学论》到以《哲学研究》为代表的后期哲学的过渡期（思想转变期）著作。他一改早期对逻辑的推崇，转而考察日常语言的用法，他虽然没有完全抛弃理想语言，但研究兴趣和重心已由理想语言转向日常语言，认识到试图建立理想语言以把语言精确化的努力是徒劳的、不切实际的，我们的日常语言的确具有某种模糊性，但这种模糊性并不影响语言的作用，并且完全是可以接受的。维特根斯坦指出，"我们在哲学上把理想语言与我们的日常语言看作是对立的，这种说法是错误的。因为这表现出似乎我们认为，我们可以改进日常语言。但日常语言是没有问题的。每当我们构造'理想语言'时，这并不是想用它们来替换日常语言，而只是去消除某人心中所引起的麻烦，想到他已经掌握了某个普通词的确切用法。"① "一条规则就像一个路标"②，"如果在正常情况下路标能达到其目的，路标就是合适的。"③ "'不准确'实际上是一种责备，而'准确'则是一种赞扬。而这也就是说，不准确的东西达到其目标的程度要比准确的东西差一些。这样，这里的问题就在于我们把什么称作'目标'。" "从没有定下过一个准确性的理想。……你会发现，要想找到一种约定是很难的，至少很难有使你感到满意的。"④ 在我们的日常生活中，任何东西都不可能达到理想的准确性，要想找到一种令人满意的准确性是困难的；并且，不准确并不意味着"不可用"。就像路标一样，也许不够精确，也许相对大致精确，但只要能达到其目的，其就是合适的、可用的。日常语言的意义可能是不够确切的、模糊的，但往往并不影响它的正常使用，而只要它能正常发挥作用，那么它就是适合的、恰当的。理想语言虽然精确，但未必比日常语言

---

　　① 《蓝色和棕色笔记本》，里斯编辑，布赖克威尔出版公司 1958 年版。*The Blue and Brown Books*, ed. R. Rhees, Black-well, 1958, p. 28。

　　② 《哲学研究》，安斯康英译，英国布莱克威尔出版公司 1953 年版；汤潮、范光棣译，三联书店 1992 年版；李步楼译，商务印书馆 1996 年版。Philosophical Investigations, tr. G. E. M. Anscombe Blackwell, 1953, § 85。

　　③ 同上书，§ 87。

　　④ 同上书，§ 88。

更适合。如果脱离生活，脱离实际，在生活中也是无法使用的，甚至精确性会成为多余，以致造成混乱。所以维特根斯坦指出："这种为了特定的实用目的的改革，对术语的改进（这种术语为避免实际中的误解而设计）是完全可能的。但这些不是我们必须处理的事。使我们感到迷惘的混乱产生于语言像马达空转的时候，而不是它正常工作的时候。"① 而我们却常常处于企图使我们的语言理想化的幻觉中，以为我们可以达到逻辑的明晰，能够抓住概念的本质，能够建立一种先验的超秩序，而这恰恰造成了混乱，造成了语言与其实际使用的脱节。"当我们相信我们必须在我们实际的语言中找到那种秩序，那种理想物时，我们便对通常称为'命题'、'词'、'记号'的东西变得不满意了。逻辑所处理的命题和词被认为是纯粹而又明确的东西。于是我们就为真正记号的本性而绞尽脑汁地进行思考。"② 然而，"我们越是仔细地去考察实际的语言，它和我们的要求之间的冲突就越尖锐。（因为逻辑的晶体般的纯粹性当然不是研究出来的：它是一种要求）这种冲突渐渐变得不可容忍；我们的要求现在已有变空洞之物的危险。——我们是在没有摩擦力的光滑的冰面上，从而在某种意义上说这条件是理想的，但是，正因为如此，我们也就不能行走了。我们想要行走：所以我们需要摩擦力。回到粗糙的地面上来吧！"③ 理想语言的构想使我们失去了摩擦力，使我们无法正常行走，语言是生活中的语言，是使用中的语言，就应当在日常生活中被使用。所以，必须放弃精确，放弃理想，回归生活。至此，维特根斯坦完成了其深刻的思想转变，由语言的逻辑分析转向了语言的"生活世界"，虽然他哲学的主题仍是语言问题，但他已不再从逻辑的角度考察语言问题，而是关心生活中的语言问题，关心语言在生活中的使用。

前后期维特根斯坦的区别是十分明显的，这种区别突出表现在他对语言采用了两种不同的分析方法：早期的语言逻辑分析与后期的语言用法分析。而这种分析方法上的差别，关键在于其立足点的差别。正因为立足于生活，立足于语言实践，维特根斯坦自信地提出了一种影响深远的全新的

---

① 《哲学研究》，安斯康英译，英国布莱克威尔出版公司 1953 年版；汤潮、范光棣译，三联书店 1992 年版；李步楼译，商务印书馆 1996 年版。Philosophical Investigations, tr. G. E. M. Anscombe Blackell, 1953, §132.

② 同上书，§105。

③ 同上书，§107。

语用哲学观——语言游戏论，提出了让人耳目一新的思想：语言的规则在参与，语言的意义在使用。

四 语言游戏论对当代西方哲学的影响

（一）语言游戏论在维氏哲学中的地位

早期维特根斯坦哲学以全新的视角和方式回答了时代向哲学所提出的问题，对当时突出的逻辑本质问题和自然科学理论的普遍有效性问题作出了独特的富有创造性的回答，既为危机中的哲学注入了活力，又对20世纪初的哲学产生了深远的影响。然而，在早期维特根斯坦哲学中，存在着自身难以克服的困难。我们知道，《逻辑哲学论》旨在为思想的语言表达划定界限：可清楚地言说的东西与不可言说的东西。按照维特根斯坦以图式说为基础的可说与不可说的划界思想，不仅传统哲学的问题是不可说的，而且《逻辑哲学论》中所探讨的许多问题，如语言的本质、语言与世界的关系、逻辑的本质、逻辑形式、逻辑性质以及形而上学主体所沉浸于其中的、超事实、超事态的神秘之域都是不可说的，而不可说的东西都被言说了。早期思想中这种深刻的内在矛盾，语言理论中的严重困难以及逻辑实证主义在意义证实理论的应用过程中所遇到的尴尬困境，迫使维特根斯坦重新去思考语言问题，并提出了对后来西方哲学的发展产生重大影响的语用哲学观——语言游戏论。纵观维特根斯坦思想的发展，可以说，维特根斯坦前期哲学中语言理论的根本困难，是维特根斯坦后期语言游戏理论借以产生的根据，而其后期的语言游戏理论则是作为逻辑原子主义命题理论及图式说的否定物而产生的。

虽然维特根斯坦前后期思想的主题和出发点都是语言，都是对语言的批判，但其植根的基础、关注的视角都发生了转换。前期维特根斯坦把语言植根于纯净无尘的理想境地，使之失去了根基；而后期的维特根斯坦把语言根植于日常生活这块肥田沃土；前期的维特根斯坦关心的是语言的描述，而后期则关心的是语言的使用；前期哲学活动是逻辑构造活动，而后期的哲学活动则是一种语言实践活动。语言游戏论正是在批判前期思想的过程中确立起来的，并成为后期哲学的核心内容。"语言游戏"维系着维特根斯坦整个后期思想及家族相似、规则、使用、意义、理解、生活形式等重要观念。

第一，维特根斯坦凭借"语言游戏"，提出了家族相似性的重要观念。在维特根斯坦看来，正如存在着无数种游戏，语言也同样存在着无数种用法，它们并没有某种共同点，即共同的本质，存在的只是它们的相似之处或相互联系及一系列关系；这就如同家族成员之间存在着的各种各样的相似性，或是步态上的相似，或是身材上的相似，抑或是相貌上的相似，也许是眼睛的相似；语言活动就是这种只存在某些相似性的游戏。可见，"家族相似性"这一概念正是基于"语言游戏"并作为对本质思想的否定而提出的，而这一概念也成为维特根斯坦后期哲学思想的重要内容。

第二，维特根斯坦借助于语言游戏，强调了一个语词、句子的意义在于它在语言中的用法。也就是说，语词是语言游戏的工具，语词作为工具其意义就在于人们如何使用它。语言游戏就是用语言在具体的特定的语境中进行的一种活动。在其中，不同的词有不同的作用，同一个词在不同的语境中也有不同的作用。由语言游戏引出的词和句子有无数种不同用法的思想，直接影响到了维特根斯坦对于意义问题、规则问题、语言与实在关系问题的解决，从而构成了维特根斯坦后期哲学观的重要内容。维特根斯坦用意义即用法的思想，否定了任何抽象的、独立的客观意义的语词的存在，用对语言用法的观察取代了对抽象的语词意义的追求。人们把语言作为交流的手段，其目的就是表达思想，用以完成某个行为。做一种语言游戏，如同下棋或玩一种别的什么游戏一样，总是有目的、有目标的。一枚棋子的意义就是它在棋类游戏中的作用，语言游戏的目的就是表达思想、交流沟通，而交流双方对语言的理解并不是根据语言的抽象意义，而是根据语言在日常生活中的约定，根据语言在日常交流中的用法。所以，我们应当把句子当作工具，把意义当作它的使用，语言的不同用法是在语言游戏中表现出来的，而意义就是使用，使用才能教会你意义。因此，我们要参与游戏，学会使用语言。

第三，强调遵守规则的必然。后期的维特根斯坦经常提到棋类游戏，下棋是有规则的，如中国象棋里的"马走日，象走田，小卒一去不回还"；语言游戏也同样是有规则的。没有一定的规则，一个词的用法就没有依循，也就失去了意义，语言游戏也就无法进行。规则是一种使语言游戏成为人们共同的一种活动所必需的东西。语言的用法是否正确，在于是否遵守了规则，遵守规则既是逻辑的必然，更是生活的必然。"我们称之为

'遵守规则'的东西是在日常生活中造成的。"① 下棋之为棋类游戏有赖于它的全部规则，语言之为语言游戏也有赖于它的规则。但在游戏与规则之间，游戏处于首要地位，是最根本的。语言游戏是遵守规则的基础，我们是否遵守规则，只能在语言游戏中加以判断；而如何遵守规则，仍然以语言游戏为判据。一个词是否遵守了用法规则，其应用乃是它的判据。游戏规则并不是处处对游戏作出限制，就如同没有任何规则限制人们把网球打多高或打多重，也没有任何具体规则限制先走"马"还是先走"卒"。所以，"词的应用并非处处都受规则的约束。"② 并且，规则也是易变的。规则的确定具有约定性、随意性，而一经确定则具有相对稳定性。但不等于说规则是一成不变的。我们常常是"一边玩，一边制定规则"，"一边玩，一边改变规则"③。如果我们改变了规则，一个词就会有另外的意义。改变规则实际上就是改变了这个词的用法。所以，我们既没有必要固守已有的规则，也没有必要拒斥新的规则。游戏规则具有公共性，不能私自遵守。遵守规则是一种习俗，是经过训练而获得的一种能力。

第四，维特根斯坦以语言游戏概括了人类生活中使用语言的活动，强调语言游戏是生活形式的一部分。在维特根斯坦后期哲学中，语言游戏与生活形式的观点是密不可分的。"在这里，'语言游戏'一词是为了强调一个事实，语言的述说乃是一种活动，或者一种生活形式的组成部分。"④ 语言游戏是我们生活形式的一部分，而生活形式则是我们理解语言、使用语言的基础。"假如你作为一个考察者到一个陌生的国度去，那里的语言你完全不懂。在什么情况下你会说那里的人下了命令，理解了命令，服从了命令，抗拒了命令等等？""人类共同的行为方式乃是我们据以解释陌生语言的参考系。"⑤ 语言是在人类生活中形成和发展起来的，是人类生活的重要组成部分，理解语言，学会使用语言，只能在生活中。因为使用语言是我们生活中形成的习俗，理解这种习俗就离不开生活，离不开人类共同的生活形式。语言的一致性最终取决于生活形式的一致性，也就是说，由于

---

① 《哲学研究》，安斯康英译，英国布莱克威尔出版公司 1953 年版；汤潮、范光棣译，三联书店 1992 年版；李步楼译，商务印书馆 1996 年版。Philosophical Investigations, tr. G. E. M. Anscombe Blackwell, 1953, §235。

② 同上书，§84。

③ 同上书，§83。

④ 同上书，§23。

⑤ 同上书，§206。

人类生活形式的一致性，我们理解其他民族的生活行为和他们的语言活动才成为可能。"想象一种语言就意味着想象一种生活形式。"① 生活形式不同，语言的用法也就不同，人们之间就不可能找到一个共识的尺度。所以，我们必须关注在不同的生活形式中语言的不同使用，而不能用一种方式来理解语言。而关注语言的使用、用法，就是让我们关注生活，关注生活形式，"语言游戏的本质是实践的方法（活动的方式）——而不是玄想，不是空谈。"② 字词是死的，生活是活的，符号是死的，用法是活的。语言就是生活行为的提炼，是生活形式的一部分，它根源于生活，根源于实践；语言是生活中的语言，生活是语言中的生活，语言离开生活，就会变成空洞的无意义的"文字游戏"，"实践产生了言词的意义"③。离开生活的语言，就失去了意义，失去了活力，失去了生命。对于每个人来说，生活形式是必须接受的，是被给予的，没有选择的余地。所以，每个人都要适应生活形式，接受训练，投身生活。理解了生活，也就理解了生活基础上所产生的语言。或者说，语言就是游戏，就是活动，就是生活。维特根斯坦通过揭示语言游戏和生活形式、人类生活的密切关系，意在把语言游戏融入活生生的生活，以此来强调语言游戏的社会性、公众性和活动性。

由上述分析，我们完全可以确定，语言游戏是维特根斯坦后期哲学思想的核心内容。正是"语言游戏"这一路标，引导我们走进维特根斯坦后期哲学的殿堂，有幸观察其语词的使用，如规则、遵守规则、家族相似、语法、生活形式……也正是"语言游戏"这一向导，引导我们走进他语言哲学的迷宫，体味他富有独创性的"奇思妙想"。所以，语言游戏足以成为维特根斯坦后期哲学的中心支柱。从语言的使用方式到人类的生活形式，这是维特根斯坦后期哲学的主要内容。而其中，语言游戏是其后期哲学的核心，生活形式则是其基础。作为人类活动的语言游戏构成了人类的生活形式，而生活形式又界定了语言游戏的社会特质。所以说，语言游戏

① 《哲学研究》，安斯康英译，英国布莱克威尔出版公司 1953 年版；汤潮、范光棣译，三联书店 1992 年版；李步楼译，商务印书馆 1996 年版。Philosophical Investigations，tr. G. E. M. Anscombe Blackwell，1953，§19。

② 《哲学时刻，1912—1951》，克拉格、诺德曼编辑，哈克特出版公司 1993 年版。Philosophical Occasions，1912 – 1951，ed. James C. Klagge and Alfred Nordmann，Hcketttr Publishing Company，1993，§399。

③ Wittgenstein, Ludwig, Culture and Value. (Vermischte Bemerkungen) Chicago, 1980. （《文化与价值》，德文版《混合的评论》，芝加哥 1980 年）［缩 CV.］。

作为一种使用语言的活动，是人类社会生活的一部分。

（二）语言游戏论对当代西方哲学的影响

半个多世纪以来，维特根斯坦那富有独创性的哲学思想及其传奇式的经历和特立独行的个性，引起了西方哲学界的广泛兴趣和研究。维特根斯坦是一个颇有争议的哲学家，哲学界有很多哲学家都对维特根斯坦持否定态度。早在维特根斯坦逝世不久，西方哲学界就曾有罗素、赖尔、奥斯汀等人对关于维特根斯坦的为人品格、学术成就的评价提出质疑。特别是对维特根斯坦的后期哲学，罗素完全持否定的态度。现在西方哲学界仍有人就维特根斯坦的评价问题提出种种疑问，但"后代人可能会或不会把维特根斯坦看作伟大的哲学家之一。但即使他们不会这样做，他也肯定总是会被看作具有伟大人格的哲学家之一。从我们的观点看，很容易把其中的一个错当作另一个；他究竟是哪一个，时间将会告诉我们。"① 真正伟大的思想家将由后人评说。应该说，维特根斯坦的历史地位之所以产生动摇，除了维特根斯坦个人的原因外，近时期以来的哲学发展现状也是其中原因之一。逻辑实证主义在近20年的分析哲学发展中所出现的衰落，使得人们开始怀疑维特根斯坦前期哲学思想的力量，而日常语言哲学对形而上学的推崇，也使得维特根斯坦后期哲学思想的魅力大减。但这一切都不能从根本上改变维特根斯坦哲学思想在哲学史上的地位，也不能抹去维特根斯坦哲学曾给予哲学发展的影响。分析哲学作为20世纪西方哲学的主流，已经鲜明地刻下了维特根斯坦哲学思想的印迹，这足以证明维特根斯坦哲学对西方哲学的巨大影响及所处的重要地位。维特根斯坦是本世纪乃至人类哲学史上最伟大的哲学家之一，对此，毋庸置疑。

维特根斯坦哲学既是反传统的，又是开创性的。作为两种哲学潮流的奠基人，他所取得的成就和获得的地位，在哲学史上实属罕见。维特根斯坦前期哲学，改写了逻辑分析哲学的传统，从根本上影响了在第二次世界大战期间流行于欧洲的逻辑原子理论和逻辑实证主义，引起了一场旷日持久的逻辑原子主义和逻辑实证主义的哲学运动。回望《逻辑哲学论》，其对逻辑经验主义的影响，依然清晰可观。而维特根斯坦以语言游戏论为核

---

① 克拉格、诺德曼编：《哲学时刻，1912—1951》，Philosophical Occassions，1912—1951，（缩 PO.），哈克特出版公司1993年版，第399页。

心的后期哲学思想，则开启了语言分析的新思潮，对第二次世界大战以后在英国兴起的日常语言分析哲学产生了决定性影响，并为哲学语用学的创立起到了奠基作用。纵观维特根斯坦前后期哲学思想的演变，就可以清晰地看到维特根斯坦哲学对现代西方哲学所产生的影响，特别是对语言哲学转向所起的作用。

熟知西方哲学的人都知道，在西方哲学发展史上，曾先后发生过两次意义深远的巨大革命，我们通常称之为哲学转向。第一次是"认识论转向"，即由"本体论"向"认识论"的转向，其代表人物主要是笛卡尔、洛克、培根等人，哲学史上常以笛卡尔为标志。第二次是"语言转向"，即由"认识论"向"语言哲学"的转向，实质是由"认识论"到"方法论"的转向。主要开始于19世纪末20世纪初的德国、英国和奥地利，而其主要代表人物无可争议地是弗雷格、罗素、维特根斯坦、卡尔纳普、克里普克等人。而维特根斯坦在这种"语言转向"中则是一个举足轻重的人物，发挥了极为关键的作用。

古希腊罗马时代的西方哲学，首先始于自然哲学，这时的认识是一种直观的认识，人们尚未自觉地意识到认识中主观与客观的矛盾，因而把认识直接指向外界对象，并凭借个人的直接经验和初级的思维能力，同时加上想象和猜测，去把握外界对象。这一时期，哲学家们最为关心的问题乃为世界的本原等具有寻根究底、追本溯源的根本性问题。从被誉为哲学之父的泰勒斯的"水为万物之源"到巴门尼德的"不生不灭的存在者"，从德谟克利特的"原子论"到柏拉图的"理念论"，都对世界的本原问题作出了各自的回答。这一时期的哲学，因其关心的哲学主题而被称为"本体论"时代。中世纪，宗教借助于信仰的力量，借世俗专制的协助，使哲学成为神学的婢女——维护宗教信仰的理性方式。文艺复兴的人文运动，动摇了神的至高无上的权威，人们开始觉醒并摆脱上帝的掌控，认识由直观进入到反省的阶段。17世纪的哲学，在探讨实体本性的过程中，意识到人们对实体本性的了解是同人的认识方式分不开的，人们认识活动中的基本矛盾是主观和客观的矛盾，于是哲学家们开始关心人的认识问题。以笛卡尔的"我思故我在"为标志，哲学由"本体论"开始向"认识论"转向。这次哲学转向使哲学基础从本体论和形而上学转变为认识论，从研究超验的存在物转而研究认识的主体和客体关系，并很快由反省的认识进入到自觉的认识，即人们不仅已意识到主客观的矛盾是人类认识活动的基本矛盾，而且自觉地把解决主观和客观的统一问题作为哲学的中心任务。随着认识论的发展，新的矛盾再次出现。尤其是 20 世纪初，哲学的核心问题又开始转向，即由"认识论"转向"方法论"。哲学家们开始认识到语言对于人的认识的特殊地位，于是，都纷纷从研究语言出发来研究哲学，试图把传统的哲学问题化解为语言问题。这次哲学转向，把对主体和客体关系的研究变成了对主体间的交流、传达、描述、表达等问题的研究。而在这具有划时代意义的哲学变革中，维特根斯坦起到了奠基性的作用，并开创了影响巨大的两种不同的哲学体系，引领了 20 世纪最具影响力的两大思潮——逻辑分析和语言分析。

维特根斯坦对 20 世纪西方哲学思想发展产生的影响之深、之广、之久，从他对罗素的影响、对维也纳学派的影响、对逻辑分析学派的影响、对日常语言分析学派的影响以及反传统的深度，就可以折射出来。

第一，维特根斯坦在与罗素确立师生关系以及思想交往中，在受益于罗素的教诲过程中，也深深地影响了罗素。这种影响突出体现在罗素的逻辑原子主义中。尽管维特根斯坦师从罗素，并且从罗素那里获得了很多思想和启发，但他们之间始终存在分歧，无论是在出发点上还是在基本思路上，以至于他们最终在 20 世纪 20 年代分道扬镳。维特根斯坦不同意罗素在《哲学问题》（*The Problems of Philosophy*）中关于"哲学价值"的观点，在对待人类的理性能力问题上，特别是在如何理解世界的逻辑构造上，罗素和维特根斯坦都存在分歧。随着罗素与维特根斯坦认识上的分歧的增多，维特根斯坦对罗素的很多观点都提出了尖锐的批评。在罗素与维特根斯坦之间进行的讨论中，往往都是以维特根斯坦为中心的。罗素从维特根斯坦那里得到的启发，远比维特根斯坦从罗素那里学到的要多。特别是维特根斯坦于 1911 年至 1912 年间所写的《关于逻辑的笔记》，对罗素创立其引以为豪的并一向被称为最能代表罗素思想的逻辑原子主义，提供了极其丰富的养分。维特根斯坦在这个笔记中，首次提出了对原子命题和分子命题的分析，由此奠定了罗素逻辑原子主义的思想基础。罗素在 1918 年所作的关于逻辑原子主义的演讲中，开篇就明确承认他的思想来自维特根斯坦："这些讲稿在很大程度上是关于我从我以前的学生和朋友维特根斯坦那里得到的某些观点的阐明。"[1] 在 1916 年写给友人的一封信中，罗素

---

① 格雷林：《维特根斯坦》，第 119 页。

曾说，维特根斯坦对他关于共相理论的批评，使他中断了要写的一部认识论方面的著作的计划，即是指维特根斯坦关于逻辑和数学的思想改变了他对传统认识论的看法。维特根斯坦对罗素的影响不仅表现在他直接促成了罗素思想的形成，同时也使罗素的思想发生了重要转变。

第二，维特根斯坦的前期思想对维也纳学派、对逻辑实证主义的影响是哲学界所共知的。在时为维也纳大学科学哲学教研室主任的石里克所组织的哲学讲座基础上，形成了由一些知识分子、主要是物理学家组成的维也纳小组。他们对维特根斯坦的《逻辑哲学论》特别感兴趣，尤其是其中关于数学基础和逻辑性质的观点。1927—1929年期间，维特根斯坦与这个学派的成员石里克、魏斯曼、卡尔纳普、费格尔等人保持着十分密切的联系。即使在维特根斯坦重返剑桥之后，仍定期与这一学派的小组成员进行交流和讨论。维也纳学派认为：按照证实原则的要求，对所有现有的知识（无论科学知识还是哲学知识）进行批判分析。这种分析的工具是数理逻辑手段，而"清除掉"形而上学的知识，其模型就是维特根斯坦在《逻辑哲学论》中提供的逻辑严密的语言模型。维特根斯坦把命题看作事实的逻辑图像，把逻辑看作重言式或分析的，把哲学的作用限定为对意义的阐明等一系列观点，都被石里克、魏斯曼、卡尔纳普、费格尔等人所吸收，并最终演化为逻辑实证主义的基本观点，形成了完整的关于两种命题的区分、对哲学性质的规定以及通过逻辑分析清除形而上学的思想。

第三，维特根斯坦后期哲学对日常语言学派产生了不可忽视的影响。日常语言学派在英国兴起之时，正是维特根斯坦在剑桥任教并在英国哲学界执牛耳之时。维特根斯坦对日常语言学派思想的形成影响甚巨。尽管现在日常语言学派的思想同维特根斯坦本人的思想已表现出显著的差异，从日常语言学派的主要代表人物赖尔、奥斯汀等人的著作中也很难直接找到维特根斯坦后期哲学思想的痕迹，但日常语言学派与维特根斯坦哲学思想的渊源关系仍然是显而易见的。威斯顿、赖尔、奥斯汀、斯特劳森、图尔明等人作为日常语言学派的代表人物，在酝酿自己的哲学思想时，皆受益于维特根斯坦的后期语言哲学，这是不争的事实。维特根斯坦后期提出的语言游戏观念彻底改变了分析哲学，对语言用法的强调，对语言游戏的分析，对语言意义的考察等，几乎所有哲学领域都受到维特根斯坦这种新思想、新观念、新方法的影响，特别是影响了整个英国哲学，从而形成了颇具影响力的日常语言学派。维特根斯坦对日常语言学派的影响是深远的，以至于每当我们讨论日常语言学派所提出的诸多哲学问题时，就不可避免地要提起维特根斯坦的思想，因为对语言意义与用法关系的研究正是日常语言哲学的出发点。这足以证明维特根斯坦语言游戏论思想的深刻及影响力之巨大。

第四，维特根斯坦关于语境的整体论思想对逻辑实证主义产生了重大影响。后期维特根斯坦的突出贡献之一就在于他充实了语境概念，突出强调了语境的具体特定性和意义的情景规定性。按照维特根斯坦的语境论思想，认为意义的最小承载单位不是语词和语句，而应是一个或大或小的语言系统，是结论和前提互相支持的系统。语言的意义是在一个相对完整的语境中显现出来的，理解一个句子，就是理解一种语言，理解语言的意义就是学会使用语言。维特根斯坦这种思想奠定了整体论的雏形，后现代解释学则在此基础上推进了整体论。蒯因的整体论不能说没有维特根斯坦的功劳，而在当代美国哲学家库恩的范式理论及其科学革命的思想中又不难觅到维特根斯坦关于语言共同体的痕迹。

维特根斯坦以语言游戏论为基础所提出的语言的意义在于使用的语用思想，对传统认识论进行了大胆的怀疑和批判，对传统的真理观、意义观进行了反本质主义、反基础主义、反表征主义的清算，卓有成效地推动了后现代解释学的认识论转向。后现代解释学用"理解"替代"认识"、用"对话"取代"内省"、用"语言"代替"意识"、用"交往"化解"思辨"的过程，自然而然地表现出与维特根斯坦思想的亲和。在后现代解释学的本体论转向中，维特根斯坦的语言游戏论同样发挥了巨大的作用。游戏主体论、自然主义语言实在论和生活形式分别成为后现代解释学所理解的本体论、语言的本体论和交往的本体论的思想先导。维特根斯坦推崇游戏，强调自主，引导着解释学由释义方法论向理解本体论的后现代转变；注重语言，划定界限，又确立了语言的本体论地位；而走向生活，参与游戏，则使解释学完成了经由解释的本体论、语言的本体论，最终走向交往的本体论的过程，从而实现了伽达默尔构建的"现代形式的实践哲学"的愿望。

第五，维特根斯坦哲学对当代西方哲学的影响，不仅表现在引发新的哲学思想的积极作用上，更充分地体现在对传统哲学及当代哲学的破坏作用上。维特根斯坦哲学特别是后期思想与传统哲学和当代哲学的一个根本区分，就在于对哲学性质、作用及哲学本身理解上的不同。"自古希腊时代以来，西方思想家们一直在寻求一套统一的观念，……这套观念可被用于证明或批评个人行为和生活以及社会习俗和制度，还可为人们提供一个进行个人道德思考和社会政治思考的框架。'哲学'（'爱智'）就是希腊人赋予这样一套映现现实结构的观念的名称。"①西方的整个传统哲学都是把哲学视为一种凌驾于一切之上的知识系统，它可以一劳永逸地为道德和政治思考设定条件。当代西方哲学仍然是在康德那种以自然科学为楷模的观念影响下或哲学框架内形成和发展起来的。当代哲学与传统哲学的共同之处就在于强调哲学的建设性功能，即"作为一门学科的哲学，把自己看成是对科学、道德、艺术或宗教所提出的知识主张加以认可或揭穿的企图。它企图根据它对知识和心灵的特殊理解来完成这一工作"②。所以，传统哲学和当代哲学都以提出问题或建立理论体系为己任。而维特根斯坦所做的一切恰恰是破坏哲学作为一门理论学科而存在这一前提，使哲学摆脱了理论框架的束缚，让人们回到真正的生活。所以，维特根斯坦申明："我不能创造一个学派，是因为我确实不想被人模仿。""我丝毫不能肯定，我喜欢别人继续我的工作胜过在人们的生活方式方面发生变化，这种变化使（我思考的）所有问题都成为多余的了。"③维特根斯坦一再强调，哲学不是一套学说、不是理论，而是一种活动。他就是要用活动、用语言游戏摧毁哲学的理论作用。哲学家的任务就是把话语从形而上学用法带回到日常用法，哲学的任务就是破坏性的，而不是建设性的。哲学所破坏的、摧毁的是一切不值得保留的东西。所以，维特根斯坦满怀激情地在《杂论集》中喊出了"我破坏，我破坏，我破坏！"哲学家不能制造问题，也无须解决问题，而是消解问题。维特根斯坦我破坏的呐喊，使我们依稀看到了对西方思维及价值观发生深刻影响的、同样具有破坏力的那位"手拿锤子"的伟大哲学家。

第六，维特根斯坦在批判传统哲学的同时，对整个西方文化也同样带来了巨大的冲击力和破坏力。他提出否定对本质的追求，强调语言游戏的多样性的思想倾向，在当代西方哲学、当代西方文化中都得到了不同程度的响应。西方哲学自发轫以来，哲学家们就一直在孜孜以求那不变的

---

① 罗素：《逻辑与知识》，商务印书馆1996年版，第213页。
② 罗蒂：《哲学与自然之镜》，三联书店1987年版，第11、1、387页。
③ 同上。

"一"，寻找那千差万别的世界中的统一，追问人的本质，并把它当作人类的重任，负在肩上，充满了自豪感、使命感。前期的维特根斯坦并未完全摆脱传统的思维方式，也在寻求语言的那个"一"。后期的维特根斯坦则表现出对这种追寻恒常不变的"一"的传统思维方式的反叛，认为"本质"不过是"幻想物"（Chimaren），是"虚构的东西"。维特根斯坦指出："我认为我的兴趣和黑格尔的兴趣是不相投的。在我看来，黑格尔似乎总是在说：看起来不同的事物实际上是相同的。而我的兴趣则在于说明那些看起来相同的东西真正说来是互有区别的。……我曾想用《李尔王》中的名言'我将教给你差别'来做我的著作（想必是《哲学研究》）的警句。另外，'你会吃惊的'也不失为一个好警句。"① 维特根斯坦主张应该研究现象之间的差异性。在我们实际生活的世界中，事实上并不存在什么本质、统一性、同一性、不变的"一"的东西，只有多样性、差异性以及可观、可感的表象才是事物的本真状态。所以，维特根斯坦试图以多种多样的语言游戏为引导，把人们带回到丰富多彩、千变万化的现实的日常语言活动中，并从中体验哲学的真义。维特根斯坦的这种思想与西方20世纪60年代兴起的"后哲学文化"的基本特征恰好是基本一致的。按照罗蒂的解释，"后哲学文化"（Culture of postphilosophy），其基本特征就是打破传统形而上学的中心性和整体性观念，倡导一种综合性的、无主导性的哲学；它的表现形式是"非哲学式地写哲学，从外面达到哲学"②。追求不确定性、可能性、多样性和解释性，强调语言活动的复杂性和多样性。正因为这些特征，罗蒂把维特根斯坦划入了"后哲学文化"的阵营。或许我们可以说，后现代哲学文化在很大程度上都受益于维特根斯坦的语言游戏思想。

　　维特根斯坦对形而上学及传统哲学的反叛，其意义不仅仅在于清理了过去的地基，还在于他独创了某种新东西。这种独创性不仅充分体现在其对语言研究的独特视角和方法上，而且也充分体现在他对哲学本身的那种反传统的、非理论化的理解上。这种独创性更在于他以前所未有的方式净化了哲学、推进了哲学发展——他在"消解"哲学中催生了、引领了一种全新的哲学。他的思维超越了时空的限制，前瞻性地提出了某种难以为同

---

① 维特根斯坦：《杂论集》（修订版），第119、121页。
② 冯·赖特：《回忆维特根斯坦》，第157页。

代人所理解的，但却与思想时代的进程合拍的某种东西。在这一意义上，甚至可以说，他是某种新思想的先驱，他预言了一个新时代——后现代的到来。

总之，维特根斯坦是20世纪卓有成就的伟大的哲学家，他对当代西方哲学的影响无论是积极的还是否定的，都是毋庸置疑的，而且这种影响是前所未有的。至今，维特根斯坦的前期代表作《逻辑哲学论》仍然为很多逻辑实证主义者和接近逻辑实证主义的哲学家视为精神支柱。而维特根斯坦的后期代表作《哲学研究》则成为语言分析哲学的重要理论来源。

五 语言游戏论与语用学

在实证科学已经包揽了各个认知领域的今天，维特根斯坦和另外一些哲学家一道使哲学以一种反传统哲学的形态得以再生——哲学语用学。

维特根斯坦的语言游戏论不仅强调了现实的语言活动的重要性，而且颠覆了索绪尔等人确立的"语言"的统治地位，将抽象的"语言"还原为多种多样的、丰富多彩的、具体生动的语言活动，并且将语言使用者、语境、规则、理解、意义、生活形式联系在一起统观概览。不仅冲破了索绪尔区分言语和语言的教条，而且将对语言结构的研究与对语言的使用活动的研究统一起来，从而使对语言的静态的抽象研究转换为动态的具体研究。如果说早期行为主义与实用主义为当代哲学语用学的创立起到了开路先锋的作用，那么维特根斯坦的"语言游戏论"则为哲学语用学的创立起到了奠基的作用。或者在一定意义上可以说，语言游戏论有关哲学问题的基本观点，就是一种语用学的哲学观，他对语言游戏的诠释就是一种语用学的诠释，并为语用找到了坚实的根基——生活形式。特别是他所提出的"意义在使用中被确定"的思想，第一次明确地把意义与它的特定使用联系起来，这是维特根斯坦对语言哲学的一大突出贡献。

巴甫洛夫的行为主义心理学是把语言活动完全归结为人的生理反应活动。他虽然不是直接从哲学角度讨论语言问题，但他的思想却对语言学和哲学领域中的意义理论发生了深刻影响。莫里斯将行为主义原则贯彻到他的符号学之中，建立了行为主义符号学。他首次明确提出了符号学和语言学研究的三个层面：语形层面、语义层面和语用层面。其三分法的重要意义在于首次将语用关系提到与传统语形（语句）关系和语义关系同等重要的地位上来，首次强调了符号与符号使用者之间的关系及符号使用者之间的相互关系。莫里斯符号学本身就带有明显的语用学特征。

早期行为主义与实用主义第一次将语言学家和哲学家的注意力、研究兴趣吸引到对语言的具体操作上来，从而为哲学语用学的建立起到了开路先锋的作用。

后期维特根斯坦的"语言游戏"论明确提出了"意义就在于使用"的口号，强调理解一个表达式就是要知道如何使用它，这就从理解者和接受者的角度进一步论证了"语言的意义在于它的使用"。也就是说，不论是言者还是听者，两者都是语言的使用者。言者要能正确使用一个表达式，就要知道其用法；听者要能理解一个表达式，同样与这个表达式的用法有关，即同样要知道其用法。维特根斯坦的这些有关语言游戏论的思想为哲学语用学理论的建立奠定了坚实的基础。

维特根斯坦语言游戏论中对语境和语用因素特别强调，指出："涵义中包含了符号所出现的方式和语境。"① 赋予符号以生命的是它的使用，只有在使用中，我们才能把握语言的结构及其意义；只有在使用中，我们才能认识、掌握并遵守语言规则。所以，他一再呼吁"不要想，而要看"。所谓"想"，就是指脱离语言游戏活动、脱离语言在生活中的实际使用，做徒劳无益的、逻辑的、理论的分析；所谓"看"，就是指观察和体验，只有积极参加到语言游戏中，才能切实观察和体验到语言的使用和规则，才能理解意义。所以，不要试图对语言做这样那样的逻辑分析，脱离了语言的日常用法而孤立地分析语言，抽象地谈论语言问题，只能导致哲学的混乱。可见，维特根斯坦的语言游戏论的构想，就是语用学的构想，维特根斯坦的语言游戏论，就是一种哲学语用学。在维特根斯坦看来，语言的意义就在于它的用法，在用法之外不存在其他有关意义构成的途径或准则。正是通过"用法"，我们才有可能把"意义"与人的活动联系起来，把语言与行动联系起来，并最终与人的整个"生活形式"联系起来。哲学无须执著于语言本质的探寻，也不必执著于在语言的确切的和固定的用法中抽象出若干普遍有效的原理。由于"语用"必牵涉语境，而语境必牵涉一系列复杂的、重叠的、交错的、相似的、不相似的等各种人类实践活动，所以，"语用"是日常语言分析中唯一真实、有效的方法。维特根斯

---

① 罗蒂：《哲学与自然之镜》，三联书店 1987 年版，第 11、1、387 页。

坦的这些思想对当代语用学的发展、对逻辑实证主义在美国的变种——逻辑实用主义，都产生了深远的影响。可以说，当代语用学就是从后期维特根斯坦的思想出发，在日常语言学派的土壤中孕育、以言语行为论的提出为契机发展而成的。

维特根斯坦开创的哲学语用学在奥斯汀、塞尔等人的言语行为理论中得到了更具体更深入的发展。奥斯汀认为维特根斯坦的"意义在于用法"的提法有含混不清之处，指出只有对言语行为本身作出系统的有条理的分析才有助于澄清言语的意义。"意义或语言用法包含在言语行动当中。"于是，奥斯汀从言语行为的分类入手区分了表意行为、语旨行为和语效行为。其表意行为中包含了指称论、观念论中所说的意义；语旨行为中包含了现象学所说的意向意义；语效行为中则包含了行为主义、实用主义等的效果意义。并且他把意向意义作为其理论的核心，同时强调了意义对现实语境的依赖性。奥斯汀的分类目的很简单，即建立区别，而并不是以此作为"非言语行为的逻辑"的先决条件。他不断地把我们带入语言的应用空间，孜孜不倦地挖掘陈述句的各种形式及其可能的应用语境，尽管这种扩展与维特根斯坦的语言游戏论差异巨大，但他仍服从于哲学语用学这同一宗旨。

塞尔改进了奥斯汀三种言语行为的分类法，提出言语行为应分为四类，他最重视的是对语旨行为的研究，并使之成为他的理论基础。言语行为理论从言语行为分析进展到探讨语言使用者的语言行为的意向，把意义归结到语言使用者支配其言语行为的意识的能动作用，从而丰富了哲学语言学的内容。但是言语行为意向意义的研究在一定程度上恢复了心灵主义的传统，使"意向性"成为意义理论的核心概念，并把语言哲学重新归入心灵哲学。

乔治·米德开创了社会学和社会心理学中的"符号互动论"的研究传统，认为对象是互动双方在符号互动过程中"构造"出来的。"对象是根据社会经验过程和行为过程的意义构成的，是通过该过程所涉及的不同个体有机体彼此之间的翻译或动作的互相顺应构成的。"[1] 米德不但从符号与符号使用者的行为的关系中寻求语言的意义，而且从符号使用者之间的互动关系中寻求语言的意义，从而开创了将语言研究奠定在交往行为之上的传统。

---

[1] 米德:《心灵、自我与社会》，上海译文出版社1992年版，第69页。

目前言语行为理论与符号互动理论的结合已经成为哲学语用学意义理论发展的一个趋势。严格地说，语言本身不会产生意义，语言中的意义归根到底是语言使用者所表达和理解的意义。离开语言使用者及其现实的、具体的交往活动，是无"意义"可言的。哲学语用学的意义理论引入语言使用者及其行为，并从言语行为和符号互动行为出发考察语言的意义，突出了意识的意向性和交往行为在意义中的地位，这是一大进步。

但值得注意的是，作为言语活动主体的人，首先应该是社会实践的主体，人的自觉的、有意识的言语活动是深深根植于人类社会实践活动中的。无论是人的言语活动规则还是言语交际的可能性，都只能在人的社会实践基础上才能得以解释。离开社会实践去说明语言的意义和意向性，最终只能重返心灵主义。因此，维特根斯坦语言游戏论中所强调的生活形式，仍然是哲学语用学发展过程中值得研究的问题。自维特根斯坦语言游戏论奠定哲学语用学的基础以来，经过奥斯汀、塞尔、米德等人的进一步具体化，哲学语用学不仅在分析日常语言交往中发挥了重要的独特的作用，取得了学界公认的成就；同时，哲学语用学的很多思想不仅在改变着哲学本身，而且也在潜移默化地对语言学乃至社会的文化观念等发挥着影响作用。始于20世纪初的西方"语言学转向"，之所以在60年代之后得以持续发展并成为不可逆转的趋势，皆因以语言游戏论和言语行为论为契机而兴起的哲学语用学。语言游戏论的创立、言语行为论的兴起，改变了当代哲学的总特征及其研究方向，使20世纪60年代之后的哲学多少都带有行为论、整体论的色彩。无论是英美分析哲学，还是欧洲大陆哲学，也无论是哈贝马斯、阿佩尔、布伦纳和爱尔兰根学派这样的基础主义者，还是如罗蒂、利奥塔那样的反基础主义者，均无例外。所以，从一定意义上说，是维特根斯坦的语言游戏为他们提供了一个新的哲学平台，使得他们能在一个新的平台上重新构筑自己的基础，打造自己的哲学，并多多少少都与哲学语用学有着某种渊源关系。甚至包括科学哲学、逻辑哲学、精神哲学、法哲学、价值哲学等，都不同程度地受到由后期维特根斯坦语言游戏论所衍生的哲学语用学的影响。正如阿佩尔所断言的：现今的哲学无不带有语用的（Pragma）特征。

哲学语用学可以说是一种不愿成为理论的理论。哲学语用学的奠基人维特根斯坦也一再表示，自己无意于提出任何形式的理论或把自己的考察刻意装扮成是科学的。哲学语用学的这种非理论化倾向使它有别于传统哲学，既没有庞大的体系，也不具有一整套严谨的逻辑技术；然而，在这种非理论化的过程中却孕育着新的理论形态。这种新的理论形态以一种反传统哲学的方式使哲学得以再生。从某种意义上说，哲学语用学的确不是一种学说，而是一种活动，它为持不同观点的人们提供了一个论辩协商的新平台。

第二章 语用学的哲学观——践行语言

一 哲学问题的语用学诠释

哲学有别于其他具体科学的显著特点就在于哲学家在哲思的旅途上不管走了多久、多远，却似乎总也走不出那个魔圈，呕心沥血地求索，费尽心机地寻找，毕其一生地努力，却忽然发现从最终的意义上说，思来想去的所有问题，其实就是哲学本身——我们所研究和思考的对象就是哲学本身。也就是说，任何一个哲学家对于哲学的研究都与其对哲学本身的理解相关，即与其哲学观密切相关；对许多重大哲学问题的研究和解决都基于其对哲学的重新理解。"什么是哲学？""哲学的研究对象是什么？""哲学的任务是什么？""哲学的方法是什么？""哲学的本性是什么？""哲学问题是怎样产生的？"这是哲学最引人入胜而又最令人困惑的问题，也是古往今来的哲学之先哲今贤们最为感兴趣而又最为头痛的问题。哲学自产生之日起，一代又一代的先哲们就在求索答案。如今，哲学已走过了几千年的坎坷历程，经历了无数次的历练，无数次的提升，无数次的抽象，无数次的考问。然而，对于这些问题，人类仍没有达成共识。著名哲学家黑格尔曾慨言："哲学有一个显著的特点，与别的科学比较起来，也可以说是一个缺点，就是我们对于它的本质，对于它应该完成和能够完成的任务，有许多大不相同的看法。"[①] 真可谓是仁者见仁，智者见智。

（一）哲学之困境

追问和回答"哲学究竟是什么"，是哲学家面临的最大困境。在对这

---

① 黑格尔：《哲学史讲演录》第 1 卷，商务印书馆 1959 年版，第 5 页。

一问题的无数次反思、无数次批判的过程中，哲学家们形成了各自独特的"哲学观"，并以自己独特的"哲学观"为基础创建了哲学史上各具魅力的哲学理论。

在哲学发展史上，哲学家们的哲学观曾发生过多次重大的、历史性的变革。以古希腊哲学、西方近代哲学、马克思主义哲学以及现代西方哲学最具划时代的意义。

在古希腊，被誉为"百科全书式的"哲学家亚里士多德把哲学理解为"寻求最高原因的基本理论"；而代表德国古典哲学最高成就的哲学家黑格尔则把自亚里士多德以来的全部哲学一言以蔽之："真理的王国是哲学所最熟悉的领域，也是哲学所缔造的，通过哲学的研究，我们是可以分享的"[1]；恩格斯在全面总结整个哲学史的基础上第一次明确指出："全部哲学，特别是近代哲学的重大的基本问题，是思维和存在的关系问题"[2]；在《关于费尔巴哈的提纲》中马克思首次在哲学史上明确提出了实践的哲学观："人的思维是否具有客观的真理性，这不是一个理论问题，而是一个实践问题"，"哲学家们只是用不同的方式解释世界，而问题在于改变世界。"[3]20 世纪的西方哲学，在对哲学的多元诠释中，形成了"科学主义"与"人本主义"的对立和融合。

应该说，20 世纪之前所触及的问题，总的来说并没有威胁到哲学存在本身。而伴随 20 世纪的钟声，却同时也敲响了哲学的警钟：哲学是否还有存在的价值和意义？哲学还会像从前一样被尊为科学的女王吗？哲学的思维方式有意义吗？哲学问题是"问题"吗？哲学面临着前所未有的挑战。20 世纪的哲学家们各自以不同的方式迎接了这种挑战。

当科学尚没有脱离哲学母体的怀抱之时，作为"知识总汇"的哲学必然以"整个世界"为研究对象，只能直接地"思考这个世界"；当近代科学迅猛发展而导致科学与哲学的分化之时，哲学才转而把包括科学认识在内的人类认识作为自己思考的对象，开始"反思认识这个世界的方式"；现代西方哲学的"语言转向"则是近代哲学"认识论转向"的合乎逻辑的结果。这种"语言转向"，是哲学从"反思认识这个世界的

---

①　黑格尔：《小逻辑》，商务印书馆 1980 年版，第 35 页。
②　《马克思恩格斯选集》第 4 卷，人民出版社 1995 年版，第 223 页。
③　许庆朴等编选：《马克思主义经典著作选读》，高等教育出版社 1999 年版，第 9 页。

方式"向"注意表达这种认识的媒介"的转向。正如西方学者斯特鲁在《弗雷格》一书中所总结的:"首先,哲学家们思考这个世界,接着,他们反思认识这个世界的方式,最后,他们转向注意表达这种认识的媒介。这似乎就是哲学从形而上学,经过认识论,再到语言哲学的自然进程。"①

20 世纪初,就有人提出,哲学问题从根本上说是语言问题。石里克在《哲学的转变》一书中指出:"我们现在认识到哲学不是一种知识的体系,而是一种活动的体系,这一点积极表现了当代的伟大转变的特征;哲学就是那种确定或发现命题意义的活动。哲学使命题得到澄清,科学使命题得到证实。科学研究的是命题的真理性,哲学研究的是命题的真正意义。"②而传统哲学家们的根本弊病就在于错误地使用了语言,哲学的真正使命应该是"分析人的思想,分析人们理解和接受这个世界或互相交流的概念的最好办法,就是研究它们的实际应用。"③ 从而摆脱由于误用语言所产生的哲学困惑。这样,语言哲学不仅使哲学研究的主题发生了新的转向,也使哲学的中心问题发生了转向。

(二) 哲学之诊断——误用语言　歧途迷路

在哲学观的历史演进中,一个特立独行的哲学家值得关注——维特根斯坦。维特根斯坦以其独特的方式迎接了这种挑战。他在哲学问题、哲学性质、解决哲学问题的方法、哲学目标等问题上都作出了自己独树一帜的解答和理解。可以说,他高唱挽歌,以一种壮烈的方式使哲学得以安宁——"消解"哲学,走向"终结"。维特根斯坦对哲学的重新理解,是哲学史上的一次创举,是哲学观上的一次重大转折。

维特根斯坦认为,哲学问题的产生就是误入歧途的结果。哲学的迷误源自于对语言的误解和误用,语言的净化和澄明则能达到哲学的安宁。因而其一生殚精竭虑,致力于语言的分析和批判。"语言是由诸条道路组成的迷宫。从一个方向走来时你也许知道怎么走;但从另一个方向走到同一

---

① 斯特鲁:《弗雷格》,中国社会科学出版社 1989 年版,第 10 页。
② 石里克:《哲学的转变》,转载自洪谦主编《逻辑经验主义》(上卷),商务印书馆 1982 年版,第 9 页。
③ 麦基:《思想家——当代哲学的创造者们》,三联书店 1987 年版,第 182 页。

地点时你也许就会迷路。"① 维特根斯坦前期语言批判的武器是逻辑，他怀疑、不信任以至于否认日常语言能够遵循逻辑而到位地言说事态，认为日常语言本身存在严重的缺陷；因而，需要建立一种理想的精确的人工语言以纠正日常语言。而后期的维特根斯坦却认为，在哲学中，我们考察一种与日常语言相反的理想语言的说法是错误的，好像日常语言需要我们加以改造，但实际上，日常语言是完全正确的，其本身就具有良好的秩序。哲学的错误在于，哲学家们往往企图脱离语言的日常使用去确定语言的普遍意义，并要给名词找到一个与其对应的对象。哲学家之所以被各种问题所困惑，就在于"不知路该怎么走"，就像捕蝇瓶里的苍蝇，由于找不到出路而乱撞。后期维特根斯坦哲学的目的就是要"给捕蝇瓶中的苍蝇指明飞出去的途径"②，"为特定的目的搜集提示物"③，在转弯处或路径的分叉处放上路标，以便帮助人们通过危险地带，免于误入歧途，掉进陷阱。

维特根斯坦提出，哲学是一种实践活动，是一种使用语言的游戏；生活形式是语言游戏的基础；遵守语言游戏规则在于参与，遵守规则也就意味着掌握了一种技巧；掌握了技巧就学会了使用语词，学会了语言游戏。而语词的意义就在于使用，在特定的语境中，语词必有其特定的使用；在具体的语境中，语词有具体的用法；语境不同，用法不同；而用法不同，意义就不同。没有固定的、单一的、绝对不变的语境，也没有既定不变的用法，更没有抽象不变的意义。从而，维特根斯坦确立了语用学的语言哲学观，并从哲学语用学的维度对传统哲学问题进行了分析和诊断。

按照维特根斯坦对哲学本性的看法，哲学本不存在问题，既然提出了"问题"，这就是生病了，哲学"问题"乃是一种病症。既然有病，就有致病的原因。于是，维特根斯坦从语用这一新的视角对哲学家们所染上的"哲学病"进行了诊断。

1. 诊断一——实在论

维特根斯坦指出："我们面对着哲学上使人感到困惑的重要根源之一，

---

① 《哲学研究》，安斯康英译，英国布莱克威尔出版公司 1953 年版；汤潮、范光棣译，三联书店 1992 年版；李步楼译，商务印书馆 1996 年版。Philosophical Investigations, tr. G. E. M. Anscombe Blackwell, 1953, §203。

② 同上书，§309。

③ 同上书，§127。

即：我们要给名词找到一个和它对应的对象。"① "在这里很容易走进哲学上的这种死胡同：在这里，人们相信我们的任务的困难之处在于我必须去描述难以把握的现象，稍纵即逝的当下经验，或者诸如此类的东西；在这里我们觉得日常语言过于粗糙，看起来我们必须处理的不是我们日常所谈论的现象，而是那些'轻易地就消失的东西'，而它们在出现和消失过程中会产生出那些别的作为平常的结果的现象。"② 指称说占据并支配了哲学家的头脑，他们以为在每一个名词概念的背后都有某种实在的对象，并相信意义即指称，语词的意义就是语词所指的对象。因而，把语言看作是对事物的命名，认为我们可以通过语言去认识和把握事物。结果，生搬硬套，牵强附会，误入歧途，走进死胡同。所以，维特根斯坦认为，实在论哲学病症的根源就是认为每个词的背后都有某种实在的对象并相信词的意义就是词所代表的对象，这种把名称的意义与名称的载体混为一谈的后果，必然导致哲学病。

2. 诊断二——本质主义

维特根斯坦认为，人们由来已久的、根深蒂固的本质主义倾向是哲学产生混乱的又一重要根源。这种倾向使人们相信，语词的意义可以脱离它的实际使用过程而被一劳永逸地固定下来，语词的意义就在于揭示事物的本质特征。我们所能感知的多姿多彩的事物只不过是令人眼花缭乱的"现象"，而它并不是真实的存在，也不是我们要把握和认识的对象。在纷繁易变的"现象"背后，一定存在着一个统一的、普遍的共性，这才是唯一真实的存在，而我们的任务就是透过"现象"，抓住"本质"，而词语、概念就是对事物共性、本质的概括。于是，"为了弄清普遍概念的意义，人们必须在它的运用的所有的情况中找出共同的要素"③ 这种不可遏制的追求现象背后本质的冲动，追求一般性、共同性的偏好，便是一种精神疾病，这种冲动和偏好也使哲学家们误入歧途。

3. 诊断三——语言的闲置

---

① 《蓝色和棕色笔记本》，里斯编辑，布赖克威尔出版公司1958年版。*The Blue and Brown Books*, ed. R. Rhees, Black-well, 1958, p. 1。

② 《哲学研究》，安斯康英译，英国布莱克威尔出版公司1953年版；汤潮、范光棣译，三联书店1992年版；李步楼译，商务印书馆1996年版。Philosophical Investigations, tr. G. E. M. Anscombe Blackwell, 1953, §436。

③ 《蓝色和棕色笔记本》，里斯编辑，布赖克威尔出版公司1958年版。*The Blue and Brown Books*, ed. R. Rhees, Black-well, 1958, pp. 19 – 20。

维特根斯坦认为，当语言休假时，哲学问题就产生了。所谓语言"休息"、"休假"、"闲着"、"闲置"，就是指语言停止工作，无所事事，语言不发挥语言应该发挥的作用之时。正如维特根斯坦所言："我们的混乱是当我们的语言机器在空转而不是在正常工作时产生的。"① 我们对日常语言进行分析，是为了要在我们关于语言之使用的知识中建立一种理想的秩序，以避免在实际运用中产生误解。但这种使语言理想化的企图，却往往使语言脱离了它的实际使用，使语言像马达、机器一样空转而被闲置；语言不能作为一定的生活形式的一部分而在实际生活中有效地被使用，哲学家头脑就不再清醒，混乱就产生了，哲学病症就出现了。

4. 诊断四——偏食

"哲学之病的一个主要原因——偏食：人们只用一种类型的例子来滋养他们的思想。"② 所谓"偏食"，就是指人们对待语言已经形成了某种习惯，僵化地按照一种思路、一种模式、一种定式来理解日常语言，也就必然导致对日常语言的片面理解，缺乏对日常语言的全面掌握和了解，缺乏"全貌概观"，看不到语词在使用中的多种关联，因而不能全面系统地把握语词的多种意义。此外，我们也常常受到日常语言的外在相似性的"欺骗"，使我们常常误入歧途：按照一种思维逻辑来理解日常语言，把所有的日常用法都等同起来。正如维特根斯坦所言："为什么语法问题如此棘手，似乎难以解决？——因为它是与最古老的思维习惯即扎根于我们的语言本身的印象相联系的。"③ "我们之所以不理解，一个主要根源就是我们没有看清楚词的使用。——我们的语法缺乏这种清晰性。"④ 当我们割断关联，孤立地、片面地、僵化地理解日常语言时，哲学就会患上"偏食"症。

① 《哲学研究》，安斯康英译，英国布莱克威尔出版公司1953年版；汤潮、范光棣译，三联书店1992年版；李步楼译，商务印书馆1996年版。Philosophical Investigations, tr. G. E. M. Anscombe Blackwell, 1953, §132。

② 同上书，§593。

③ 《哲学时刻, 1912—1951》，克拉格、诺德曼编辑，哈克特出版公司1993年版。Philosophical Occasions, 1912 - 1951, ed. James C. Klagge and Alfred Nordmann, Hcketttr Publishing Company, 1993, pp. 184 - 185。

④ 《哲学研究》，安斯康英译，英国布莱克威尔出版公司1953年版；汤潮、范光棣译，三联书店1992年版；李步楼译，商务印书馆1996年版。Philosophical Investigations, tr. G. E. M. Anscombe Blackwell, 1953, §122。

5. 诊断五——精神实体

维特根斯坦指出："我们在这里的做法也就是在许许多多类似的情况下的做法：因为我们不能规定哪一种身体动作是我们称之为指着形状（而不是指着譬如颜色）的活动，所以，我们便说，与这些词相对应的是一种精神的（心理的、理智的）活动。"① 心理主义认为，每个符号自身都是死的，只有某种心理过程注入其中，符号才被激活，我们的语言之所以有意义，是因为意义能够意指什么，而人们很容易被"知道"、"意指"、"意味"这类词引入歧途，而把它们想象为一种精神实体或看作一种奇妙的心理活动或精神过程。

6. 诊断六——自然科学方法

古代哲学作为知识的总汇，是人类对自然的一种笼统直观，科学与哲学表现为一种自发的、浑然一体的知识。随着人们运用分析的方法去认识自然成为可能，这种知识的总汇就走向解体。科学与哲学在研究内容、对象上的差别，也决定了其研究方法的不同。然而，维特根斯坦指出："哲学家们经常在他们眼前看到这种科学方法，并且不可避免地企图按照科学所运用的方法来提问题、回答问题。这种倾向就是形而上学的真正的源泉，并且导致哲学家进入完全的黑暗中去。"② 科学不会满足于现象，科学必然要追问本质，寻求因果联系。因果联系只能由自然科学家依靠自然科学方法去解决，如果哲学家受这种科学观念所累，也按照自然科学方法去提出问题、回答问题，就会纠缠在因果联系中自寻烦恼。把科学方法误当成哲学方法，就会把科学语言误解为哲学语言，就会在哲学语言游戏中误用科学语言，其结果就会导致哲学病症。

（三）哲学之治疗——对症下药　重在语用

维特根斯坦以"治疗"喻哲学，视哲学为对形而上学的诊治，这是维特根斯坦极富独创性的思想。"治疗"概念是维特根斯坦后期哲学中很独特、很重要的概念。维特根斯坦把它引入哲学就是为了用以说明哲学的功用：哲

---

① 《哲学研究》，安斯康英译，英国布莱克威尔出版公司 1953 年版；汤潮、范光棣译，三联书店 1992 年版；李步楼译，商务印书馆 1996 年版。Philosophical Investigations, tr. G. E. M. Anscombe Blackwell, 1953, §36。

② 《蓝色和棕色笔记本》，里斯编辑，布赖克威尔出版公司 1958 年版。The Blue and Brown Books, ed. R. Rhees, Black-well, 1958, p. 18。

学不是建设性的，而是治疗性的——通过哲学研究来治疗哲学中的疾病。

那么，怎么进行哲学治疗呢？

维特根斯坦认为，对哲学病的治疗就像医生治病一样，存在许多不同的疗法，但并不存在一种普遍适用所有病症的唯一疗法。因此，必须对症下药。所以他指出："并没有一种哲学方法，尽管的确有许多方法，正如有不同的治疗法一样。"① 当我们通过找到病症试图治疗时，只有一个一般性的原则，即：要使哲学不干预语言的实际使用，让语言回到日常生活的使用中。

1. 治疗一——实在论

按照实在论观点，我们的语言本身是无意义的，而语言的意义只能来自于其所指之物，因而，语言的作用只能在我们的认识活动中表现出来，即我们是通过语言去把握事物及本质的。然而，词和物之间、符号和世界之间的联系并非完全如指称论所言的一一对应关系，而且指称和意义也是不能等同的。即使名称指称对象，名称和词的意义也不在于其所指之物、不在于其所代表的对象，因为即使名称的载体、语词所指之物已消失，但名称、语词却仍有意义。指物定义仅仅是词与物、名称与对象之间联系的一种方式，并且这种联系也必须是一种语法联系。也就是说，如果词能代表物，名称指称对象，语言描述世界，也是由我们生活中的语法所决定的。生活中的语词、语言就是这样被使用的，我们就是按照生活中的语法规则被训练的，语言游戏中的"玩法"是由我们的生活规定的。

2. 治疗二——本质主义

维特根斯坦认为本质主义"这种观点束缚了哲学研究，因为这不仅没有产生任何结果，而且还使哲学家们把具体的情况当作无关的东西。而只有具体的情况才能帮助他理解普遍概念的用法。"② 这里所说的"具体的情况"就是指语言游戏的具体语境。只有在语言的具体使用中才能掌握语言的用法，也只有在语用中，语词才有意义。脱离语言的实际使用而空谈"意义"，是没有意义的。所以，当哲学家使用一个词并试图

---

① 《哲学研究》，安斯康英译，英国布莱克威尔出版公司 1953 年版；汤潮、范光棣译，三联书店 1992 年版；李步楼译，商务印书馆 1996 年版。Philosophical Investigations，tr. G. E. M. Anscombe Blackwell，1953，§133。

② 《蓝色和棕色笔记本》，里斯编辑，布赖克威尔出版公司 1958 年版。*The Blue and Brown Books*，ed. R. Rhees，Black-well，1958，pp. 19 – 20。

通过这个词去把握事物的本质时，就要首先问问自己，这个词在作为它的老家的语言游戏中，在日常生活中，真的是以这种方式来使用的吗？

3. 治疗三——语言的闲置

语言游戏本是生活形式的一部分，语言是在一定生活中显现出其作用的。如果离开日常生活，离开语言的使用，语言就处于"闲置"状态，那它就不会有效地发挥其作用，语言就没有任何意义。字、语词一旦离开具体的使用，就变成了一个个孤立的、僵死的符号。语言是一种实践活动，它根植于人们的交往实践，其生命在于使用，其意义更在于使用。语言游戏原本就是生活形式的一部分，只有在生活中，在主体间的交往中，才能显现语言的生气、作用和意义。

4. 治疗四——偏食

语言游戏具有多样性，而语词的意义也同样具有多样性，同一个语词可以出现在不同的语言游戏、不同的语境中，并且可以采取不同的使用方式。因而，它的意义也就不尽相同。因此，一个语词的意义，并不是只根据一个语言游戏就能确定的，这就需要看到各种关联，概观全景。按照我们生活中的实际使用，我们知道"玫瑰是红的"与"二乘二是四"它们的意义是不同的。前面的"是"没有"等于"之意，而后面的"是"可以用"等于"代替。我们更知道，"这是一棵小草"与"我是一棵小草"其意义何其不同，但表层语法却使我们常常把两者等同起来。语词的用法是千差万别的，语言的日常形式很容易使我们忽略这些区别，为此，我们要经常地突出区别，注重差异。概观全景才能使我们看到差别，重视差别，掌握差别。

5. 治疗五—— 精神实体

维特根斯坦认为，"在我们的语言暗示有一个实体存在而又没有的地方：我们就想说，那儿有个精神存在。"[①] "当我们不理解一个字词的用法时，我们就把它当作一个奇妙的心理过程。"[②] "心灵的这个方面并不使我

---

① 《哲学研究》，安斯康英译，英国布莱克威尔出版公司 1953 年版；汤潮、范光棣译，三联书店 1992 年版；李步楼译，商务印书馆 1996 年版。Philosophical Investigations, tr. G. E. M. Anscombe Blackwell, 1953, p. 36。

② 《哲学研究》，安斯康英译，英国布莱克威尔出版公司 1953 年版；汤潮、范光棣译，三联书店 1992 年版；李步楼译，商务印书馆 1996 年版。Philosophical Investigations, tr. G. E. M. Anscombe Blackwell, 1953, p. 196。

们感兴趣。这方面可以提出的问题是心理学的问题，而解决这些问题的方法是自然科学的方法。如果我们所关心的并不是因果联系，那么心灵的活动就会展示在我们之前。当我们对思想的性质感到焦虑时，我们错误地认为是关于一种媒介物的性质的困惑，乃是由于莫名其妙地运用了我们的语言而引起的困惑。"①

6. 治疗六——自然科学方法

当科学走向独立，哲学就被"驱逐"出自己的"世袭领地"，从而引起了关于哲学出路的探索。科学的分化发展，为哲学留下了什么地盘？哲学应该以什么为自己的研究对象和研究内容呢？"对于已经从自然界和历史中被驱逐出去的哲学来说，要是还留下什么的话，那就只留下了一个纯粹思想的领域：关于思维过程本身的规律的学说，即逻辑和辩证法。"②"于是，在以往的全部哲学中仍然独立存在的，就只有关于思维及其规律的学说——形式逻辑和辩证法。其他一切都归到关于自然和历史的实证科学中去了。"③"哲学真正是'纯粹描述的'。"④"我的方法是纯粹描述的，我们所给予的描述不暗示任何解释。"⑤"哲学只把一切都摆在我们面前，既不作说明也不作推论。——因为一切都一览无遗，没有什么需要说明。因为，隐藏着的东西，乃是我们不感兴趣的。"⑥一切有关哲学的问题，都已直接呈现在我们面前，一览无遗。因此，在哲学研究中，不仅不需要科学的分析方法，而且要用"描述"取代"解释"，用"使用"取代"说明"。如果哲学研究照搬诸如物理学、化学等自然科学的研究方法，就会造成对语言的误用，对意义的误解，就会造成哲学上的混乱。

7. 小结

在维特根斯坦看来，哲学的工作就是要把语言从理想世界拉回到现

---

① 《蓝色和棕色笔记本》，里斯编辑，布赖克威尔出版公司1958年版。*The Blue and Brown Books*, ed. R. Rhees, Black-well, 1958, p. 21。

② 《马克思恩格斯选集》第4卷，人民出版社1995年版，第357页。

③ 《马克思恩格斯选集》第3卷，人民出版社1995年版，第364页。

④ 《蓝色和棕色笔记本》，里斯编辑，布赖克威尔出版公司1958年版。*The Blue and Brown Books*, ed. R. Rhees, Black-well, 1958, p. 18。

⑤ 同上书，p. 25。

⑥ 《哲学研究》，安斯康英译，英国布莱克威尔出版公司1953年版；汤潮、范光棣译，三联书店1992年版；李步楼译，商务印书馆1996年版。Philosophical Investigations, tr. G. E. M. Anscombe Blackwell, 1953, §126。

实，因为人本来就生活在粗糙的地面，说的是生活中的语言，日常的语言。这种语言也只能在生活中被使用，不能将它们神秘化或脱离生活。一旦脱离生活，使之神秘化，它们就会失去真正的意义和作用，就会产生哲学上的混乱。

如果说早期维特根斯坦在可说与不可说之间为语言进行了划界；那么，后期维特根斯坦就在日常语言与理想语言之间又为语言进行了划界。如果哲学家经不住日常语言和常识中那极具欺骗性的外表上的不言自明性的诱惑，或带着对日常语言的不满而撞向语言的界限，其结果只能是满头肿块。

所以，我们所能做的、应该做的就是为语言奠基——生活形式就是语言游戏坚实的基础，语言游戏就是生活形式的一部分。让人们回到自然的、日常的语言活动中去，在具体的、千差万别的语言游戏中彻底摆脱抽象的哲学理性的诱惑，把词从形而上学的使用带回到日常的使用。不要让语言闲置，轮子空转，不要偏食。只有这样，才能让理智清醒，才能让精神康复，才能达到哲学的安宁。

（四）哲学之康复——参与游戏　践行语言

既然认为哲学问题是由于对语言的误用而导致的混乱，那么哲学研究的任务就应该是使语言的使用秩序化、合规则化，从而消除混乱的根源。维特根斯坦指出："哲学问题是对于我们的概念中的无序性的认识，可以通过使之秩序化加以解决。"[①] "人们深深地陷入了哲学的，即语法的混乱之中，为了使他们摆脱这些混乱，就要首先使他们从困扰着他们的无限多重的复杂联系中摆脱出来。可以说，人们必须重新组织我们的整个语言。"[②] 哲学问题、我们的混乱出现在语言不能正常工作的时候，出现在对语言的误用之时，而不是语言在正常工作之时。所以，哲学研究的任务就是重新组织我们的语言，恢复其在日常生活中的使用。但"我们的目标并不是以闻所未闻的方式来精心加工和完善我们使用词的规则系统。因为我

---

① 《哲学时刻，1912—1951》，克拉格、诺德曼编辑，哈克特出版公司1993年版。Philosophical Occasions, 1912 - 1951, ed. James C. Klagge and Alfred Nordmann, Hcketttr Publishing Company, 1993, p. 181。

② 同上书，p. 185。

们所努力达到的清晰真的是完全的清晰。"① 日常语言本身是正确的、无辜的、没有问题的。所以，哲学不需要为人们提供任何理论、任何观点、任何问题，也不解决任何问题，更不要试图去人为地为语言建立一种人工秩序——理想的逻辑秩序，更不要试图去改变语言的用法。"哲学不能干涉语言的实际用法；它最终只能描述语言的用法。"② 通过描述，显示语言应当怎样被使用，规则应当怎样被遵守。所以，重新组织我们的语言，使语词的语法秩序化，只意味着要回到日常语言活动中，回到语言游戏中，只要去看，而不要去想。"看"语词在实际中是怎样被使用的，而不要去"想"为什么这样使用。也就是说，对于日常语言的用法只可以问其怎样使用的，而不可以问其为什么这样使用的。

所以说，哲学不是一种理论，而是一种活动；它不提供知识，而只描述语言的用法，它让一切保持现状。而哲学作为一种活动就是一种语言游戏，因此，我们只要参与游戏，掌握语用，践行语言，在践行语言中理解规则，遵守规则，哲学混乱就会完全消失，哲学就能达到安宁。

应该说，后期维特根斯坦哲学的一个显著特点就是把处理哲学问题与治疗疾病相比。维特根斯坦深受弗洛伊德思想的启发，把精神分析方法视为哲学研究的一种可供选择、可供参照的模式，从而提出了其哲学治疗思想。

维特根斯坦之所以用"治疗"喻哲学，就在于他认为研究哲学同治疗精神疾病的方法、结果是极其相似的。精神疾病始于本能的压抑、精神的困惑，精神治疗的方法就是要引导病人把被压抑的本能释放出来，消除伪装，解开心结，恢复正常和宁静。所以，不必重构人的精神世界，只要方法得当，就可以恢复人正常的精神世界，可以免受各种诱惑，回归本真。哲学病症就在于对语言的误用，哲学家治疗哲学病的方法就如同精神分析方法，就是要揭开一个又一个十足的胡说，把压抑的疑问、难题、困惑表述出来，从而消除病症。"哲学就是要解开我们思想中的纽结，因此，它

---

① 《哲学研究》，安斯康英译，英国布莱克威尔出版公司 1953 年版；汤潮、范光棣译，三联书店 1992 年版；李步楼译，商务印书馆 1996 年版。Philosophical Investigations, tr. G. E. M. Anscombe, Blackwell, 1953 年，§ 133。

② 同上书，§ 124。

的结果必然是简单的，但是这种活动就像解开纽结一样是极其复杂的。"①
维特根斯坦哲学治疗的目的就是"当我们做哲学时，使我能够停止这样
做——即给予哲学安宁，这样它就不会再被它自身提出的问题所折磨。"②
不再被哲学的精神病症所折磨。

有人认为，维特根斯坦的哲学治疗，在最终消除哲学问题的同时，也
消解了哲学本身，从此宣告了哲学的终结。应该说，维特根斯坦哲学的确
具有一种否定精神，但他消解的只是如形而上学之类的无意义的假问题，
而并不是哲学本身；他终结的只是传统哲学，而不是全部哲学；他摧毁了
传统哲学的整个大厦，使之变成无用的瓦砾，而同时却开启了一种新的哲
学精神。他是用一种新的哲学取代了传统哲学。他在摧毁传统哲学这全部
建筑物的同时，也是在打扫语言的大基础。但是，维特根斯坦并不是要重
构一种新的哲学理论，重构人的精神世界，而是要消除混乱，治疗疾患，
恢复人类精神世界的本真状态，让一切保持自然的安宁的状态。生活本来
如此，语言本来就是这样被使用的，返璞归真，就不会无病呻吟，就不会
自讨苦吃。正是从这个意义上，我们说维特根斯坦哲学不是建设性的，而
是治疗性的。

维特根斯坦对待哲学这种非建设性的态度，否定的、破坏的、摧毁
的、终结的是传统哲学——理性思辨的哲学，而为其新哲学找到了根
基——语言游戏及其赖以形成的生活基础。疾病在活动中产生——误用，
也只能在活动中根除——语用。所以，要回归日常生活，参与到丰富的语
言游戏中。语言无本质，世界无本质，不要奢望通过语言可以把握事物的
本质，语言就是一种活动，一种语言游戏活动，一切皆在游戏中显现。不
要思不可思的，虑不可虑的，而要看、要参与、要使用、要践行。游戏会
让人放松，会让一切恢复安宁，心情愉快，精神康复，不再有精神痉挛，
不再有哲学困惑。

---

① 克拉格、诺德曼编：《哲学时刻，1912—1951》，Philosophical Occassions，1912 – 1951，
（缩 PO.），哈克特出版公司 1993 年版，第 183 页。

②《哲学研究》，安斯康英译，英国布莱克威尔出版公司 1953 年版；汤潮、范光棣译，三联书
店 1992 年版；李步楼译，商务印书馆 1996 年版。Philosophical Investigations，tr. G. E. M. Anscombe,
Blackwell, 1953, §133。

二　反叛本质主义

维特根斯坦对本质主义的批判在他的语言游戏论中占有极其重要的地位。对本质主义的否定批判态度，同他对哲学病症的诊断治疗是一致的。他批判本质主义的过程，也是批判"意义即指称"的过程，并且，在否定本质主义的同时，也摧毁了私人语言观及唯我论的哲学基础。

（一）批判的武器——语用

维特根斯坦前后期哲学的核心问题都是语言的本质和意义问题，他一生致力于语言批判。然而，前后期的维特根斯坦思想却有着根本的不同。前后期这种区别集中体现在对语言的态度上。维特根斯坦认为，长期以来哲学所探讨的许多问题都是形而上学的假问题，是由于我们对语言的误解或误用造成的。因而，要消除哲学的混乱，就要对之进行治疗。由于前后期维特根斯坦语言观上的巨大差别，因而对哲学病因的诊断和治疗方法也必然大不相同。

前期由于不满意于日常语言，认为日常语言缺乏良好的逻辑秩序，因此，他前期语言批判的武器——逻辑，也是其哲学治疗的手段。在早期维特根斯坦看来，日常生活中的语言是模糊的，它常常出现同一词汇却用两种不同的方式来使用，或者两个不同的词汇却用同一种方式来使用，这就产生了语言意义上的混淆。"整个哲学就充满了这种混淆。"[1] 因此，哲学的工作就是要澄清这些命题。"哲学的目的是使思想在逻辑上明晰。……哲学的结果不是某些数量的'哲学命题'，而是使命题明晰。哲学应该说明和清楚地划分，否则就像模糊不清的思想。"[2] 所以，维特根斯坦认为，哲学作为一种活动，就是澄清命题意义的逻辑分析活动，即运用逻辑手段，就可以医治哲学病症。

早期的维特根斯坦，受到弗雷格和罗素等人的影响，把逻辑视为认识世界的最简洁、最有效的方式，是达到语言理想化的最佳途径。逻辑不仅

---

[1] 《逻辑哲学论》，郭英译，商务印书馆1985年版；Tractatus Logico Philosophicus, tr. D. F. Pears and B. F. McGuinnness, Routledge, 1961, 3.324。

[2] 同上书，4.112。

是构筑其哲学大厦的奠基石，更是其整个前期哲学的核心和灵魂。逻辑分析方法，从根本上说不仅体现着自亚里士多德以来的传统哲学追求本质的精神（传统哲学始终以概念和范畴的方式建造思想观念的大厦），而且反映出一切哲学都试图以理论和概念构造世界这种共同的趋向。以逻辑的眼光看待世界，就意味着抛开了特殊而只抓住了一般，舍弃了具体而只看到了抽象，这就是追求普遍本质的方法。所以，说到底，逻辑就是一种排除一切事物的具体特征的最抽象的手段。"逻辑处理的命题和字词都被认为是某种纯净而明确的东西。"① 因此，维特根斯坦前期哲学所热衷的逻辑方法，实质就是传统哲学的本质主义方法。他对逻辑明晰性的追求，实质就是对普遍本质的追求。

在《逻辑哲学论》一书的序言中，维特根斯坦十分明确地指出："这本书的整个意义可以概括如下：凡是能够说的事情，都能够说清楚，而凡是不能说的事情，就应该沉默。"② 显然，在《逻辑哲学论》一书中，语言逻辑分析的目的，就是要在可说与不可说、可思与不可思之间划一条界限，以便彻底终结形而上学。然而，此书并未达到预期的目的，维特根斯坦恰恰对那不可说的、不可思的形而上学的东西说了什么、思了什么——即维特根斯坦在此书中对世界的本质、语言的本质发表了一整套系统的看法，提出了一种新的形而上学。可以说维特根斯坦的前期哲学，从批判形而上学、本质主义开始，最终却以新的方式回归形而上学，始于对本质主义的反叛，却终于本质主义的回归。

这种本质主义的倾向使人们相信，语词的意义可以脱离它的实际使用过程而被一劳永逸地固定下来，语词的意义就在于揭示事物的本质特征。哲学家们认为，在我们所感知到的多种多样的事物、多姿多彩的"现象"背后存在着一个统一的、普遍的共性，这才是唯一真实的存在。同类事物之所以成为同类事物，正在于它们具有共同的本质，即共相。这种本质主义的倾向由来已久，较早可追溯到苏格拉底、柏拉图。当苏格拉底追问"美是什么？""勇敢是什么？"的时候，本质主义的倾向即已形成；经过

---

① 《哲学研究》，安斯康英译，英国布莱克威尔出版公司 1953 年版；汤潮、范光棣译，三联书店 1992 年版；李步楼译，商务印书馆 1996 年版。Philosophical Investigations, tr. G. E. M. Anscombe, Blackwell, 1953, §105。

② 《逻辑哲学论》，郭英译，商务印书馆 1985 年版；Tractatus Logico Philosophicus, tr. D. F. Pears and B. F. McGuinnness, Routledge, 1961, 2. 6.

柏拉图的理念世界，这种观念愈加成熟；而亚里士多德的《形而上学》则使这种观念根深蒂固。维特根斯坦认为，恰恰是这种本质主义的倾向导致了哲学上的混乱。

1. 为语用意义观奠基

在维特根斯坦看来："为了弄清普遍概念的意义，人们必须在它的运用的所有情况中找出共同的要素，这种观点束缚了哲学研究，因为这不仅没有产生任何结果，而且还使哲学家们把具体的情况当作无关的东西。而只有具体的情况才能帮助他理解普遍概念的用法。"① 哲学家们把他们的目光聚焦在事物背后某种共同的特征，认为概念和范畴就是对于事物的共同特征的概括，以为在每一个语词概念的背后都有某种实在的对象，语词概念的意义便由此而生。也就是说，语言本身是没有意义的，它的意义来自于它所表示的对象。语言的作用就在于它能够使我们透过它们来把握事物的本质。因此只要能找到这些范畴的本质定义，便能找到这类问题唯一的最终答案。这种不可遏制的追求现象背后本质的冲动，追求一般性、共同性的偏好，很容易使哲学家们误入歧途，走进哲学上的死胡同："在这里，人们相信我们的任务的困难之处在于我们必须去描述难以把握的现象，稍纵即逝的当下经验，或者诸如此类的东西；在这里我们觉得日常语言过于粗糙，看起来我们必须处理的不是我们日常所谈论的现象，而是那些'轻易地就消失的东西，而它们在出现和消失过程中会产生出那些别的作为平常的结果的现象。'"②

维特根斯坦在反省其前期哲学的过程中，告别了传统，超越了自我。认识到传统形而上学的特征和根本缺陷与其前期哲学所犯的错误其实同出于一个根源：在没有共同本质的地方去追求共同本质，并把这种非实存的共同本质误认为是实在的东西，正是这种本质主义的倾向，才使西方哲学家在几千年的漫长求索中不厌其烦地反复追问：世界是什么？认识的本质是什么？人的本质是什么？……"逻辑处理的命题和字词被认

---

① *The Blue and Brown Books*, ed. R. Rhees, Blackwell, 1958, pp. 19 – 20。（《蓝色和棕色笔记本》，里斯编辑，布赖克威尔出版公司 1958 年版）。

② 《哲学研究》，安斯康英译，英国布莱克威尔出版公司 1953 年版；汤潮、范光棣译，三联书店 1992 年版；李步楼译，商务印书馆 1996 年版。Philosophical Investigations, tr. G. E. M. Anscombe, Blackwell, 1953, §436。

为是某种纯净而明确的东西，而我们绞尽脑汁想什么是真正符号的本质。"①

"我们所说的名称和对象之间的联系是以名称的整个用法为特征的。"② 后期维特根斯坦哲学的立足点是语言的使用，即字词和句子的实际运用过程。因为语言游戏是一种活动，是使用语言的活动，在这种活动中语言与世界发生联系。离开了语言游戏，离开了语言的使用，语言与实在之间的联系就无从谈起。"我理解，借助于使用，声音或者字迹被联合为语言。在这个意义上，只有使用才使带有记号的木棍成为计量的尺度：把语言用于对照实在。"③ 维特根斯坦把目光从逻辑转向关注生活，使语言回归日常的使用，从而在人的语用活动中为语言奠基。

2. 重新审视哲学研究方法

维特根斯坦认为，传统哲学长期以来习惯于按照自然科学的研究方法进行哲学研究，并按照自然科学模式建立哲学体系。"哲学家们经常在他们眼前看到这种科学方法，并且不可避免地企图按照科学所运用的方法来提问题、回答问题。这种倾向就是形而上学的真正的源泉，并且导致哲学家进入完全的黑暗中去。"④ 科学历来以追求本质为己任，科学不会满足于现象，必然寻找现象背后的本质，因果问题可以通过自然科学方法且只能靠科学家去解决。如果哲学家受这种观念的影响，并且按照自然科学的方法去提出问题、解决问题，其结果只能是自寻烦恼。因为哲学家运用自然科学方法的时候，常常不满足于"看"，而且要去"想"，并且不自觉地在哲学中去寻找关于"为什么"的因果关系。

此外，逻辑建构也是一切科学理论追求的最终目标。理论框架和理论预设是现代科学的内在要求，而逻辑建构实际上就是传统的追求本质的哲学理论的要求。然而，维特根斯坦后期反对的正是这种科学的理论建构和

① 《哲学研究》，安斯康英译，英国布莱克威尔出版公司 1953 年版；汤潮、范光棣译，三联书店 1992 年版；李步楼译，商务印书馆 1996 年版。Philosophical Investigations, tr. G. E. M. Anscombe, Blackwell, 1953, §105。

② 《蓝色和棕色笔记本》，里斯编辑，布赖克威尔出版公司 1958 年版。*The Blue and Brown Books*, ed. R. Rhees, Black-well, 1958, p. 173。

③ 《哲学评论》，里斯编辑，哈个里弗斯和怀特英译，布赖克威尔出版公司 1975 年版。Philosophical Remarks, ed. R. Rhees, tr. R. Hargreaves and R. White, Blackwell, 1975, p. 85。

④ 《蓝色和棕色笔记本》，里斯编辑，布赖克威尔出版公司 1958 年版。*The Blue and Brown Books*, ed. R. Rhees, Black-well, 1958, pp. 17 - 18。

理论预设。认为真正的哲学是描述的，语言实践无须任何理论分析和反思。把科学方法当成哲学方法，就会把科学语言误用到哲学语言游戏中，造成语言的误用、意义的误解。

3. 但求相似而非统一

维特根斯坦后期哲学表现出强烈的反本质主义思想，强调不要纠缠于寻求本质上的统一，不要勉为其难地从对象中、世界中、语言中寻找出共同的、普遍的东西，它们仅仅存在着相似性，而非统一性。为此，他提出了"家族相似"这一范畴。应该说，"家族相似"是维特根斯坦对哲学史上长期以来备受争论的共相问题进行深入思考的结果，也是对本质主义的一种否定。

维特根斯坦对本质主义的批判在其整个哲学思想中，特别是后期思想中，占有极其重要的地位。通过对本质主义的否定和批判，进一步阐释了其意义就在于使用的语用意义观、哲学即描述的语言哲学观。他在告别传统、超越前期哲学、批判本质主义的过程中，完成了其由逻辑世界向生活世界的跨越，并大胆地提出语言无本质、世界无本质。

（二）世界无本质

前期维特根斯坦认为，"命题的总和就是语言。"[1] 我们的语言就是由所有命题组成的，封闭的、完成了的整体。所有命题又都可简约为基本命题，而基本命题则是由最简单的符号——名字构成的。所有命题都是基本命题的真值函项，基本命题是名字的一定方式的结合。因此，对语言的任何命题都必然存在着对其完全的逻辑分析，而逻辑分析最终又必然到达其终极构成元素——名字。所以，我们的语言是具有结构的，这就是它的本质结构——真值函项结构，即逻辑结构。既然语言是由命题组成的，那么对语言的逻辑结构的分析自然就转变为对命题的逻辑结构的分析。前期维特根斯坦在对语言的逻辑结构的分析之后，对世界的逻辑结构也进行了分析。维特根斯坦认为，"现实世界分成诸事实。"[2] "现实世界是事实的总

---

[1] 《逻辑哲学论》，郭英译，商务印书馆 1985 年版；Tractatus Logico Philosophicus, tr. D. F. Pears and B. F. McGuinnness, Routledge, 1961, 4.0001。

[2] 同上书，1.12。

和而不是事物的总和。"① 而一切事态或事实都可以简约为基本事态或基本事实，所有事态或事实都是由基本事态或基本事实复合而成的，而基本事态或基本事实是对象的一定方式的结合（对象即纯粹简单体而非复合体）。"事实的结构是由基本事态的结构构成的。"② "对象在基本事态中结合在一起的方式就是基本事态的方式。"③ 由于对象是就逻辑结构而言最简单的东西，因而，一旦达到了对象就说明我们对世界的逻辑结构的分析已经达到了它的逻辑终点。于是我们便有了对于世界的逻辑结构的完全的分析。由于世界的逻辑结构就是它的本质结构，因而我们的世界有一个本质结构。前期维特根斯坦认为我们的语言具有描述功能，语言的全部功能皆在于此。因而我们的语言的任何一个命题都是描述事实和事态的。由此，世界的本质就被规定为：它是由所有事态或事实组成的，封闭的、完成的整体。语言的本质就被规定为：它是由所有描述事实或事态（或具有描述功能）的命题组成的封闭的、完成的整体。而命题是事态或事实的逻辑图像，"名字意指对象。对象是它的意义。"④

后期维特根斯坦对其前期的语言观进行了彻底批判。认为语言没有本质结构，我们日常语言的命题不仅不以描述功能为本质，而且它们根本就没有什么本质；它们的功能是多种多样的，因而并不存在所有被我们称为命题的东西所共同具有的本质特征；语言就是由各种各样的语言游戏所组成的。维特根斯坦在否定前期语言观的同时，也否认了世界有一个本质结构的思想，那么，世界也就变成了一个无本质的世界。我们所生活的现实世界是由各式各样、作用各异，但又彼此联系、相互影响、相互交织的无限丰富的生活形式组成的开放系统。而一种生活形式就是一种实践，"不得不接受的东西、给定的东西可以说就是生活形式。"⑤

按照维特根斯坦的观点，日常语言是由各种各样的语言游戏组成，而我们的世界又是由各种各样的生活形式组成的，而语言游戏就根植于生活

---

① Tractatus Logico Philosophicus, tr. D. F. Pears and B. F. McGuinnness, Routledge, 1961, 1.10.

② 同上书，2.034。

③ 同上书，2.032。

④ 同上书，3.203。

⑤ 《哲学研究》，安斯康英译，英国布莱克威尔出版公司 1953 年版；汤潮、范光棣译，三联书店 1992 年版；李步楼译，商务印书馆 1996 年版。Philosophical Investigations, tr. G. E. M. Anscombe, Blackwell, 1953, §572。

形式。"如果我们不得不指出作为一个符号的生命的东西，那么我们就应该说这就是它的使用。"① "任何符号孤立地看都是死的，那么是什么给了它以生命呢？它的生命在于人们对于它的使用。"② 并且，"一个语词在实践中的用法就是它的意义。"③

维特根斯坦在否定语言的本质、世界的本质的同时，也否定了语言与世界的联系方式，即他前期所认为的指称（字词）与其所指（对象）之间的一一对应的联系方式。语言游戏之所以具有描述、传达、抒情等功能，皆在于它根植于生活形式。语言的任何使用都是在特定的语言实践中进行的，而意义就在于其在实践中的用法。可见，维特根斯坦后期哲学在否定世界本质的同时也为语言游戏奠基。

（三）语言无本质

维特根斯坦对语言本质的理解是以其对语言的逻辑结构分析为基础的。维特根斯坦前期语言批判的核心是逻辑，他怀疑以至于否认日常语言能够遵循这个逻辑从而到位地言说事态，在他看来，"哲学的目的是使思想在逻辑上明晰。……哲学的结果不是某些数量的'哲学命题'，而是使命题明晰。哲学应该说明和清楚地划分，否则就像模糊不清的思想。"④ 于是乎，维特根斯坦就试图以逻辑为手段建立理想化的语言，以使语言精确化，并费尽心机地利用数理逻辑成果为思维规定可说与不可说的界限。为此他区分了自然语言和逻辑语言，并把语言的逻辑进而把逻辑本身作为追求的对象。在维特根斯坦看来，"命题的总和就是语言。"⑤ 而所有命题都是基本命题的真值函项。那么，对语言的逻辑结构的分析就自然而然地转变为对命题的逻辑结构的分析。而对命题进行逻辑分析时我们最终必然会达到它的终极构成元素——构成基本命题的最简单符号：名字。因而，语言是有本质结构的。我们的语言的本质结构就是它的真值函项结构，并

---

① 《蓝色和棕色笔记本》，里斯编辑，布赖克威尔出版公司 1958 年版。*The Blue and Brown Books*, ed. R. Rhees, Black-well, 1958, p. 4。

② 《逻辑哲学论》，郭英译，商务印书馆 1985 年版；Tractatus Logico Philosophicus, tr. D. F. Pears and B. F. McGuinnness, Routledge, 1961, 4. 32。

③ 《蓝色和棕色笔记本》，里斯编辑，布赖克威尔出版公司 1958 年版。*The Blue and Brown Books*, ed. R. Rhees, Black-well, 1958, p. 69。

④ 《逻辑哲学论》，郭英译，商务印书馆 1985 年版。Tractatus Logico Philosophicus, tr. D. F. Pears and B. F. McGuinnness, Routledge, 1961, 3. 24, 4. 112。

⑤ 同上书，4. 001。

且，维特根斯坦要求把语言限制在可描述的经验领域，认为只有经验中的事态才能逻辑地"说"，超验的东西不能逻辑地"说"。也就是说，语言的全部功能就在于其描述功能，任何一个命题都是描述事实或事态的。语言的本质就是由所有描述事实或事态的命题组成的封闭的、完成了的整体。

维特根斯坦后期否定了语言的逻辑结构，否定超验的逻辑是语言的本质。他认为，其前期语言观的错误就在于脱离了语言的实际使用，寻找名称和它所指物之间的联系，理想地建立名称和其所指物之间的一一对应关系。维特根斯坦指出："我们要在我们关于语言之使用的知识中建立一种秩序：具有特定目的的秩序；它是许多可能的秩序的一种，而不是唯一的秩序。为此，我们要经常地突出区别，而语言的日常形式很容易使我们忽略这些区别。这使得事情看起来好像我们把改造语言当作了自己的任务。这样一种为了特定的实际目的而进行的语言的改造，为了防止实践中的误解而设计的对我们的术语的改善，则是完全可能的。但这些并不是我们必须对付的情况。我们的混乱是当我们的语言机器在空转而不是在正常工作时产生的。"① 这就是说，脱离语言的具体运用，陷入理想的语言状态，就必然转不出语言的迷宫。

1. 多功能的语言

后期维特根斯坦意识到，其前期语言观的错误就在于把语言的基本功能之一——描述功能，当作了语言的全部功能。而日常生活中的语言具有多种不同的功能。语言的描述功能的确是语言的基本功能，但绝不是语言的全部功能，如命令、惊呼、提问、致谢、祈祷、解释、警告、要求等，正如维特根斯坦所言："一共有多少种语句呢？比如说，断言、问题和命令？——有无数种：我们称之为'符号'、'词'、'语句'的东西有无数种不同的用途。……"描述功能的确能在一定范围内说明语言现象，但如果把语言的基本功能之一——描述功能当作语言的理想功能，并把这种功能绝对化、唯一化，就必然会对语言的其他功能视而不见，必然导致无视语言功能之间的差异性，忽视语言功能的多样性。事

---

① 《哲学研究》，安斯康英译，英国布莱克威尔出版公司 1953 年版；汤潮、范光棣译，三联书店 1992 年版；李步楼译，商务印书馆 1996 年版。Philosophical Investigations, tr. G. E. M. Anscombe Blackwell, 1953, §132。

实上，语言并不是由所有描述事实的命题组成的封闭的、完成了的整体。我们的日常语言"是由或大或小或原始（简单）或高级（复杂）、功能各异（而不仅仅具有描述功能）、彼此间仅具有家族相似性（Familienanlichkeit）的无穷无尽、无限增长着的语言游戏（Sprachspiele）组成的开放系统。"① "我们看到，我们称为'命题'、'语言'的东西并不具有我以前所设想的那种形式上的统一性，而是由彼此具有或多或少的亲缘关系构造组成的家族。"② 字词是游戏中的工具，语言工具是多样的，它们的使用方法也是多样的。它们之间仅仅存在某种相似性，而不存在某种共同的本质。而且，多种不同的用法也不是固定不变的，"这种多样性不是某种固定的东西，一旦规定就一成不变；新的语言种类、新的语言游戏会出现，而其他种类的语言和语言游戏会陈旧过时，被人遗忘。"③

2. 时空中的语言

后期维特根斯坦认为，日常语言是时空中的语言，其本身就具有良好的秩序，我们无须建构某种理想的语言，那种认为语言有本质的观点不过是由于我们对日常语言的误解或偏见造成的，被我们的语言形式表面上的相似性所迷惑了。"在有关语言、命题、思想的本质的问题中就表达了上述的想法。——因为，如果在这些研究中我们也企图理解语言的本质，——它的功能、结构，——那么这却不是那种问题所要问的东西。因为那种问题把本质看作某种并不是已经摆在眼前的、经过重新安排就会变得一目了然的东西，而是看作某种处于表面之下的东西。某种在内部的，要透过去看才能看到的，将被分析所挖掘出来的东西。'本质对我们是隐藏着的。'这就是我们的问题现在所采取的形式。我们问：'什么是语言？''什么是命题？'这些问题的答案应该是一劳永逸地给出的；是不依赖于任何未来的经验的。"④ 我们总是自以为是地认为本质是深藏难露的东西，只有经过深入挖掘——深刻的逻辑分析，才能显现出来。"当我们相信我们必须在我们实际的语言中找到那种秩序，那种理想物时，我们便对通常称

---

① 韩灵合：《维特根斯坦哲学之路》，云南大学出版社 1996 年版，第 127—128 页。

② 《哲学研究》，安斯康英译，英国布莱克威尔出版公司 1953 年版；汤潮、范光棣译，三联书店 1992 年版；李步楼译，商务印书馆 1996 年版。Philosophical Investigations，tr. G. E. M. Anscombe, Blackwell，1953，§132。

③ 同上书，§23。

④ 同上书，§92。

为'命题'、'词'、'记号'的东西变得不满意了。逻辑所处理的命题和词被认为是纯粹而又明确的东西。于是我们就为真正记号的本性而绞尽脑汁地进行思考。"① 于是，我们开始费尽心机、不屈不挠地追求逻辑的明晰，不厌其烦地讨论"什么的本质是什么？"诸如此类，并为了揭示这"隐藏起来"的本质而呕心沥血、上下求索几千年。于是，我们又不可避免地产生"一种幻觉，即以为在我们的研究中，那些独特的、深邃的、本质的东西就在于企图通过这种研究把握语言的无可比拟的本质。也就是存在于命题、词、推理、真理、经验等概念之中的秩序。这种秩序乃是存在于所谓超概念之间的超秩序。"② 人们对概念的逻辑分析就变成了似乎是在建立一种先验的秩序。不管是"语言"、"世界"、"经验"，还是"桌子"、"灯"、"门"，它们都是我们日常生活中的词汇，应当在日常生活中被使用，其意义也就在于使用。脱离生活，对语言进行抽象的逻辑分析，就必然使它们失去活力，失去生命，也必失去作用。"我们越是仔细地去考察实际的语言，它和我们的要求之间的冲突就越尖锐，这种冲突渐渐变得不可容忍；我们的要求现在已有变成空洞之物的危险。……我们想要行走：所以我们需要摩擦力。回到粗糙的地面上来吧！""我们所谈论的是处于空间和时间中的语言现象，而不是某种非空间、非时间的幻象。"③ "当我谈论语言（词、语句等）时，我必须说日常的语言。这种语言对于我们所要说的东西是不是太粗糙、太物质性了呢？那么，又怎么去构造另一种语言呢？——而用我们已有的那种语言，我们竟能开始做一些事情，这是多么奇怪！"④

我们必须转变我们思考问题的方式，"只有反转一下我们的整个考察问题的方式，才能使那种关于晶体般纯粹性的成见得以消除（人们可以说：我们的考察必须反转，但是要转绕我们的实际需要这个枢轴来反

---

① 《哲学研究》，安斯康英译，英国布莱克威尔出版公司 1953 年版；汤潮、范光棣译，三联书店 1992 年版；李步楼译，商务印书馆 1996 年版。Philosophical Investigations，tr. G. E. M. Anscombe Blackwell，1953，§105。

② 同上书，§97。

③ 同上书，§107，§108。

④ 同上书，§120。

转）。"① 这就要求我们把语言由理想世界转到现实世界，由天上回到地面，回到语言字词的"老家"，亦即回到我们的实际生活。因为理想的精确是制订不出来的，"从来都没有制订出一个精确性的理想。对此我们不知道应该怎么来设想——除非你自己来定下这么称呼的东西该是什么。但是，你会发现，要想找到一种约定是很难的，至少很难有使你感到满意的。"② 淡漠精确，放弃理想语言，回归生活，回归日常语言，理想的、人工的、精确的语言既脱离生活，又不实用，现实生活中人们是很难达到的。而日常语言尽管可能是模糊的、粗糙的，但都适合生活，其作用是真实的、有效的、毋庸置疑的。

三　语言的生活世界

维特根斯坦在反对形而上学、批判本质主义的过程中，提出了"家族相似"的观点。在后期维特根斯坦哲学中"家族相似"或"家族"同"语言游戏"、"生活形式"一样，是一个非常重要、非常引人注目的概念。在维特根斯坦那里，单独使用"家族"一词时，例如"语言的家族"、"游戏的家族"、"意义的家族"等，也应视为同"家族相似"是同义的。

"家族相似"与"语言游戏"的关系十分密切，维特根斯坦正是为了描述语言游戏的多样性及各不相同的语言游戏之间的复杂关系而提出来的。维特根斯坦曾用"家族相似"一词去说明各种语言游戏之间不存在所谓共同的本质，但却存在着某些共同特征。维特根斯坦用"家族相似性"为我们描述了一个丰富而多彩的、生动而具体的、多变而相似的语言的生活世界。

（一）关于家族相似性

"我想不出比'家族相似性'更好的表达式来刻画这种相似关系：因为一个家族的成员之间的各种各样的相似之处，体形、相貌、眼睛的颜色、步姿、性情等，也以同样方式互相重叠和交叉。——所以我要说：

① 《哲学研究》，安斯康英译，英国布莱克威尔出版公司 1953 年版；汤潮、范光棣译，三联书店 1992 年版；李步楼译，商务印书馆 1996 年版。Philosophical Investigations, tr. G. E. M. Anscombe, Blackwell, 1953, §108。
② 同上书，§88。

'游戏'形成一个家族。""如果你观察它们，你将看不到什么全体所共同的东西，而只看到相似之处，看到亲缘关系，甚至一整套相似之处和亲缘关系。"[1] 在一个家族中，由于血缘关系、亲缘关系，各个家族成员之间就必然存在着这样或那样的相似性，或相像之处，但却不存在这个家族的所有成员都具有的共同特征。如果设想有一个家族，我们用 N 来表示，组成这个家族的各个成员，我们分别用 n_1、n_2、n_3、n_4……来表示，A——性格，B——体形，C——相貌，D——头发，E——气质，F——神态，……那么，其一，在这个家族中，任意一个成员总有与家族中某一成员的相似之处，但与另一家族成员却未必存在着相似之处。家族成员 n_1 和 n_2 可能在 A（性格）上有相似，n_1 和 n_3 可能存在着相似点 B，n_2 与 n_3 也许存在着相似点 C，但如果 n_2 同 n_3 之间不存在任何相似之处，而与 n_4 有相似点 D，这也是正常的。n_1 与 n_4 可能存在相似点 E。……其二，每个家族成员都具有的与其他成员或这样或那样、或多或少、或明显或隐约、或大体或细微的相像之处，但并不存在为所有家族成员共有的特征。家族成员 n_1 和 n_2 可能在 A、B、C 点上都相似，但在 D、E、F 上都不相似，n_1 和 n_3 可能在 B、C、D、F 上相似，但却在 A、E、B 点上都不相似，n_2 和 n_3 可能在 B、C 点上相似，其他 A、D、E、F 等点都不相似，也许 n_1 和 n_4 仅仅在 E 点上有一点点的相似，但却不存在整个 N 家族所有成员都共有的相似之处。其三，维特根斯坦用的是"相似"一词，而不是"相等"或"相同"、"等同"。成员 n_1 和 n_2 可能在 A（性格）上相似，但却不完全相等。其四，既然是"家族相似性"，就一定异于普通的相似性，家族相似就意味着亲缘关系远近的不同，直接间接关系的不同，而所具有的相似性也会有或明显或不明显，或多或少的差异，即直接相邻的两个成员之间，如父子、父女、母子、母女等，一般来说往往存在着明显的相似性，而只具有间接的亲缘关系的家族成员之间的相似性一般就不是很明显。其五，一个成员之所以成为该家族的成员，并不在于他与该家族的其他成员有某种共同的本质、共同的性质或共同的特征。在维特根斯坦看来，并不存在一般概念所刻画的诸多事物所共同具有的什么本质特征或属性，在它们之间仅

---

① 《哲学研究》，安斯康英译，英国布莱克威尔出版公司 1953 年版；汤潮、范光棣译，三联书店 1992 年版；李步楼译，商务印书馆 1996 年版。Philosophical Investigations, tr. G. E. M. Anscombe Blackwell, 1953，§67，§66。

仅存在着这样那样互相交叉重叠的相似性——家族相似性。"概念词（Be-griffscoort）确实表明了归属于它的对象的亲缘关系，但这种亲缘关系并不是什么性质的相同或者构成成分的相同，它能像链条一样将它的成员联系起来，使得其中的每一个都与另一个通过中间环节而互有联系；两个彼此邻近的成员可以有共同的特征，彼此相似，而彼此相距遥远的成员之间则不再互有共同之处但还是属于同一个家族。"①

1. 差异性、相似性

维特根斯坦认为家族成员之间既存在差异性，又存在某种相似性。正是用这种家族相似的隐喻描述了语言游戏的多样性，并用以说明各种语言游戏之间的关系。语句、语言并没有我们所想象的那种形式上的统一性，而是一个由或多或少相互关联的结构所组成的家族。维特根斯坦常把语言游戏同棋类游戏、纸牌游戏、球类游戏、奥林匹克游戏等作比，"看一看棋类游戏以及它们的五花八门的亲缘关系。再看一看纸牌游戏；你会发现，这里与第一组游戏有许多对立之处，但有许多共同的特征丢失了，也有一些其他的特征却出现了。"② 如果你仔细观察，认真去看，就不难看到其中的差异性和相似性。许许多多的相似之处出现了，随即又在另一处消失了，却找不到为所有游戏所共有的东西。所有游戏形成一个由错综复杂、互相重叠、纵横交叉的相似之网所联结起来的"家族"。"试考虑下面这些我们称之为'游戏'的事情吧。我指的是棋类游戏、纸牌游戏、球类游戏、奥林匹克游戏，等等。对所有这一切，什么是共同的呢？——请不要说：'一定有某种共同的东西，否则它们就不会都被叫做游戏'——请你仔细看看是不是有什么全体所共同的东西。——因为，如果你观察它们，你将看不到什么全体所共同的东西，而只看到相似之处，看到亲缘关系，甚至一整套相似之处和亲缘关系。"③ 维特根斯坦认为没有什么比家族相似性能更好、更恰当地表达各种语言游戏之间的关系了。维特根斯坦为了驱除"共同性"、"本质性"而引进了"相似性"，但总不免有人会问：

---

① 《哲学语法》，里斯编辑，肯尼英译，布赖克威尔出版公司 1974 年版。Philosophical Grammar, ed. R. Rhees, tr. A. Kenny, Blackwell, 1974, p. 75。

② 《哲学研究》，安斯康英译，英国布莱克威尔出版公司 1953 年版；汤潮、范光棣译，三联书店 1992 年版；李步楼译，商务印书馆 1996 年版。Philosophical Investigations, tr. G. E. M. Anscombe, Blackwell, 1953, §66。

③ 同上。

各种游戏一定有某种共同的东西，否则怎么都会被叫作"游戏"呢？"如果有人要说：'在所有这些构造中还是有某种共同的东西——也就是它们的所有共同属性的析取'——我就要回答：你在这里只是玩弄字眼。有人也完全可以说：'有某种东西贯穿绳的全长'——那就是那些纤维的连续不断的重叠。"① 维特根斯坦提醒人们，不要奢望从繁杂中可以析取出共同性，可以抽出本质。所以，不要去想，而只要去看！

2. 不确定性、开放性

维特根斯坦用"家族"否定了概念的确定性，同时也否定了概念在用法上的确定性；并且用"家族"证明了概念的内涵和外延都是开放的，不断被拓展的。维特根斯坦否认本质也就必然否认人能够给出概念严格的完备的定义以规定词的一切用法。在维特根斯坦那里，"什么是语言游戏"并没有确定的定义，"什么不是语言游戏"也同样没有明确的界定。由此导致语言游戏的使用也是没有严格界定的。不仅仅"语言游戏"这一概念，其实维特根斯坦的语言哲学中所使用的很多概念都没有确定的、严格的定义。所以，我们根本就不可能给出语言游戏概念的准确定义（当然也包括维特根斯坦的一切其他概念），而只能通过一系列实例来"显示"它、"例示"它，使得你自己去看，而不是去想。"什么仍可算作游戏，什么又不再能算了呢？你能给出一个边界来吗？不能。"② 那么，"我们应当怎样向别人说明什么是游戏呢？我相信，我们应当向他描述一些游戏并且可以补充说：'这些和与此类似的事情就叫游戏'。"③

由于维特根斯坦否认人们能够给出概念完备确定的定义或界限，从而也就否认了概念（语言）在用法上的确定性，即语言的使用同样没有封闭的确定的界限。但这并不是说语言游戏可以不遵守规则，可以不受规则限制。所有的语言游戏都是按照一定的规则进行的。甚至有些游戏还要遵守非常精确的规则。但是，"我说过，词的应用并非处处都受规则的约束。"④

---

① 《哲学研究》，安斯康英译，英国布莱克威尔出版公司 1953 年版；汤潮、范光棣译，三联书店 1992 年版；李步楼译，商务印书馆 1996 年版。Philosophical Investigations，tr. G. E. M. Anscombe Blackwell，1953，§ 67。

② 同上书，§ 68。

③ 同上书，§ 69。

④ 《哲学研究》，安斯康英译，英国布莱克威尔出版公司 1953 年版；汤潮、范光棣译，三联书店 1992 年版；李步楼译，商务印书馆 1996 年版。Philosophical Investigations，tr. G. E. M. Anscombe Blackwell，1953，§ 84。

其实，我们常常"一边玩，一边制定规则"，甚至还有这种情况，"我们一边玩，一边改变规则"。所以，概念的内涵和外延都将是开放的，不断地被拓展的。

（二）家族相似性的思考

在《哲学研究》一书中，对"家族相似性"一词，维特根斯坦所着笔墨不多。同时，对"家族相似性"这一概念本身，维特根斯坦也没有给出确定的定义，可以说，界限是模糊的。我们只能按照维特根斯坦的思想去行动，在使用中去理解"家族相似性"。然而，这并不影响"家族相似性"在维特根斯坦后期哲学思想中所具有的分量及所占有的重要地位。"家族相似"在其哲学思想的逻辑联系中具有承上启下的作用，它深刻地影响着后期维特根斯坦的许多哲学观点。不但"游戏"形成了一个家族，而且"意义"也像语言一样形成了一个家族。维特根斯坦把家族相似观念渗透到其后期的意义说，使之成为后期哲学中具有深远影响的内容之一。

1. 家族相似性与联系性、多样性

"家族相似性"不同于普通的相似性，由于"血缘"或"亲缘"的关系，家族成员之间必然存在着或多或少，或直接或间接的联系，但这种联系是复杂的、多样的。这种复杂的联系也使得家族成员之间既有相似性又有相异性。所以，语言游戏如同这样那样的家族，每个家族都有许多不同的成员；语言游戏是多种多样的，它们之间既存在某种联系、某种相似，又存在相异、差别。同一个词语可以出现在不同的语言游戏中；同一词语在不同的语境中可以有不同的意义。语言游戏植根于生活，而我们的生活又是多姿多彩的、多种多样的、复杂多变的，语言的使用应该且必须适应这种变化。维特根斯坦借用家族相似性形象生动地说明了语言游戏的多样性及各种不同语言游戏之间的关系。

2. 家族相似性与共同性、本质性

应该说，"家族相似"是作为"共同性"的反义词出现的。引进"家族相似"概念其实质就是为了否定共同性，而否定共同性的最终目的就在于否定语言游戏的本质。维特根斯坦认为家族成员之间只存在相似性或相像之处，但却不存在这个家族的所有成员都具有的共同特征，从而用"相似性"否定了"共同性"、"本质性"。维特根斯坦以纺绳为例，认为存在的只是那些纤维的连续不断的重叠，但却不存在一根贯穿绳的全长的纤维。谁想寻找贯穿所有语言游戏这根长绳中的一股共具的纤维——语言的本质,谁就必自陷于混乱,不能自拔。"一个概念的诸成员间的亲缘关系可以通过它们之内的特征的相同与否加以确定,而这种共同性在该概念家族中是以极其复杂的方式交错出现的。因而,很可能就没有为所有被我们称为游戏的东西所共同具有的特征,但我们也不要说'游戏'具有众多互相独立的意义,毋宁说,人们用'游戏'这个词意指以不同的方式彼此联系在一起的事件,而在这些事件之间是存在着多种多样的过渡的。"① 各种不同的语言游戏之间可能有某些共同特征,但却没有哪一个共同特征是贯穿于所有的语言游戏之中的。

同时,"家族相似"这一概念的提出,也是维特根斯坦对哲学史上由来已久的关于共性与个性、共相与殊相、一与多之争的一种解答。这种解答,既不同于实在论,又不同于概念论,也有别于传统的唯名论。"家族相似性"不是以某种同一性、共相为基础的,不是一种普适的相似性。

3. 家族相似性与规则性、既定性

"家族相似"驳斥了那种试图通过观察类比,归纳出一套语言的习惯用法并以此作为语言游戏的既定规则的错误做法。在维特根斯坦看来,把一些语言习惯与另一些语言习惯勉强联系到一起进行类比、归纳,是不恰当的。这种做法只是"片面地看到了语言使用者要遵守规则,却没有注意到这些规则是语言使用者在使用语言的过程中慢慢发展形成的,是各个语言使用者在不同的环境中对有关语言形成了相同的反应的结果。语言使用者固然可以反省自己的语言行为,设法解释为什么各使用者有相同的语言反应,为此而提出了一套语言习惯用法或句法,认为语言使用者有了一套规则才能够有相同的语言行为;可是大多数的情况下使用语言时,心目中并没有什么语言规则,所以,我们根本不能够鉴定哪一套语言使用习惯、用法或句法是足以解释语言行为的。那么,为了解释语言行为而接受不止一种的语言习惯用法或者语言句法,也就不足为奇了。"② 人们之所以习惯于把一些语言习惯与另一些语言习惯联系起来,其实,就在于其"家族相似"。尽管所有的语言游戏都有一些习惯用法,都要遵守规则方能进行,

---

① 《哲学语法》,里斯编辑,肯尼英译,布赖克威尔出版公司 1974 年版。Philosophical Grammar, ed. R. Rhees, tr. A. Kenny, Blackwell, 1974, p.75。

② 周柏乔:《介绍当前分析哲学的主要课题和方法》,载《现代外国哲学论集》第 2 辑,第 235—236 页。

但并不是每一个游戏处处都受规则的限定，也并非所有游戏都要按固定不变的精确的规则进行。当你走进语言游戏这个大家族，你会看到家族成员的相似与相异。规则是多元的，唯一共守的语言规则是不存在的；规则是多变的，恒定不变的规则是没有的；规则既是游戏的前提，又是游戏的产物；规则既在游戏活动中规则着游戏，又在游戏活动中不断被改变。人，作为游戏者，既要遵守规则，又不能死板僵化、墨守成规。人，应该且必须创造性地践行语言游戏。

4. 家族相似性与模糊性、不确定性

"家族相似"这个观点与模糊性、确定性等相关。维特根斯坦用"家族相似"去说明概念、字词是没有完备的、确定的、严格的定义规定的，这又使"家族相似"的观念顺理成章地贯穿到其后期的意义观之中。词语、概念本身是开放的、不确定的，其内涵和外延在使用中不断地被拓展，而意义即使用，语言、语词的意义也就必然是不完备的、不确定的。"只有在正常情形中，才能清楚地规定词的使用；我们知道，而且毫无疑惑，在这种或那种情况下该说什么。情况越不正常，我们就越发疑惑该说什么。如果事情与它们的真正情形非常不同——例如，如果对疼痛、恐惧、喜悦没有特有的表达；如果规则成为例外，例外成为规则；或者，如果两者成为频率大体相等的现象——那么，这就会使我们的正常的语言游戏失去它的意义。"① 语言、语词的意义只有在具体的语境中、具体的使用中获得。

生活是具体的，语言的使用便是确定的，这是由我们的日常生活所规定的；生活是多变的，语言的使用就是不确定的，这也是我们的日常生活所体现的。践行中的语言、使用中的语言就在这种确定与不确定中获得了一种张力，演绎着一种变与不变的平衡。语言游戏是有规则的，但规则是变化的，语言游戏也同样在这受制于规则与不断超越规则中获得了一种张力，在限制与超越限制之间获得了一种张力。正是这种张力，使人类语言不断丰富和发展；也正是这种张力，使我们享受着更多的、丰富多彩的语言游戏所带来的快乐，体味着真实生活的意义。

---

① 《哲学研究》，安斯康英译，英国布莱克威尔出版公司 1953 年版；汤潮、范光棣译，三联书店 1992 年版；李步楼译，商务印书馆 1996 年版。Philosophical Investigations, tr. G. E. M. Anscombe, Blackwell, 1953, §142。

第三章　语用的基础——生活形式

前后期的维特根斯坦都关心语言，但前期维特根斯坦所关心的是语言的逻辑分析、逻辑结构；而后期维特根斯坦所关心的是语言的使用、践行语言的基础。

前期维特根斯坦用逻辑的眼光看世界、看语言，得出的只能是"逻辑形式"、"逻辑图式"。即：语言之所以能描述世界，命题之所以是事实或事态的逻辑图像，就在于它们的逻辑性质的共同性和逻辑形式的一致性，亦即逻辑的一致性。而后期维特根斯坦立足于生活、立足于人类使用语言的活动，从而以"生活形式"、"世界图式"代替了"逻辑形式"、"逻辑图式"，以生活形式的一致性替代了逻辑形式的一致性。

一　语言是一种实践活动

（一）游戏的哲学诠释——语言游戏

"游戏"作为一种普遍而又重要的人类社会现象，已越来越受到人们的广泛重视。"游戏"这一术语在当今时代正以比以往任何时候都更高的频率出现在我们的语言使用中。今天人们对游戏的关注，意味着什么？是否意味着游戏不是超生活的？游戏是人类生活本身还是人类生活的一部分？这是一个值得我们深思的问题。

游戏，作为一种极为古老的活动，古已有之。人类对游戏的研究同游戏本身一样久远。人们分别从生物学、心理学、美学、哲学、人类学、文化学等不同的角度对游戏进行了探讨和厘定。古希腊哲学家柏拉图曾把游戏视为人抚慰神灵的活动，因此"生活必须作为游戏来过"。亚里士多德则视游戏为某种休息和消遣，而勤劳才能创造幸福生活，因此，游戏因其惰与闲而弊大于利，是不合德性的。对"游戏"进行较为系统的研究则始于近代以后，而使"游戏"提升到理论思维的层次则始于康德。康德站在人类理性的高度去认识游戏，意识到了游戏的娱乐性、自愿性、非强迫性。康德把艺术且当游戏，把手工艺作为劳动，指出："艺术还有别于手工艺，艺术是自由的，手工艺也可叫作挣报酬的艺术。人们把艺术看作仿佛是一种游戏，这是本身就愉快的一种事情，达到了这一点，就算是符合目的；手工艺是一种劳动（工作），这是本身就不愉快的（痛苦的）一种事情，只有通过它的效果（例如报酬），它才有些吸引力，因为它是被强迫的。"[①] 康德之后，很多学者开始重视游戏研究，大量游戏研究的著作陆续面世，诸如谷鲁斯的《动物的游戏》（*The Play of Animals*），《人的游戏》（*Die Spiele der Menschen*），拉查鲁斯（M. Llazarus）的《论游戏的魅力》（*Über dir Reize des Spiels*），布登迪克（Buyetendijk）的《游戏的本质与意义》（*Wessen und Sinn des Spiels*），胡伊青加的《人：游戏者》等。席勒认为，人在免除匮乏与获得盈余时就有可能进入游戏。他把游戏分为了"自然的游戏"和"审美的游戏"两种。自然的游戏是人和动物共有的。例如当狮子不受饥饿所迫，无须与其他野兽搏斗时，它就在响彻荒野的吼声中得到了享受；人在悠然自得时，就在打口哨、跳跃、做鬼脸等活动中获得了乐趣。而"审美的游戏"则是人所独有的。斯宾塞继续并发挥了席勒的"盈余"思想，深切感受到了"剩余精力"溢出的冲动。而拉查鲁斯和帕特里克（G. T. W. Patric）则站到了席勒、斯宾塞的对立面，认为游戏是因精力不足而产生的解除疲劳和恢复精力之需。心理分析学派关注的是游戏中表现出来的情感以及游戏的心理治疗效用。教育学关注的不是儿童何以游戏，而是游戏被用来做什么。弗洛贝尼乌斯（L. Frobenius）和吉森（A. E. Jensen）从人类学的角度将游戏解释为古人对其意识中自然秩序的表演。海辛哈则创立了关于文化是一种自由的和"诚实的"游戏的普遍文化观，并在《游戏者》一文中论证了游戏对发展人类基本文化形式的直接意义。胡伊青加认为"游戏是一种自愿的活动或消遣，这种活动或消遣是在某一固定的时空范围内进行的，其规则是游戏者自由接受的，但又有绝对的约束力，游戏以自身为目的而又伴有一种紧张、愉快的情感以及对它'不同于日常生活'的意识。"并把游戏作为"生活中一个最根本的范

---

① 朱光潜：《西方美学史》下册，第 383 页。

畴"，认为人类"文明是在游戏中并作为游戏而产生和发展起来的"①。

在现当代，站在哲学的立场诠释游戏的也不乏其人。伽达默尔认为"游戏本身"重于游戏者的意识，并把游戏范畴推及理解以及意境和美得令人心驰神往的文本、图画和戏剧的进程；海德格尔认为，游戏是"先验的语言"，是为人的行为获得自由而开辟的可能性，由此，他提出了"诗是语言的游戏"，"朴素的游戏"。② 在对游戏的哲学诠释中，不能不使我们想到一位重要的语言分析学家——维特根斯坦，把"游戏"、"规则"、"生活"、"意义"紧密连在一起的，当首推维特根斯坦。

维特根斯坦的哲学被公认为前后两个时期，但在他的前后期之间，有一个明显的过渡时期——思想"转折时期"。"语言游戏"就是其思想转折时期提出的重要概念。维特根斯坦的思想转变主要发生在1929年他重返剑桥之后，最初主要体现在他的哲学讲座之中。1933年，在哲学讲座基础上由其口授而形成的学生笔记集中于蓝皮的笔记本上，这即我们今天所熟知的著名的《蓝皮书》（*The Blue Book*）。这是维特根斯坦后期思想中第一个半公开流传的著作。《蓝皮书》已提出并初步论述了维特根斯坦后期思想的主要内容。"语言游戏"概念以及"使用表达式"、"家族相似性"等重要概念在这一时期得以形成。1934—1935年，此讲座的学生笔记集中于棕色的笔记本上，形成了著名的《棕皮书》（*The Brown Book*）。《棕皮书》以大量的应用实例，各种各样的语言游戏，完成了《蓝皮书》所预言的从简单的原始语言游戏逐步构造我们日常语言的复杂语言游戏的任务。尽管《棕皮书》不是一部系统的论著，但从某种意义上说，它就是一部关于语言游戏史的概要。《蓝皮书》和《棕皮书》被统称为《蓝棕皮书》（*The Blue and Brown Books*），通常将其看作维特根斯坦后期思想代表作《哲学研究》的原型。1936年11月，维特根斯坦完成了代表其后期哲学思想的著作《哲学研究》（*Philosophical Investigations*）。

语言游戏论是维特根斯坦批判其前期哲学的立足点，它从动态的人类使用语言的活动中考察语言，考察"意义"、"理解"、"意味"、"规则"等问题，得出与其前期完全不同的结论。"语言游戏"概念是维特根斯坦后期哲学的中心概念。可以说，其后期所有哲学问题的理解和解决都是在

---

① 胡伊青加：《人：游戏者》，贵州人民出版社1998年版，"序"第28页。
② 《海德格尔诗学文选》，华中师范大学出版社1992年版，第211页。

语言游戏这一平台上进行的。

"语言游戏"一词的德文原文是 Sprachspiel，英译为 language-game。语言游戏是把语言和游戏类比的结果，由于维特根斯坦在人们践行语言、使用语言的活动中，在动态中去理解语言，使得语言和游戏具有可类比的基础：游戏是一种活动，而使用中的语言也是一种活动。"我们应当怎样向别人说明什么是游戏呢？我相信，我们应当向他描述一些游戏并且可以补充说：'这些和与此类似的事情就叫做游戏。'"① 要在维特根斯坦的著作中寻找关于"游戏"一词的定义，是徒劳的。因为在他看来，游戏的概念是模糊的，没有明确的定义，并且，任何一种定义都有被误解的可能，"任何一般的定义都有可能被误解"②。因此，我们对"游戏"只能加以描述、例示。"在这里，举例子并不是一种间接的说明手段——由于没有更好的手段而采用。"③ 当有人要求维特根斯坦给孩子们做个游戏看看，维特根斯坦就会教他们做诸如掷骰子、下棋、打球之类的游戏。"例如，试考虑下面这些我们称之为'游戏'的事情吧。我指的是棋类游戏、纸牌游戏、球类游戏、奥林匹克游戏，等等。"④ 在维特根斯坦看来，"知道什么是游戏，这意味着什么？知道它但又不能说出来，这又意味着什么？这种知识是不是多少等于一个未说出的定义？所以如果被说出来，我就会认出这是我的知识的表述？我的知识，我对游戏的概念，难道不是已完全地表达在我所能够给出的说明中？也就是说，表达在我对不同种类游戏的例子的描述中，表达在我对如何模拟这些例子而构造出各种各样别的游戏的说明中，表达在我声称不会把这个那个包括到游戏中去的这个说法中，如此等等。"⑤

当维特根斯坦不厌其烦地向人们解释什么是"游戏"时，他已经逐步确立、形成了一种全新的语用哲学观——语言游戏论，亦即践行的语言哲学。在类比中，维特根斯坦得出了一系列重要的哲学观点。

---

① 《哲学研究》，安斯康英译，英国布莱克威尔出版公司 1953 年版；汤潮、范光棣译，三联书店 1992 年版；李步楼译，商务印书馆 1996 年版。Philosophical Investigations, tr. G. E. M. Anscombe Blackwell, 1953，§69。

② 同上书，§71。

③ 同上。

④ 同上书，§66。

⑤ 同上书，§75。

（二）语言游戏的语用学特征

维特根斯坦语言游戏论的构想，就是一种语用学的构想。在维特根斯坦看来，语言的意义就在于它的用法，在用法之外不存在其他有关意义构成的途径或准则。正是通过用法，我们才有可能把意义与人的活动联系起来，把语言与行动联系起来，并最终与人的整个"生活形式"联系起来。哲学无须执著于语言本质的探寻，也不必执著于在语言的确切的和固定的用法中抽象出若干普遍有效的原理。由于"语用"必牵涉语境，而语境必牵涉一系列复杂的、重叠的、交错的、相似的、不相似的等各种人类语言实践活动，所以，"语用"是日常语言分析中唯一真实、有效的方法。维特根斯坦以语言游戏为核心所形成的一系列思想对当代语用学的发展产生了深远的影响。可以说，维特根斯坦后期语言游戏论就是一种哲学语用学。

1. 只能例示　不能定义

语言游戏这一思想的提出来自于一场足球赛。维特根斯坦从中发现足球的意义就在于球员按照比赛规则不停地将球踢来传去，由此联想到语言的运用，语言的意义也应该在于它们的实际使用，使用语言就是在做游戏。语言游戏是后期维特根斯坦哲学的灵魂和核心，是作为对其前期语言观及本质主义的批判而提出的。按照维特根斯坦关于语言游戏的观点，不同的语言没有共同的、一般的本质的特征。不同的语言之间仅仅存在某种相似性，而不存在某种共同的本质。因此，我们不要也不应当寻找这种共同的本质。"我们看到，被我们称之为'语句'、'语言'的东西并没有我所想象的那种形式上的统一性，而是一个由多少相互关联的结构所组成的家族。""我们所谈论的是处于空间、时间中的语言现象，而不是某种非空间、非时间的幻象。……但是，我们谈论语言时就像我们在陈述象棋游戏的规则时谈论棋子那样，并不描述棋子的物理属性。'词到底是什么东西？'这个问题就类似于'象棋中的棋子是什么东西？'"① 正如维特根斯坦自己所言："我们所做的乃是把词从形而上学的使用带回到日常的使用

---

① 《哲学研究》，安斯康英译，英国布莱克威尔出版公司 1953 年版；汤潮、范光棣译，三联书店 1992 年版；李步楼译，商务印书馆 1996 年版。Philosophical Investigations, tr. G. E. M. Anscombe Blackwell, 1953, §108。

上来。"① 我们应经常追问"这个词在作为它的老家的语言游戏中"真正的使用方式，即在我们的实际生活中是如何使用的。正由于语言游戏无本质，因而它就必然缺少定义性特征，我们无法且不能给出语言游戏概念的定义，因为任何定义都是对被定义者的一般性或本质性的概括。我们只能通过描述一系列例子来显示它，但不能解释或说明，如我们只能描述什么是下棋、什么是打球、什么是玩牌等诸如此类的活动，从而显示这就是游戏。"在这里，举例并不是一种间接的说明手段——由于没有更好的手段而采用。因为任何一般性的定义也都是可能被误解的。"② 语言游戏只能例示，不能定义，这种举例描述的方式是我们所能采取的唯一的方法。哲学研究的目的就是要向人们显示如何正确地玩各种语言游戏。

2. 语言游戏是一种自主性活动

语言游戏只与人的行为有关，与人的使用语言的活动有关，而与"外部对象"无关。维特根斯坦的早期语言哲学思想是奥古斯丁式的语言哲学图画。认为命题不仅可以是甚至只能是事实或事态或实在的逻辑图像，是人们的思想活动给予了命题符号以意义或生命，使其成为事实或事态的逻辑图像。"在我看来，上面这段话似乎为我们提供了这样一种关于人类语言本质的图画。这就是说，语言的语词命名对象，而句子不过是这样的名字的结合。在关于语言的这种图画中我们找到了下述观念的根源：每个词语都是有意义的，而这个意义是与该语词相对应的，它就是该语词所代表的对象。"③ 这样，语言与"外部对象"之间虽然建立了一种联系，但却是一种单纯的、既定不变的、静止不动的联系。而事实上，语言与"外部对象"之间的联系并非如此简单。在后期维特根斯坦语言游戏论中，维特根斯坦把语言看作一种活动，意在强调语言游戏本身就意味着语言活动，好比"下"象棋、"打"网球、"掷"骰子，这样，语言游戏就是把某些行动、动作、操作等人的行为包括在内的活动，是言践行中、行在言中的活动过程。语言游戏就不再是空洞的词之间的抽象关系，也不再是语言与外部对象的那种既定的静止的关系，而是包含在现实的人的现实活动之

---

① 《哲学研究》，安斯康英译，英国布莱克威尔出版公司 1953 年版；汤潮、范光棣译，三联书店 1992 年版；李步楼译，商务印书馆 1996 年版。Philosophical Investigations, tr. G. E. M. Anscombe Blackwell, 1953, §116。

② 同上书，§71。

③ 同上书，§1。

中。语言游戏就是自主性活动，使用语言的活动就是语言游戏本身。

3. 语言游戏是一种生活形式

如果说，前期维特根斯坦在《逻辑哲学论》中对语言的理解和关注，是从逻辑与语言的关系来进行的，从而为语言建立了一个与经验世界相对应的逻辑系统，并由此界定了语言的功能——只具有描述世界的功能。那么，后期维特根斯坦则意识到了这种语言观的局限性。"我们越是仔细地考察实际的语言，它和我们的要求之间的冲突就越尖锐（因为逻辑的晶体般的纯粹性当然不是研究出来的：它是一种要求）。这种冲突渐渐变得不可容忍，我们的要求现在已有变成空洞之物的危险。"① "语言游戏一词的用意在于突出下列这个事实，即语言的述说乃是一种活动，或是一种生活形式的一个部分。""想象一种语言也就意味着想象一种生活形式。"② 这样，维特根斯坦就把语言同日常生活紧紧地联系在一起。于是，语言和经验不再分属于两个世界（逻辑的世界和生活的世界），而同属于一个日常生活的现实世界。语言游戏是我们生活的一部分，生活形式在一定意义上也就是语言游戏。作为人类活动的语言游戏构成了人类丰富多彩的生活形式，而生活形式又限定了语言游戏的社会性、公共性。正是在特定的语言实践中，语言才具有了其生命、活力、意义乃至多种多样的功能。理解生活，方能理解语言；理解意义，也就是理解生活。

4. 语言游戏具有多样性

按照后期维特根斯坦的观点，他所考察的日常生活中的语言，其用法是多种多样的，它们之间仅仅存在某种相似性。在不同的语言游戏中、在不同的语境中同一语词可以具有不同的意义。例如"语言"一词本身，我们不仅在传统意义上使用"语言"一词，而且我们常常有诸如肢体语言、计算机语言之说。

既然语言游戏存在着无数种，同时，语言游戏又是日常生活的一部分，那么，我们对于语词意义的把握就必须从这一前提出发。维特根斯坦在《哲学研究》中，以建筑工 A 与其助手 B 之间的对话为例，来说明语言游戏的多样性以及语词意义的多样性。"这种语言是用来在建筑工 A 与他

---

① 《哲学研究》，安斯康英译，英国布莱克威尔出版公司 1953 年版；汤潮、范光棣译，三联书店 1992 年版；李步楼译，商务印书馆 1996 年版。Philosophical Investigations，tr. G. E. M. Anscombe Blackwell, 1953, §107, §108。

② 同上书，§23, §19。

的助手 B 之间进行交流的语言。A 用各种建筑石料盖房子：有石块、石柱、石板、石梁。B 必须按照 A 的需要依次将石料递过去。为此，他们使用一种由'石块'、'石柱'、'石板'、'石梁'这些词组成的语言。A 叫出这些词，——B 则把他已经学会的在如此这般的叫唤下应该递送的石料递上。"① 石板是一种建筑材料，从语法上讲是一个名词。如果在盖房子过程中，建筑工 A 对他的助手 B 说"石板"，其实这是一个省略句，他要表达的意思是"给我拿一块石板来"，这时的"石板"显然不是作为一个名词来使用的，而是作为一个省略句来使用的。所以说，一个语词是一个报告、一个陈述，还是一个命令、一个祈求，其意义只有在其践行的语境中、在具体的使用中才能确定。同样一个词，同样一句话，在不同的语言环境中，由于使用方法的不同，如"说"出它们时的语调、表情以及许多别的东西的不同，其意义是完全不同的。

5. 语言游戏具有规则性

不论什么游戏，都有一定之规则。规则是保证游戏得以进行和继续下去的前提。使用语言恰如进行其他的游戏一样，必须遵守语言规则才能进行；没有规则，就没有游戏；违反了规则，语言游戏就无法继续进行下去；不同的规则，又使它们具有不同的意义；不同的规则，确定并规约着不同的语言游戏。规则与践行语言游戏的具体语境、游戏者使用语言的具体方式密切相关。语言实践是衡量是否遵守规则的唯一标准。同时，维特根斯坦特别强调"遵守规则"也是一种实践。"遵守规则类似于服从命令。人们是被训练这样做的；人们是以特定的方式对命令作出反应的。"② "不学任何明确的规则，只靠实践就能学会游戏。"③ 维特根斯坦意在强调参与游戏、践行语言。遵守规则是在语言游戏的活动过程中实现的，只有参与游戏，才会理解规则，学会如何遵守规则。

语言游戏的规则又是可变的。"那么，一共有多少种语句呢？比如说，断言、问题和命令？——有无数种：我们称之为'符号'、'词'、

---

① 《哲学研究》，安斯康英译，英国布莱克威尔出版公司 1953 年版；汤潮、范光棣译，三联书店 1992 年版；李步楼译，商务印书馆 1996 年版。Philosophical Investigations, tr. G. E. M. Anscombe Blackwell, 1953, §2.

② 同上书，§208，§206。

③ 《论确定性》，安斯康和冯·赖特编辑，保罗和安斯康英译，布赖克威尔出版公司 1969 年版。On Certainty, ed. G. E. M. Anscombe and G. H. von Wright, tr. D. Paul and G. E. M. Anscombe, Blackwell, 1969, §95。

'语句'的东西有无数种不同的用途。而这种多样性并不是什么固定的、一劳永逸地给定了的东西；可以说新的类型的语言，新的语言游戏，产生了，而另外一些则逐渐变得过时并被遗忘。"① 维特根斯坦进一步指出："难道不是也存在着这种情况吗？其时'我们一边玩，一边制定规则'？甚至还有这种情况，我们一边玩一边改变规则。"② 也就是说，没有必要固守已有的规则，我们完全可以随意玩新的游戏，而当新的语言游戏一出现，另一些就过时了，甚至被遗忘了。因此，语言游戏规则是不确定的、可变的。

二 语言游戏的根基

后期维特根斯坦将目光转向了日常生活，关注生活中的语言，从而得出结论：我们日常生活中的语言不仅仅具有描述功能，而且具有各种各样的功能。而语言游戏之所以具有各种各样的功能，皆取决于我们在特定的语言游戏中、在特定的语言实践中对它的具体使用。语言的一致性最终取决于生活形式的一致性。借此，维特根斯坦为语言游戏找到了坚实的"河床"，别无选择的根基——生活形式和世界图式。

（一）世界图式

"世界图式"是维特根斯坦在《论确定性》中提出的重要概念，秉承其一贯的哲学风格，《论确定性》同样没有明确确定"世界图式"的概念。《论确定性》一书主要从批判摩尔的常识理论入手，展开对"世界图式"等问题的讨论。维特根斯坦只是用大量的比喻来描述"世界图式"，诸如："完整的图画"、"轴"、"脚手架"、"思想的河床"、"继承下来的背景"；等等。通过这种描述，我们应该把"世界图式"理解为一个包含语言游戏的语法以及人的信念、实践经验、历史的传统习惯等在内的更广阔、更基础、更系统的东西，它应是被给予的，别无选择的，它是人们在生活实践中由于传统、习俗、制度、教育、训练等逐渐接受并较稳固地存

① 《哲学研究》，安斯康英译，英国布莱克威尔出版公司 1953 年版；汤潮、范光棣译，三联书店 1992 年版；李步楼译，商务印书馆 1996 年版。Philosophical Investigations，tr. G. E. M. Anscombe Blackwell，1953，§23。

② 同上书，§83。

在下来的东西，相当于命题、概念、判断、信念、实践活动等交织而成的一个相对完整、相对稳固且相互"映证"的信念系统或信念框架。如果把语言游戏比作棋子，那么世界图式就好比棋盘，棋子有各种各样的走法，游戏有各种各样的玩法，但无论怎么走，怎么玩，都是在棋盘这个大背景下、大框架内进行的。"世界图式"就是那种为其他命题或信念提供根据、理由或基础的东西，而其本身却无需证明，是没有根据的。维特根斯坦批判摩尔时曾指出，摩尔在辩护时总是使用"我知道……"、"我确信……"这些短语，并认为"我知道……"就等于"我确信……为真"。维特根斯坦认为摩尔将一些通常为人们所公认的命题都当成"自明"的知识命题或经验命题，并由此所建立的"常识世界观"是错误的。其错误就在于把"知道"和属于世界图式的东西连在了一起。"我知道……"并没有"我确信……"的意思。维特根斯坦将命题划分为在逻辑地位上根本不同的两种基本类型：一种是表达反映"世界图式"的命题；另一种则是通常意义上的知识命题或经验命题。表达世界图式的命题都不是知识命题或经验命题，它们都不是"研究"的结果，而是被给予的；它们为经验题或知识命题的真假提供检验标准，但其本身是没有理由和根据的。虽然它是不需要证明或说出理由的，但却反而是证明其它"知道"的根据。"有牢固基础的信念的基础是没有基础的信念。"[①]"因为我们无论何时检验什么东西，都预先假定了某个不受检验的东西。"[②]"一般来说，我把课本中的东西，如地理课本中的东西，看作是真的，为什么？我说：所有这些事实都已被确认了一百次以上。但我是怎么知道的？我的证据是什么？我有一个世界图式。它是真的还是假的？首先它是我一切探究和断言的基础。描述它的命题并不同样地受检验。"[③] 这就是维特根斯坦心目中的"世界图式"。

1. 世界图式来源的多途径性

儿童是通过训练和不断实践获得其世界图式的。这就是说，儿童是逐渐学着按照某些信念行动的。开始时是一点点地相信某些事情，慢慢就形

---

① 《论确定性》，安斯康和冯·赖特编辑，保罗和安斯康英译，布赖克威尔出版公司1969年 版。On Certainty, ed. G. E. M. Anscombe and G. H. von Wright, tr. D. Paul and G. E. M. Anscombe, Blackwell, 1969，§253。

② 同上书，§164。

③ 同上书，§162。

成一个信念体系，并逐渐固定下来，而这些东西会对其行为构成一种约束，或者说他被周围某些东西牢牢地抓住，并信服它，且按照这些信念行动。在日常的各种语言游戏活动中，每个人都会不断地接纳一些东西，相信一些东西，并逐步地允许其进入你自己的信念系统之中，而这又将成为语言游戏的基础。也许萨皮尔读懂了维特根斯坦，他在《语言论》中指出："语言是不脱离文化而存在的，就是说不脱离社会流传下来的决定我们生活面貌的风俗和信仰的总体。"①

2. 世界图式的具体多样性

维特根斯坦认为摩尔所宣称的某种独一无二的、人们普遍共有的常识世界观是不存在的，绝对超然的世界图式是不存在的。他指出："假定我们碰到不把那看作是一个有效的理由的人，那么，我们怎么想象这一点？他们不是去请教物理学家，而是请教神谕（因此，我们认为他们是原始的）。他们请教神谕并受它指导，难道错了吗？——如果我们把这称为'错的'，难道我们不是在用我们的语言游戏作为基础来反对他们的语言游戏吗？"② 生活中的人们应该学会宽容，宽容地对待各种语言游戏，不要以自己所持的一种世界图式武断地、粗暴地干涉和指责他人的生活。世界图式只是为某种人所共有的，使教导、训练和交流得以可能的东西。它可以成为检验其他命题的基础，但这并不意味着任何时空条件下的人都共具同一个世界图式。

3. 世界图式的变化性

维特根斯坦不赞同摩尔宣称的不变的常识世界观。维特根斯坦认为，世界图式与经验、知识命题处于相互作用、相互转化的历史过程中。当维特根斯坦把世界图式比作"轴"时，认为经验和知识命题都围绕这个"轴"旋转，但他认为：说这个轴是固定的，这不是说有什么东西牢牢地抓住它，而是说围绕它发生的运动决定了它的静止性。当他把世界图式比作"思想的河床"时，知识和经验的河水就流淌在思想的河床上，这河岸部分是由坚硬的岩石组成的，它是相对稳定的；但绝不是永恒不变的，只是这种变化细微得难以觉察。"河床"部分是由沙子组成的，它时而在这

---

① 萨皮尔：《语言论》，商务印书馆 1985 年版，第 186 页。
② 《论确定性》，安斯康、冯·赖特编辑，保罗、安斯康英译，布赖克威尔出版公司 1969 年版。On Certainty, ed. G. E. M. Anscombe and G. H. von Wright, tr. D. Paul and G. E. M. Anscombe, Blackwell, 1969，§ 609.

里时而在那里被冲刷掉，或者淤积起来。思想的河床可以移动。一个语词就好比是一滴水，语言游戏就构成了流动不息的生活之流，世界图式就是生活之流的河床，水流不停地流动，或缓或急，不断冲刷着相对稳固的河床；河床虽是坚硬的，但在日积月累的冲刷中渐渐也会发生变化、移动，只是由于它那凸显的稳固性，使其那缓慢的、隐隐的变化显得那么不易觉察。

（二）生活形式

维特根斯坦以"生活形式"和"语言游戏"为两大支柱建构起他的哲学宫殿。"生活形式"这一概念在后期维特根斯坦哲学中占有支配的地位。然而，在维特根斯坦的著述中出现的次数却不多。在其后期代表作《哲学研究》中仅出现五次，其他著作中，虽涉及与此相关的思想，但笔墨甚少。维特根斯坦本人并没有对"生活形式"这一概念作出明确的定义或阐述。这就更增加了我们理解这一概念的难度。因此，对于什么是"生活形式"这个问题，至今仍存在许多不同的观点和看法。据不完全统计，国外研究者们对"生活形式"概念的解释已达十种之多。

根据 J. F. M. 亨特的概括，人们对于生活形式大致有四种不同的理解：第一，把"生活形式"与语言游戏直接等同起来。诺曼·马尔康姆在《维特根斯坦的〈哲学研究〉》一文中指出，"生活形式"一词在维特根斯坦那里一开始就是与"语言游戏"概念相连的。马尔康姆认为，维特根斯坦把语言游戏称作生活形式的一部分，就是为了强调语言游戏乃是一种语言实践。把"生活形式"等同于"语言游戏"的观点后来被许多人所认同。但也有人持反对意见，如吉尔认为，"生活形式"并非"语言游戏"，因为"生活形式"所含的内容要比"语言游戏"丰富得多。第二，把生活形式看作相互联系的不同行为方式的一种组合，即姿态、活动等的组合。如我们崇拜某个人，就会作出崇拜、仰慕、尊敬或毕恭毕敬等的姿态以及从事与此相关的某种崇拜活动，如同时下的某些追星族们。第三，把"生活形式"看作生活方式，或者看作生活模式、生活样式、生活习惯、风格等。在维特根斯坦的观念里，"生活形式"与"生活方式"并没有严格的区别。维特根斯坦在《哲学研究》中使用"生活形式"（form of life），而在《关于数学基础的意见》一文里采用的就是"生活方式"（way of life）。第四，把"生活形式"看作生命有机体对于他们所处环境的复杂的然而却是非常自然的生物反应方式。这是由亨特自己提出来的。他认为人虽然有情感、意志、思维等活动，但人作为一种生命有机体，也同其他生命有机体一样，都具有对环境做出反应的能力。"语言的用法"并不是指词在语言游戏中的使用，而是指语言行为本身。我们不是通过学习使用语言而得到训练的，一般的语言用法只是对我们这些生物非常自然的近似生物体的反应方式，就如同人走路、跑步、跳舞、消化食物一样是极其自然的生物反应方式。

希尔明认为，对"生活形式"的解释较有代表性的有三种：第一，文化—历史的解释；第二，亨特"有机的"生物学解释；第三，与"语言游戏"等同的解释。关于文化—历史的解释，这是现在许多学者普遍接受的看法。早在20世纪70年代即有人提出。当然，在这种解释框架下，观点也不尽相同。A. 艾瑞克森和 P. 麦克休，透过维特根斯坦"生活形式"回望到了康德的"经验可能性的前提"。皮特里则作了认识论的努力。尼古拉斯·吉尔在其著名的《维特根斯坦与现象学》一书中，则对"生活形式"作出了康德哲学意义上的解释，并把维特根斯坦的后期哲学解释为一种现象学理论。他指出："生活形式的概念不是用作一种事实理论，即讨论某种生物学的、心理学的或文化的事实。生活形式是使社会和文化成为可能的形式构架，但它们不能用作社会学理论。生活形式并不回答'为什么'的问题；它们没有解释的权力。它们只能在解释链条的末端作为给予之物而得到。……因而，生活形式主要是形式条件，是我们生活之波的模式，它们使有意义的世界成为可能。……因而，后期维特根斯坦的哲学可以描绘成一种关于生活形式的描述现象学（a descriptive phenomenology of forms of life），即使有意义的生活成为可能的形式结构。"[①] 大卫·波尔认为"生活形式"就是处事方式那种东西。斯坦利·卡弗尔认为维特根斯坦把生物体的一切奔波叫作"生活形式"。可见，对"生活形式"这一概念的理解众说纷纭，或多或少都有一定的道理，但都不可作为唯一可接受的，有些甚至超出了维特根斯坦真实思想的框架。

只有了解一个哲学家是怎样建造他的哲学宫殿的，才能更懂得这座宫殿的奥秘。要了解维特根斯坦的真实思想，就要遵循维特根斯坦的思路。

---

① N. 吉尔：《维特根斯坦与现象学》，1981 年版，第 32 页。

维特根斯坦本身是反对给概念下定义的，他所关心的就是字词在日常生活中是如何被使用的。这使其哲学具有非常强烈的非理论化倾向，也给我们理解维特根斯坦的思想带来了重重困难。维特根斯坦指出：要记住，我们有时需要定义并不是为了其内容，而是为了其形式。我们要求的是一种建筑学上的定义；这种定义是一种什么也不支撑的作装饰用的盖顶。因此，要想在维特根斯坦那里获得有关生活形式的确定的或精确的定义，是徒劳的。实际上在维特根斯坦的后期哲学中，他是从多种不同的角度来使用这一概念的，其含义是不确定的。而这多种不确定的且又具有相似性的含义就构成了"生活形式"这一概念的"家族"。因此，我们应该把研究的精力更多地倾注在生活形式这个概念在维特根斯坦后期哲学中是如何被使用的，这也正符合维特根斯坦哲学思想的本意。事实上，维特根斯坦的本意就是要为我们践行语言游戏，寻找一个坚实的基础，而这个坚实的基础就是生活形式。

（三）语用的基础

1. 生活形式是语言游戏的基础

后期维特根斯坦从语言和人类生活、人的活动紧密相连的视角去考察语言，使语言不再是静止不动的指称、符号，而是生活中的活生生的有生命的语言，是动态中的语言，是有根基的语言，语言游戏就是深深植根于生活形式的一种语言使用活动。

"语言游戏的本质是实践的方法（活动的方式）——而不是玄想，不是空想。"[1] 语言脱离了实践，只能是死的符号，或是玄想，或是空想，至多是文字游戏，毫无意义。"'把一把尺子靠住这个物体；尺子并不说这个物体有如此这般的长度。其实——我要说——它本身是死的，思维所获得的一切它一点也得不到。一点也没有做到思想所做到的事。'——这就好比我们幻想对于一个活人来说根本的东西是它外在形式。然后我们做了一个有那种形式的木块，并羞愧地看着这个笨拙的一点也不像活物的木

---

[1]　克拉格、诺德曼编：《哲学时刻，1912—1951》，*Philosophical Occassions*，1912 - 1951，（缩 PO.），哈克特出版公司 1993 年版，第 399 页。

块。"① 脱离人的活动，尺子就失去了作为尺子的意义和作用，语言离开了人的生活、人的活动，就失去了生命。"每一个记号就其本身而言都是死的。是什么赋予了它以生命呢？——它的生命在于它的使用。在那里它本身就含有生命之源吗？——还是使用才是它的生命之源呢？"② 人的活动赋予语词、文字以生命、以灵魂、以意义。因此，语言的本质是实践的，这不仅在于它是在实践中产生和发展的，是根源于实践的，而且还在于其生气和活力也来自于实践，更在于其规则和意义皆来自于实践。

第一，生活形式是语言产生发展的坚实基础。语言以人的社会行为为基础。"我们既出自本性，也由于受到特定的训练，特定的教育，会在一定的环境下倾向于自发地表述愿望。"③ 作为万物之灵的人，其反应方式必不同于其他一般的生物。人的许多反应方式既以本性为基础，又是训练和教育的结果，正是在活动中，人不断地获得各种应付环境的手段。"语言游戏的渊源和原始形式是一种反作用，只有它才使更加复杂的形式得到发展。语言（我要说）是一种提炼，'开始是行为'。"④ "命令、询问、叙述、聊天同吃喝、行走、玩耍一样，是我们自然历史的一部分。"⑤ 维特根斯坦从发生学的角度强调了语言与行为、语言与活动是不可分的。言语也是行为，这种行为是原始的自然行为的延伸；原始的、自然的行为决定了言语行为，也决定了语词的用法。语言是在人的社会行为的基础上、在人适应环境的反应性行为中发展起来的。语言游戏既与人作为生物体的自发反应行为相关联，又是训练、教育、提炼的结果。语言游戏与生活形式是交互作用的，是互动的、相互促进的，但生活形式是更为根本的，语言本质上是实践的。

第二，生活形式决定语言表达式的功能。一个语言游戏的任一表达式所具有的功能取决于人们在语言游戏中对它的使用。只有在具体的语言游

① 《哲学研究》，安斯康英译，英国布莱克威尔出版公司 1953 年版；汤潮、范光棣译，三联书店 1992 年版；李步楼译，商务印书馆 1996 年版。Philosophical Investigations, tr. G. E. M. Anscombe Blackwell, 1953, §430。

② 同上书，§432。

③ 同上书，§441。

④ 维特根斯坦：《文化与价值》，*Culture and Value*（缩 CV.），第 44 页。

⑤ 《哲学研究》，安斯康英译，英国布莱克威尔出版公司 1953 年版；汤潮、范光棣译，三联书店 1992 年版；李步楼译，商务印书馆 1996 年版。Philosophical Investigations, tr. G. E. M. Anscombe Blackwell, 1953, §25。

戏中、在具体的语境下，诸如使用的具体场合、各种各样的语调、各种各样的面部表情以及其他各种各样的因素，你才能理解一个表达式究竟具有何种功能，是陈述还是疑问，是报告还是祈求，是命令还是预言，甚至你会分清委婉的命令抑或强制的命令，尽管有时从问话形式上是"你是否愿意……"，根据当下的语言游戏，你完全能理解这是一道命令，不是做亦可、不做亦可的请求，只不过是一道委婉的命令。"使命令成为命令，描述成为描述，或问题成为问题的东西——如我们已经说过的——是这些符号的说出在整个语言实践中所起的作用。"① 也就是说，"按照命题在语言游戏中所起的作用我们区别开了命令、问题、解释或描述，等等。"②

第三，生活形式决定语言表达式的意义。一个语言游戏的任一表达式所具有的意义取决于它在游戏中的使用。"实践产生了言词的意义"③，"一个语词在实践中的用法就是它的意义。"④ 人类生活是字词意义的根本源泉，只有在实践活动中，语词才获得其意义，也只有在实践活动中，我们才能理解意义。"一个语词的意义真的只是它的用法吗？难道它不是这个用法嵌入生活的方式吗？难道它的用法不是我们的生活的一部分吗？"⑤ 语词有意义，就在于它根植于我们的生活形式，在于它在我们的生活中被使用，离开生活实践，离开语言游戏活动，它是没有任何意义的。因而，我们应该"把句子当作工具，把它的意义看作是使用"⑥。"我已建议用'一个语词的使用'来代替'一个语词的意义'，因为'一个语词的用法'涵盖了'一个语词的意义'这个短语的大部分意义。因此，理解一个语词也就等于知道它的用法，它的应用。"⑦ "理解一个语句意味着理解一种语

①　《蓝色和棕色笔记本》，里斯编辑，布赖克威尔出版公司 1958 年版，第 102—103 页。(The Blue and Brown Books, ed. R. Rhees, Black-well, 1958)。

②　同上书，第 32 页。

③　维特根斯坦：《文化与价值》，Culture and Value（缩 CV.），第 124 页。

④　《蓝色和棕色笔记本》，里斯编辑，布赖克威尔出版公司 1958 年版，第 69 页。(The Blue and Brown Books, ed. R. Rhees, Black-well, 1958)。

⑤　《哲学语法》，里斯编辑，肯尼英译，布赖克威尔出版公司 1974 年版，第 65 页。(Philosophical Grammar, ed. R. Rhees, tr. A. Kenny, Blackwell, 1974)

⑥　《哲学研究》，安斯康英译，英国布莱克威尔出版公司 1953 年版；汤潮、范光棣译，三联书店 1992 年版；李步楼译，商务印书馆 1996 年版。Philosophical Investigations, tr. G. E. M. Anscombe Blackwell, 1953, §421。

⑦　《维特根斯坦 1930—1932 年剑桥演讲录》，德斯蒙德·李编辑，布赖克威尔出版公司 1980 年版，第 48 页。(Wittgenstein's Lectures, Cambridge, 1930 – 1932, ed. Desmond Lee, Blackwell, 1980)

言。理解一种语言意味着掌握一门技术。"① 而这种技巧就是要人们学习如何在生活实践中理解语言、使用语言。所以，生活形式是我们理解语言的基础。

第四，生活形式决定语言游戏的规则。游戏必须遵循规则，语言游戏所遵守的规则是由生活形式决定的。"如此地理解指示动作（即人们要按手指所指的方向走路），因而，遵守规则植根于人类的本性之中。"② "因此'遵守规则'也是一种实践"，或者说"……'规则'，……'遵守规则'等语词相关于一种技术、一种习惯。"③ 任何语言实践都是以特定的、历史的、被给予的、承继下来的、习得的风俗、习惯、制度、文化为背景、为前提的，任何语言游戏的规则或我们是否恰当地遵守了规则都只能在生活形式中得到检验。没有生活实践，也就没有规则，没有对规则的理解。

2. 生活形式的一致性

维特根斯坦曾在许多地方提到过"一致性"（Ubereinstimmung，agreement）这个概念。"一致性"可以从很多方面、很多角度去理解，但最根本的是生活形式的一致性。

维特根斯坦指出："语言现象是……以行为的一致为基础的。"④ "人们不是通过学会'一致性'这个词的用法而学会服从规则。相反，人们是通过学会遵守规则而学会'一致性'的意义。如果你想要理解'遵守规则'意味着什么，你就已经能够遵守规则了。"⑤ 语言游戏一定要遵守规则，而"遵守规则"意味着什么？意味着某种一致性。这种一致不但是对游戏规则、活动认知上的一致（即共识），解释框架的一致，最根本的是生活形式的一致。语言活动是否正确地遵守了规则，检验标准是一致的，这个标准就是

---

① 《哲学研究》，安斯康英译，英国布莱克威尔出版公司 1953 年版；汤潮、范光棣译，三联书店 1992 年版；李步楼译，商务印书馆 1996 年版。Philosophical Investigations，tr. G. E. M. Anscombe Blackwell，1953，§199。

② 《哲学语法》，里斯编辑，肯尼英译，布赖克威尔出版公司 1974 年版。Philosophical Grammar，ed. R. Rhees，tr. A. Kenny，Blackwell，1974，p. 94。

③ 《关于数学基础的评论》，赖特、里斯、安斯康编辑，安斯康英译，冯·布赖克威尔出版公司 1974 年版，第 346 页。Wittgenstein，Ludwig. Remarks on the Foundations of Mathematics. London，1956.［缩 RFM.］

④ 同上书，第 342 页。

⑤ 《关于数学基础的评论》，赖特、里斯、安斯康编辑，安斯康英译，冯·布赖克威尔出版公司 1974 年版，第 185 页。Wittgenstein，Ludwig. Remarks on the Foundations of Mathematics. London，1956.［缩 RFM.］

被给予的生活形式。语言游戏能得以进行，就在于某种一致性。"我们说，人们为了彼此进行交流必须在语词具有什么样的意义问题上达成一致。但这种一致性的标准不仅仅是定义（如实指定义）上的一致，而且也是判断的一致。对于交流来说，我们在相当大一部分判断上能达成一致这一点是非常重要的。"① 人与人之间需要交往、沟通、交流、倾诉、传递信息、表达思想，这就需要依靠语言；没有语言活动，很难想象人们之间的正常交往，也很难想象你以何种方式对他人发生影响。没有语言活动，一个人如何把一件事"告诉"给其他人，如何把你的思想"交流"给另一个人？而语言活动的进行则基于一致性，即只有在一致性的基础上，语言活动才得以进行，人们才能交流和沟通。"人们（例如数学家们）并不争论规则是否已被遵循。比如说，人们并不为此而打架，这也属于使我们的语言得以有效地工作（例如，给出一种描述）的那个框架。""为通过语言进行沟通，那就不仅要有定义的一致而且还要有（尽管这听起来很奇怪）判断上的一致。这似乎要废除逻辑，但却并非如此。——描述测量的方法是一回事，而获得并陈述测量的结果则是另一回事。然而我们所谓的'测量'部分地也是由测量结果中的某种恒常性所决定的。"② 关于命题的真假问题也是以生活形式为标准的，一个命题的真假不能依赖于意见的一致，而是生活形式的一致。"'那么你就是在说，人们的一致决定了何者为真，何者为假'——为真和为假的乃是人类所说的东西；而他们互相一致的则是他们所使用的语言。这不是意见上的一致而是生活形式的一致。"③ 而我们之所以能理解、解释某种陌生语言，也是基于某种一致性，"人类共同的行为方式乃是我们据以解释陌生语言的参考系。"④

维特根斯坦立足于人的活动、行为，从人的生活实践出发，考察语言，使其哲学具有语用哲学的本色，具有行动哲学的特征，语言不再是僵死的符

① 《关于数学基础的评论》，赖特、里斯、安斯康编辑，安斯康英译，冯·布赖克威尔出版公司1974年版，第343页。

② 《哲学研究》，安斯康英译，英国布莱克威尔出版公司1953年版；汤潮、范光棣译，三联书店1992年版；李步楼译，商务印书馆1996年版。Philosophical Investigations, tr. G. E. M. Anscombe Blackwell, 1953, §240, §242。

③ 《哲学研究》，安斯康英译，英国布莱克威尔出版公司1953年版；汤潮、范光棣译，三联书店1992年版；李步楼译，商务印书馆1996年版。Philosophical Investigations, tr. G. E. M. Anscombe Blackwell, 1953, §241。

④ 同上书，§206。

号，而变成了行动中的语言，使用中的语言，有生命的语言，有活力的语言。我们只有在语言的使用中才能理解语言，在生活中去"做"那些语言游戏，在语言游戏中去"过"生活；在生活中理解语言，在语言中体悟生活。

3. 没有理由的理由

维特根斯坦为语言游戏找到了一个奠基性的东西——生活形式。强调："必须接受的东西、给予我们的东西，乃是——人们可以说——生活形式。"① 生活形式对于语言游戏而言是"必须接受的"，是已经给定的东西。从这个意义上说，生活形式是先在的或在先的，而语言游戏则是后置的或在后的。当然，这里所说的生活形式是在先的或先在的，不是指独立于经验的先验性，不是简单僵化的时间先在性，而是指对于语言游戏而言的奠基性，生活形式本身仍然是可经验的。维特根斯坦指出，我们的经验命题无疑不都具有相同的地位，因为人们可以从中断定某个命题，并把它从经验命题变成一个描述准则。虽然从某种意义上说，生活形式也是一种语言游戏，但它是一种能为自身作出的行为。也就是说，生活形式作为语言游戏的基础，但却不存在语言游戏之外，基础只存在于奠基过程中。生活形式就像是一个由历史传统、习惯、信念积淀起来的"河床"，对语言游戏之水流而言，"河床"总是确定的，而水流总是流动的，尽管"河床"是因水流的冲积而形成的，但河床对水流的基础作用、奠基作用，是毋庸置疑的。所以维特根斯坦说："'我是怎样才能遵守一条规则的？'——如果这不是一个有关原因的问题，那么就是一个有关对我这样地按照这个规则而行事所作的辩护的问题。如果我穷尽了这种根据，我就挖到了坚硬的基岩，而我的铲子就弯了回来。这时我就会说：'我就是这样行事的。'（请记住：我们有时需要说明并不是因为其内容的缘故，而是因为其形式的缘故。我们的需要是一种建筑学的需要；说明有时只是一种不支撑任何东西的墙面装饰）"② 是的，我们的需要是一种建筑学意义上的，是一种奠基活动，是最终的根基。问题的提法不能是"我为什么要遵守一条规则？"而应该是"我怎样才能遵守一条规则？""我为什么……"

---

① 《哲学研究》，安斯康英译，英国布莱克威尔出版公司 1953 年版；汤潮、范光棣译，三联书店 1992 年版；李步楼译，商务印书馆 1996 年版，Ⅱ. 第 345 页。

② 《哲学研究》，安斯康英译，英国布莱克威尔出版公司 1953 年版；汤潮、范光棣译，三联书店 1992 年版；李步楼译，商务印书馆 1996 年版。Philosophical Investigations, tr. G. E. M. Anscombe Blackwell, 1953，§217。

是关于原因的解释或说明，它不起任何支撑作用，"我怎样才能……"则是辩护的，涉及根据、理由、基础。生活形式是最终的根基，是"原始—现象"，具有始源性，我们不要试图去做各种解释或说明，只要考察河水在河床上是怎样流动的，语言游戏是怎样围绕生活形式这个"轴"转的，"把这种语言游戏看作原初的东西。而把那些感觉等等看作说明，就像你把某种对待语言游戏的方式看作说明那样。"① 不要解释语言游戏，而要考察、关注语言游戏，不要想，而要看！解释总有尽头，当所有理由、根据用尽之时，就只有行动而没有根据。

生活形式对每个人来说都是先在的、必须接受的、被给予的、别无选择的。每个人都必须接受学习、训练和教育，任何活动都是在生活形式的基础上发生的。"遵守规则，作报告，下命令，下棋都是习惯（习俗，制度）。""理解一种语言意味着掌握一门技术。"② 学会遵守规则，适应生活形式，也就是学会生活，懂得生活；掌握一门技术，也就是掌握一种生活形式，在不同的生活形式中学会适应，并能适应生活形式的变化。

真的没有理由、没有根据吗？维特根斯坦认为，生活形式、行动就是我们的理由。生活形式、语言游戏就是最原始的、最终的东西，它本身无须理由而存在。这种没有根据的先在生活形式是一种建筑学意义上具有支撑作用的奠基性存在，它为语言提供辩护的基础，为其他命题提供根据。它无须理由，无须证明，生活原本如此。这种没有理由的理由就是最完整的理由，是最必要的理由，是最充足的理由，是最根本的理由，是语言游戏的最终根基——不是理由的理由即为最终的理由，无须证明的证明恰是最好的证明。

理论是灰色的，生活是多彩的。维特根斯坦立足生活，注重行动，意在引导人们关注生活，关注生活中的语言。践行语言的根基在生活，因此，不要追寻那形而上的东西，那是皇帝的新装；不要在那灰色的天空里上下沉浮，在那儿寻不到根基；让你的双脚踏上粗糙的地面，那是坚实的，足以为你奠基。置身于多彩的生活世界，回归生活，回归现实，关注"正在眼前的"，语言会获得活力，游戏会更精彩。

---

① 《哲学研究》，安斯康英译，英国布莱克威尔出版公司1953年版；汤潮、范光棣译，三联书店1992年版；李步楼译，商务印书馆1996年版，§656。

② 同上书，§199。

第四章 语用学的规则论——参与

维特根斯坦运思脱俗，提出了独具风格的语用学的规则论——参与，并独辟蹊径地探讨了遵守规则的悖论及消解悖论的方法问题。他认为遵守规则的悖论不是理性越界使用而导致的，而是理论在语言实践中的碰壁，也就是说，脱离语言游戏谈论遵守规则，只能陷入悖论。因此，消解悖论也只能通过实践——参与语言游戏。

语言游戏根植于生活形式，语言的意义就在于使用，也就是说，语言的意义是在语言游戏中形成的。表达式的功能、意义只有在语言游戏中寻找，而不应在语言游戏之外去寻找。语言的使用规定了"意义"，同时也使得"意义"对语言的使用提出了一种条件性限制，以防止语言的滥用。"意义"对语言的这种限制作用，也就是显示语言怎样被使用才是恰当的、可理解的，而不至于令人莫名其妙、莫名其言、莫名其意。从这个意义上说，"意义"就是语言使用的界限。这样，有无意义的问题就不再是真假问题，而转换成了语言使用的得当与否的问题。而判定语言用法得当与否，就必然牵涉语言使用规则问题。语言游戏者（无论言者还是听者）都必须在游戏中受制于某种规则。按维特根斯坦后期思想，这种规则应当是语言的用法规则，而不是语言学所研究的句法规则，尽管语言游戏并不排斥句法规则。语言游戏是一种使用语言的活动，是一种语言实践，是语言的用法实践，其规则也必然是一种用法规则，是语用规则。因此，遵守规则、理解规则，只能在于参与，参与语言实践，参与语言游戏。

维特根斯坦提出规则悖论，其目的简言之，就是力图再次把我们的目光、注意力引向生活，引向使用语言的活动，引向语用实践。

一　规则与游戏

（一）何以消解悖论

维特根斯坦指出："这就是我们的悖论：没有什么行为方式能够由一条规则来决定，因为每一种行为方式都可以被搞得符合于规则。答案是，如果一切事物都能被搞得符合于规则，那么一切事情也就都能被搞得与规则相冲突。因而，在这里既没有什么符合也没有冲突。"① 维特根斯坦提出遵守规则的悖论，意在强调遵守规则之于游戏的重要。这就把规则和游戏的关系问题摆在了我们面前。游戏必有规则，规则是游戏的规则，游戏是有规则的游戏，二者须臾不可分离。但按照哲学中的惯常思维，人们常常会进一步追问游戏与规则谁决定谁？谁依赖谁？谁在先？谁在后？语言活动既然是游戏，那么，自然也会有同样的问题。换言之，是语言游戏优先于规则？还是规则优先于游戏？我们是在"知道"或"学会"了这些规则的前提下才开始参加游戏的吗？抑或人们是在预先了解了规则，并且在游戏中自觉地、有意识地遵守规则的？我们常说，规则是行动的准则，规则又往往具有强制性，这就很容易引起人们对规则的误解，似乎语言游戏活动是从规则中逻辑地推导出来的，人们之所以能进行语言游戏，是因为其了解了规则，并有意识地按一定规则行事的结果。人们的思维似乎更惯于热衷于对因果联系的追索。我们如此这般地做事，如果视其为行动的结果，我们就总想为这种行为或行为的结果寻找解释、说明或原因——我们的一切行为都是按照规则的要求进行的，规则就足以解释我们行为的原因。然而，事情远没有这么简单。因果链条还在延伸。如果规则是游戏活动的原因，那么，我们为什么要遵守这条规则而不是那条规则？规则的原因又是什么呢？我们为游戏活动（行为）寻到了根据，也要为规则找到根据，即要寻找根据的根据。同时，这种论证方式，也暗示了规则是先于游戏的，然而，从我们践行语言、参与游戏的活动来看，这种论证无法令人满意。于是，维特根斯坦在观察了大量的使用语言的实际情形后，打破常

---

① 《哲学研究》，安斯康英译，英国布莱克威尔出版公司1953年版；汤潮、范光棣译，三联书店1992年版；李步楼译，商务印书馆1996年版。Philosophical Investigations，tr. G. E. M. Anscombe Blackwell，1953，§201。

规，独树一帜，提出了自己独到的见解：我们的一切行动都是按照规则的要求进行的，但我们却无法以这种规则去解释或说明我们行动的原因，因为那样我们就会得出原因确定规则的相反结论。按照维特根斯坦的观点，不是"为什么要遵守规则"的问题，而是"怎样才能遵守规则"的问题，遵守规则无需理由和原因。语言游戏是在我们不知道规则的前提下进行的，而我们又只能在遵守规则的条件下才能进行语言游戏。

维特根斯坦认为如果脱离语言游戏的实践活动，抽象地、孤立地、静态地谈论规则问题，就不可避免地出现规则与理由的对峙。如果将语言游戏与规则分离，到游戏之外找规则，就会陷入遵守规则的悖论。那么，要避免规则与理由的对峙，消解规则悖论，只有一条途径：训练与参与，即在参与语言游戏中感受规则，在训练和教育中理解规则，在活动和实践中遵守规则。

第一，参与游戏，遵守语用规则，悖论即可得以消解。规则与遵守规则的行动之间的关系是一种实践关系。"'遵守规则'也是一种实践。"① 语言游戏是一种活动，遵守规则也是一种实践，只有在语言游戏的实践中才能谈得上遵守规则，只有参与游戏才能搞清楚怎样才能遵守语用规则，掌握规则的方法不可能是某种解释，只能是遵守规则或违背规则的语言实践活动。对于规则，无须解释，只需行动。如果把解释规则、说明规则作为我们的出发点，那么就恰恰违反了语言游戏本身的要求。遵守规则完全是语言游戏本身的要求，因此，只有在语言实践中才能感受规则、显示规则，才能判定我们是否遵守了规则。也就是说，判定我们是否遵守了规则，并不取决于我们的理论解释或理性的说明、抽象的概括，而是取决于我们的语言游戏能否顺利进行。"我们应当说：任何解释以及它所解释的东西都是悬而未决的，因而不可能对被解释的东西给予任何支持。解释本身并不能确定意义。"② "能够在实践中被使用的规则就是好的规则。"③ 规则与游戏活动、语言实践是联系在一起的，这符合我们的生活实际。在游

---

① 《哲学研究》，安斯康英译，英国布莱克威尔出版公司 1953 年版；汤潮、范光棣译，三联书店 1992 年版；李步楼译，商务印书馆 1996 年版。Philosophical Investigations, tr. G. E. M. Anscombe Blackwell, 1953, §202。

② 同上书，§198。

③ 《哲学语法》，里斯编辑，肯尼英译，布赖克威尔出版公司 1974 年版。Philosophical Grammar, ed. R. Rhees, tr. A. Kenny, Blackwell, 1974, p. 282。

戏中，规则只能如此这样地被使用，而只有如此这样地使用（行动），才可以看作遵守了规则。离开语言活动，无所谓遵守规则问题，孤立地谈论遵守规则，是无意义的。规则就是在日复一日的实践中展示出来的。遵守规则作为一种实践，它就在语言游戏中，它是一个无需引导的自然的、自主的过程。"人们并没有感到他们非要等待规则的首肯。相反，对于规则接下来将要告诉我们什么我们并不感到提心吊胆。它总是告诉我们同样的东西，而我们则照它告诉我们的去做。"① 在这样的语言游戏活动中，动态地去考察遵守规则问题，本不存在什么悖论；悖论的出现，正是脱离了具体的语言游戏，违背了语言游戏本身的要求，而试图去对游戏、规则作理论解释或逻辑推理的结果。

第二，接受训练，掌握语用技巧，悖论即可得以消解。规则和遵守规则的行为之间存在着一种稳定的联系，建立这种联系是人们受到训练的结果。人们之所以能按照这样的方式使用规则、遵守规则，这样去行事，是因为一定的生活形式规定了规则的使用方式。规则只能在游戏中"这样地使用"。人们经过受教育、受训练，学会了"这样的"使用方式，学会了遵守规则，学会了如何游戏、怎样游戏。"遵守规则类似于服从命令。人们是被训练这样做的；人们是以特定的方式对命令作出反应的。"② "那么，我是不是用'规则性'来说明'命令'和'规则'呢？——我怎么向别人说明'规则的'、'一致的'、'同样的'的意义呢？——我可以对某个比如说只讲法语的人用相应的法语的词来说明这些词。但是，如果一个人还没有这些概念，那么，我就要用实例并通过实践来教他使用这些词。——而通过这样做，我就把我自己所知道的东西全部传达给了他。"③ 当我们训练一个人使其遵守规则时，应采用例示的方法，在具体的语境中、在具体的语言游戏中，"做"给他看，教他按照我所做的去做，通过这种方式的训练，就教会了他遵守规则，从而使他以特定的方式对"命令"作出反应。"人们不能猜测一个词是如何起作用的。只有去察看它的

---

① 《哲学研究》，安斯康英译，英国布莱克威尔出版公司 1953 年版；汤潮、范光棣译，三联书店 1992 年版；李步楼译，商务印书馆 1996 年版。Philosophical Investigations，tr. G. E. M. Anscombe Blackwell，1953，§223。

② 同上书，§206。

③ 同上书，§208。

使用并从中学习。"① 教育和训练为我们遵守规则所必需。人们之所以毫无迟疑地闻令而行，皆因他们经过训练和教育而获得了遵守规则的能力，掌握了遵守规则的技巧。理解一个句子意味着理解一种语言；理解一种语言意味着掌握一种技巧，这种技巧就是在活动中学会使用字词、遵守规则。"仅仅从技巧的角度我们才能抓住规则性。"② 从这个意义上说，遵守规则也就意味着掌握一种技巧。掌握了技巧就学会了使用语词，学会了语言游戏。"但是，归根到底，游戏应该是由规则来规定的。"③ 这种规则对游戏、对人们的行动的决定和规定，绝不意味着遵守规则的行为可以从规则本身逻辑地推导出来，因而，不能到人类使用语言的活动之外去找规则。规则不是外在地、先在地对人的活动产生影响，人们之所以能够把规则应用于自己的活动中，使自己在语言游戏中遵守规则，皆是教育和训练的结果。教育和训练是在实践中进行的，遵守规则是在活动中实现的。规则决定游戏只意味着游戏必须遵守规则，规则只有在游戏中才被遵守。回归生活，回归语言实践，才能消解悖论。

（二）何需理由

一切游戏皆有规则，规则就是那种控制游戏的东西，游戏规则具有绝对的约束力，对此不该存有丝毫的怀疑。遵守规则是保证游戏得以继续的根本，参加游戏就要遵守规则，遵守规则无需理由。有关遵守规则的论述在维特根斯坦后期哲学——语言游戏论中，具有十分特殊的地位，贝克和哈克甚至把这部分内容看作维特根斯坦语言哲学的核心内容。

维特根斯坦指出："没有什么行为方式能够由一条规则来决定，因为每一种行为方式都可以被搞得符合于规则。答案是，如果一切事物都能被搞得符合于规则，那么一切事情也就都能被搞得与规则相冲突。因而，在

---

① 《哲学研究》，安斯康英译，英国布莱克威尔出版公司 1953 年版；汤潮、范光棣译，三联书店 1992 年版；李步楼译，商务印书馆 1996 年版。Philosophical Investigations, tr. G. E. M. Anscombe Blackwell, 1953, §340。

② 《关于数学基础的评论》，赖特、里斯、安斯康编辑，安斯康英译，冯·布赖克威尔出版公司 1974 年版，第 303 页。Wittgenstein, Ludwig. Remarks on the Foundations of Mathematics. London, 1956. ［缩 RFM.］

③ 《哲学研究》，安斯康英译，英国布莱克威尔出版公司 1953 年版；汤潮、范光棣译，三联书店 1992 年版；李步楼译，商务印书馆 1996 年版。Philosophical Investigations, tr. G. E. M. Anscombe Blackwell, 1953, §567。

这里既没有什么符合也没有冲突。"① 这就是说，我们的一切行动都是按照某种规则进行的，但我们却无法用这种规则去解释或说明我们行动的理由，否则，我们将得出原因确定规则的相反结论。在这里我们看到的是规则与理由的对立。众所周知，要参加一种游戏，就必须遵守游戏规则，而要遵守游戏规则，就应该了解规则，我们的一切行动都由规则而起，都由规则约束着、控制着、左右着、规约着。从这一点来看，规则是行动的前提，规则是"如此行动"的理由，行动是规则的结果，即规则是先在的。然而，在实际生活中，我们并不是先学会了规则方行动，而常常是在游戏过程中才学会遵守规则，按照维特根斯坦的观点："当我遵守规则时，我并不选择。我盲目地遵守规则。"② 也就是说，我们往往是在不知道规则的情况下开始行动的，在语言游戏中，规则才能"显示"出来，我们才能了解规则，学会遵守规则。维特根斯坦指出："在我们论证的过程中，我们做了一个接一个的解释；似乎每一个解释至少都暂时使我们感到满意，然后我们又想到还有另外的解释在它的背后。仅仅从这一事实就可以看到，在这里存在着一种误解。这表明，存在这样一种对规则的理解：它并不是解释；而是在一个又一个的应用实例中显示在我们所谓的'遵守规则'和'违反规则'的活动中。因此，人们倾向于说：每一种根据规则而进行的活动都是一个解释。但是我们应当只用'解释'一词称呼下述活动：用规则的一种表达形式代替它的另一种表达形式。"③ 从这一点上说，规则就不是行动的前提，而是在行动中"显示"的结果；从这一意义上说，规则又不是先在的，而是在行动中、在游戏中存在的东西。这似乎使我们陷入了进亦不是、退亦不能的困境：我们只有遵守规则才能进行语言游戏，而我们却又往往是在不知规则为何物的情况下参与语言游戏的，这就是维特根斯坦著名的遵守规则的悖论。

维特根斯坦的遵守规则论所讨论的是语言哲学问题。按照维特根斯坦的观点，语词的意义在于使用，因此，说字词和某种东西相符合是毫无意义的。"思想、语言现在对我们来说显得是这个世界的一种独特的关联物，

---

① 《哲学研究》，安斯康英译，英国布莱克威尔出版公司 1953 年版；汤潮、范光棣译，三联书店 1992 年版；李步楼译，商务印书馆 1996 年版。Philosophical Investigations, tr. G. E. M. Anscombe Blackwell, 1953, § 201。

② 同上书，§ 219。

③ 同上书，§ 201。

一幅图画。下面这些概念：命题、语言、思想、世界——似乎是一个排在另一个后面而且彼此等值（但是，这些词现在用来做什么呢？我们还缺少应用这些词的语言游戏）。"① "思想为一个光轮所环绕。——思想的本质，即逻辑，呈现出一种秩序，而且是世界的先天秩序：也就是可能性的秩序，它对于世界和思想一定是相同的。但是，这种秩序看来一定是极其简单的。"② 这幅语言的图画虽然精致，却毫无意义。因为它脱离实际生活。在维特根斯坦看来，"他理解了"的意义不在于有某种心理过程的发生，而在于我们的日常生活中是如何使用的。在遵守规则的问题上，我们不需要寻求某种心理上的根源或理由。　"'我是怎样才能遵守一条规则的？'——如果这不是一个有关原因的问题，那么就是一个有关对我这样地按照这个规则而行事所作的辩护的问题。"③ 可见，维特根斯坦通过遵守规则的悖论，力图表明的是遵守规则的实际情况，人们如此这般地行事，——遵守规则，无须基于任何原因或理由。"怎样才能遵守规则？"回答只能是"如此这样就能遵守规则"。我们对规则的理解，只是在一个又一个的应用实例中显示所谓遵守规则，或违反规则。在生活中，我们只能按如此这样的方式去做，这种行事方式是合理的，是可以接受的。我们不需要寻找"为什么遵守规则"的答案，那是有关原因的问题，如果你试图寻找遵守规则的原因或理由，那么，"我的根据很快就会用尽。接着我将行动，没有理由。"④ "当然还有辩解理由，但是辩解理由也有个尽头。"⑤ "如果我穷尽了这种根据，我就挖到了坚硬的基岩，而我的铲子就弯了回来。这时我就会说：'我就是这样行事的。'"在维特根斯坦看来，"为证据提出理由根据并为之辩解终会有个尽头，但是其尽头并非某些命题直接让我们感到其为真，即不是来自我们方面的一种看，而是我们的行动，因

　　① 《哲学研究》，安斯康英译，英国布莱克威尔出版公司1953年版；汤潮、范光棣译，三联书店1992年版；李步楼译，商务印书馆1996年版。Philosophical Investigations, tr. G. E. M. Anscombe Blackwell, 1953, §96。

　　② 同上书，§97。

　　③ 同上书，§217。

　　④ 同上书，§211。

　　⑤ 《论确定性》，安斯康、冯·赖特编辑，保罗、安斯康英译，布赖克威尔出版公司1969年版。On Certainty, ed. G. E. M. Anscombe and G. H. von Wright, tr. D. Paul and G. E. M. Anscombe, Blackwell, 1969, §192。

为行动才是语言游戏的根基。"① 遵守规则的行为就是毫无理由的行为，"他必须毫无理由地走下去，但这并不是因为他不能掌握理由，而是因为（在这个体系中）不存在理由（理由的链条终结了）。"② 在遵守规则的活动中，我们不要有任何迟疑和困惑，不需要反思规则的理由，规则意味着什么，因为"'实际上所有的步骤都已采用'意味着：我已别无选择。规则一旦被印上一种特定的意义，就划出这样一些线来，在所有情况下我们都应按照它们来遵守规则。可是，如果这样的某种东西真的发生了，那么，它会对我有什么帮助呢？不；我的描述只有在被象征地理解时，才有意思。——我应当说的是：我就是这样想它的。当我遵守规则时，我并不选择。我盲目地遵守规则。"③ 我们就是按照我们所受到的如此这样的行事方式的训练去做的，遵守规则是一种实践，是习得的。"人们总是在机械地遵守规则。因而人们可以把这比作一种机械论。'机械地'意味着没有思维，但是完全没有思维吗？是没有反思。"④ 在生活中，人们的确能够毫无困难地遵守规则。恰当的根基就在于我们无须反思的行为，当我们服从规则时，我们别无选择，只是以盲目的方式、机械的方式服从规则，遵守规则，无须解释，无须引导，无须证明，无须理由，无须反思，对此我们不应产生任何怀疑，而且也是不可怀疑的。"因此，为了使你能够执行一项命令，就必须有某件不容你怀疑的经验事实。怀疑本身只依靠不容怀疑的东西。"⑤ "怀疑行为和不怀疑行为，只有有了第二种行为才会有第一种

---

① 《论确定性》，安斯康、冯·赖特编辑，保罗、安斯康英译，布赖克威尔出版公司1969年版。On Certainty, ed. G. E. M. Anscombe and G. H. von Wright, tr. D. Paul and G. E. M. Anscombe, Blackwell, 1969, §204。

② 维特根斯坦：《字条集》（缩 Z.），§301。

③ 《哲学研究》，安斯康英译，英国布莱克威尔出版公司1953年版；汤潮、范光棣译，三联书店1992年版；李步楼译，商务印书馆1996年版。Philosophical Investigations, tr. G. E. M. Anscombe Blackwell, 1953, §219。

④ 《关于数学基础的评论》，赖特、里斯、安斯康编辑，安斯康英译，冯·布赖克威尔出版公司1974年版，第422页。Wittgenstein, Ludwig. Remarks on the Foundations of Mathematics. London, 1956. ［缩 RFM.］。

⑤ 《论确定性》，安斯康、冯·赖特编辑，保罗、安斯康英译，布赖克威尔出版公司1969年版。On Certainty, ed. G. E. M. Anscombe and G. H. von Wright, tr. D. Paul and G. E. M. Anscombe, Blackwell, 1969, §519。

行为。"① 也就是说，"如果你想怀疑一切，你就什么也不能怀疑。怀疑这种游戏本身就预先假定了确定性。"② 而这不容怀疑的东西就是我们一切怀疑、一切信念、一切解释、一切证明、一切活动的基础。

维特根斯坦并不是休谟式的怀疑论者，他并不怀疑人类理性的能力，而恰恰相反，他对人类理性能力充满了自信，并给予了充分的确认——人们作为理性的语言游戏者，不需要为自己遵守规则的行为寻求某种原因或理由，它不需要理由，不需要证明，无可置疑。维特根斯坦提出遵守规则的悖论，就是为了消解理由和规则的对峙、理性与经验的对峙，为一切怀疑提供不可怀疑的基础，其目的在于让我们更多地关注日常语言活动，参与语言游戏。维特根斯坦在遵守规则的悖论中再次使哲学的目光投向实际生活。

（三）何以游戏

胡伊青加在《人：游戏者》一书中曾把破坏者与作假者做过一深刻比较，从而进一步说明规则之于游戏的重要性。破坏者即指游戏者违犯规则、忽视规则或无视规则；作假者是指游戏者在假装按规则玩游戏，或采取某种不正当手段对自己的行为进行遮蔽以使之貌似在遵守规则而游戏。人们往往对欺骗者（作假者）要比对破坏者宽容得多，原因就在于破坏者威胁到游戏团体及游戏的存在——其破坏了规则，蔑视规则的权威；而作假者或欺骗者仍相信规则的魔力，惧于规则的效力，慑于规则的权威。正因为其慑于规则的权威而又急于取胜，方不择手段——欺骗或作假，而不是破坏，不是无视规则。因此尽管很多游戏超出了善恶的领域，但就其对游戏者机敏的一种考验而言，仍旧赋予了游戏者某种伦理价值、勇气、耐力、应变能力、某种精神——光明正大，即尽管其渴求取胜，但却恪守游戏规则。可见，游戏对秩序、对规则的要求是最高的，或者说是绝对的。没有规则，就没有游戏；违反规则，游戏就无法进行；破坏了规则，就破

---

① 《哲学研究》，安斯康英译，英国布莱克威尔出版公司 1953 年版；汤潮、范光棣译，三联书店 1992 年版；李步楼译，商务印书馆 1996 年版。Philosophical Investigations, tr. G. E. M. Anscombe Blackwell, 1953, §354。

② 《论确定性》，安斯康、冯·赖特编辑，保罗、安斯康英译，布赖克威尔出版公司 1969 年版。On Certainty, ed. G. E. M. Anscombe and G. H. von Wright, tr. D. Paul and G. E. M. Anscombe, Blackwell, 1969, §115。

坏了游戏世界本身。

维特根斯坦指出："我称之为'他据以进行的规则'是什么？——是这样一个假设，该假设令人满意地描述了他对词的使用，这种使用我们是观察到的？或者是这样一个规则，这个规则是他在使用记号时所查找的？或者是当我们问他他的规则是什么时他给我们的回答？——但是，如果观察不能使我们看到任何清楚的规则而提问也没有给任何事情带来光明，那又该怎样呢？——因为当我问他他把'N'理解做什么时，他的确给了我一个定义，但他又随时准备收回或改变这个定义。——所以，我该怎样来确定他据以进行游戏的规则呢？他自己都不知道这规则。——或者，更好些：'他据以进行的规则'这个表达在这里还能说些什么？"① 对于规则的理解，不是一种解释，我们无法看到规则本身，即便是游戏者本人也是在不知道何为规则的前提下进入游戏的，规则或遵守规则只能在一个又一个应用实例中显示出来，在一个又一个具体的语言游戏中显示出来——我们就是这样做的。"毫无疑问我现在想要下棋，但下棋之为棋类游戏则有赖于它的全部规则（等等）。……'让我们下盘棋'这个表达的意思和棋类游戏的所有规则之间的联系是在哪里实现的？——在游戏的规则表中，在教人下棋的活动中，在日复一日的下棋的实践中。"② 显然，维特根斯坦以下棋为例，阐明了规则与游戏的关系。下棋之为棋类游戏有赖于它的全部规则，语言游戏之所以为语言游戏也同样有赖于它的全部规则。没有规则，也就没有游戏。"让我们下盘棋"以及棋类游戏的所有规则是在哪里实现的呢？维特根斯坦非常肯定地指给我们：在游戏的规则表中，在教人下棋的活动中，在日复一日的下棋的实践中。同理，遵守规则只能在语言游戏的实践中才能办到，规则也只有在游戏中才能显示出来。我们只有在游戏中才能学会遵守规则，规则不是预先习得的，而是在语言游戏中习得的。"只有当规则包含在使用中时，我们才对那些被用来教导我们，后来又被我们使用的规则感兴趣。规则就其使我们发生兴趣来说，绝不是在远

---

① 《哲学研究》，安斯康英译，英国布莱克威尔出版公司1953年版；汤潮、范光棣译，三联书店1992年版；李步楼译，商务印书馆1996年版。Philosophical Investigations, tr. G. E. M. Anscombe Blackwell, 1953，§82。

② 同上书，§197。

处起作用。"① 规则决定人们的行动、成为行动的准则只意味着它被直接运用于游戏之中，运用于活动中，不要到游戏之外寻规则，不要到规则以外找游戏；规则即在游戏中，在游戏中被遵守，在游戏中被显示。提出规则与游戏谁先谁后的问题，是幼稚的、可笑的、肤浅的，那是脱离语言游戏实践的结果，那只能使人陷入规则的悖论，陷于鸡与蛋孰先孰后的魔圈。

强调活动，注重活动，确为维特根斯坦的一贯思想和主张。在他的早期代表作《逻辑哲学论》一书中，他就提出"哲学不是理论而是活动"。早期维特根斯坦由于不满意于日常语言而试图建立一种理想的人工语言，从而过分强调了逻辑形式在语言活动中的作用，这使他在早期始终驾驶着逻辑分析的战车，拼杀、徘徊在理想的逻辑的语言世界。后期的维特根斯坦，则弃掉逻辑分析的战车，使自己的双脚踏上了粗糙的地面，义无反顾地投身到日常语言的活动中，陶醉在实际的语言游戏中，细细地品味语言游戏的乐趣和生活的意义。

维特根斯坦提出的规则悖论，目的不在于怀疑，而在于消解怀疑。即为一切怀疑提供不可怀疑的基础，也就是为践行语言游戏求得一个坚实的基础。语言游戏就是人类社会生活的一个组成部分，践行语言，使用语言，无需根据，无需理由，人类使用语言的能力是毋庸置疑的。同时，维特根斯坦也是通过规则悖论力图表明遵守规则也是一种实践，只有在语言游戏活动中才能遵守规则，"不学任何明确的规则，只靠实践就能学会游戏。"② 维特根斯坦的规则悖论从语言游戏活动出发，努力清除有碍游戏得以继续的一切障碍，让人们关注语言游戏的活动性、非推理性。放弃静观的思辨，远离抽象的分析，告别反思的哲学，树立"参与"意识，坚持语用，在生活中、在语言游戏中，理解意义，体味人生，实现价值。

二　规则与理解

维特根斯坦从语言游戏论出发，提出了有关遵守规则的问题，确立了

---

① 《蓝色和棕色笔记本》，里斯编辑，布赖克威尔出版公司 1958 年版。*The Blue and Brown Books*, ed. R. Rhees, Black-well, 1958, p. 14。

② 《论确定性》，安斯康、冯·赖特编辑，保罗、安斯康英译，布赖克威尔出版公司 1969 年版。On Certainty, ed. G. E. M. Anscombe and G. H. von Wright, tr. D. Paul and G. E. M. Anscombe, Blackwell, 1969, §95。

其独特的语用规则论——参与。强调遵守规则只能在语言游戏中实现，脱离语言游戏而静观规则，不仅于事无补、徒劳无功，反而要陷入进退两难的境地——悖论。但怎样才能遵守规则？这就涉及对"理解"如何理解的问题。就一定意义而言，维特根斯坦所阐述的有关遵守规则的问题，实际上也就是理解的问题。

维特根斯坦认为，理解是一个自然的、直接的、无中介的过程，理解需要天赋。正如亚里士多德所言：人出于天性求理解。只有那些人们有所理解地去遵守的东西才能被称作规范。由于理解是一个自然过程，因此，尽管理解需要训练，但理解不等于训练。遵守规则是一种行为而不是一种解释。我们可以并且通常也是直接去理解意义的，而不需要任何解释和说明。所以，维特根斯坦反对那种认为只有通过解释才能理解意义的观点。因为解释虽然可以消除误解，但不能消除一切误解的可能性；正因为理解是天然的，所以我们才可以消除误解、消除一切误解的可能性，从而走向真正的理解。自然理解没有终极标准。

维特根斯坦关于自然理解的思想，具有重要的理论价值，这一思想对西方哲学的发展具有根本性的影响，这种影响已远远超出语言哲学的领域。

（一）理解与使用

怎样才能遵守一条规则呢？——这样地按照这个规则而行事。就是说，规则是一种规定了语词的用法条件、场合、意义及使用标准、使用方法的东西。而"理解"、"知道"的问题就是语言用法的掌握问题。理解一个表达式，知道一个公式，就是要掌握它们的用法，按照某种合适的、得当的用法去使用它们。

理解不是一种内在的心理活动，而是语言使用问题。传统的认识论有一个理论上的假设，认为知道一个事物或拥有这个事物的知识，是人的内在的精神过程，"理解"是由人的心理过程所决定的。按照这种观点，我们理解了一个数字系列，就是记住了这个数字系列，而且总是以为在我们记住一个数字系列的背后会有某种可以被称为"理解"的精神过程发生，并致力于寻找这一过程。结果如何呢？"我们试图把握理解的精神过程，它好像隐藏在那些比较粗糙因而比较容易见到的附属现象的背后。但我们没有成功。""当我说'现在我理解了'，因为我已理解了，此时这种理解过程怎么能隐藏着呢?! 如果我说它是隐藏着的——那么, 我怎么知道我该寻求的是什么?"① 心理过程是一个极其复杂的过程, 如果把理解看作心理过程的话, 我们如何判定理解或不理解呢? 我们有什么理由把这一种心理过程看作理解, 而把其他过程看作不理解呢? 我们怎么区别正确理解与错误理解呢? "即使假定我们发现了在所有那些理解的实例中都发生的某种东西, ——但为什么它就应当是理解呢?" "对于理解而言存在着一些能表征它的过程, 在这个意义上说, 理解不是一种精神过程。" "根本不要把理解设想为一个'精神过程'。"② 维特根斯坦并不否认有一个心理领域, 也不否认"理解"时会伴随某种精神过程、心理过程, 但认为理解本身却不是心理过程。因为任何一种心理过程都不能成为我们是否理解的判据。

那么, "理解"是什么呢? "'B 理解了这个序列的原则'肯定不是简单地指: B 想到了公式'$a_n = \cdots\cdots$'。因为完全可以设想, 他想到这个公式, 但他却仍然没有理解。'他理解了'所包含的东西一定比他想到这公式要更多些。我是否理解了'或许'这个词? ——我如何判断我是否理解? 那就是这样: 我知道怎样使用它, 我能对某人说明它的使用, 例如用一个虚构的情节来描述它。我可以描述它的使用情况, 它在句子中的地位, 它在讲话中的声调。"③ 所以, "理解本身是一种状态, 正确的使用乃是由之而生的。" "应用仍然是理解的判据。"④ 判断一个人是否理解了语句, 只能根据此人能否正确地使用它或对这个语句所做的反应。在语言活动中, 我们之所以能正确地使用语句或能对某个语句作出相应的反应, 就在于我们理解了这个语句。例如, 如果 B 听到了命令之后, 并能按照命令去做, 即表明 B 理解了命令。所以, 理解不是心理活动过程, 而是语句的使用过程。人们之所以会被"知道"、"意味"这样的语词引入歧途, 就

---

① 《哲学评论》, 里斯编辑, 哈个里弗斯、怀特英译, 布赖克威尔出版公司 1975 年版。Philosophical Remarks, ed. R. Rhees, tr. R. Hargreaves and R. White, Blackwell, 1975, §153。

② 《哲学研究》, 安斯康英译, 英国布莱克威尔出版公司 1953 年版; 汤潮、范光棣译, 三联书店 1992 年版; 李步楼译, 商务印书馆 1996 年版。Philosophical Investigations, tr. G. E. M. Anscombe Blackwell, 1953, §154。

③ 《哲学语法》, 里斯编辑, 肯尼英译, 布赖克威尔出版公司 1974 年版。Philosophical Grammar, ed. R. Rhees, tr. A. Kenny, Blackwell, 1974, p. 20。

④ 《哲学研究》, 安斯康英译, 英国布莱克威尔出版公司 1953 年版; 汤潮、范光棣译, 三联书店 1992 年版; 李步楼译, 商务印书馆 1996 年版。Philosophical Investigations, tr. G. E. M. Anscombe Blackwell, 1953, §146。

在于把"理解"、"知道"看作是一种奇妙的心理过程。"由于我们不理解词的使用，我们便把它当作是对一种奇妙的心理过程的表达。"① 理解一个表达式，知道一个公式，就是要掌握它们的用法，按照某种合适的、得当的用法去使用它们。如果我们要遵守规则，那么我们就必须能够理解规则。"理解了规则"才意味着"我会这样地闻令而行了"；"遵守了规则"就意味着在活动中我能恰当地、这样地行事了。如果一个人"不理解"、"不了解"、"不知道"一个语词、公式或定理，那么这个语词、公式或定理对这个人来说或在这个人看来，什么意义也没有，这个人也不能用这个语词、公式或定理做什么；如果一个人自以为他"理解"了这个语词、公式或定理，他就会把某种意义赋予这个语词、公式或定理，并按他"自以为理解"的去使用它们，但他做得并不正确，这即显示他并没有真的会"玩"某种游戏，他并没有遵守规则；如果一个人"理解"了这个语词、公式或定理，他就会把某种意义归属于这个语词、公式或定理，并按照规则去使用它们，且他做得是对的，这意味着他已掌握了这个语词、公式或定理的使用标准和使用方法，已经会"玩"某种游戏了，或者说，他在游戏中遵守了规则。所以，"理解"意味着学会正确地使用，"理解"意味着能够遵守规则地参与语言游戏。

（二）理解与遵守

遵守规则和理解规则是同一过程的两个方面。遵守规则不能是一次的，理解也绝不是一次的；遵守规则意味着掌握一种技巧，理解也意味着掌握一种技巧，获得一种能力；遵守规则需要训练与参与，理解同样需要训练与参与。所以，能够遵守规则而游戏，也就意味着理解了一种语言；而"理解了"语言，也就能够正确地使用语言，遵规而行，参与游戏。

理解是要取得一种能力。"'知道'一词的语法显然是同'能够'、'可能'这些词的语法密切相关的。但是，也同'理解'一词的语法密切

---

① 《哲学研究》，安斯康英译，英国布莱克威尔出版公司1953年版；汤潮、范光棣译，三联书店1992年版；李步楼译，商务印书馆1996年版。Philosophical Investigations, tr. G. E. M. Anscombe Blackwell, 1953, §196。

相关（'掌握'一种技术）。"① 这就是说，理解是一种能力，这种能力的取得就意味着人们掌握了一种技巧——一种在生活中使用语言的技巧。理解一个表达式、一个公式、一个定律、一个语句等，都是要掌握它们在其"老家"的用法。如计算也是一种技巧，掌握了计算的技巧，就能按某种计算规则进行计算，也就说明其理解了计算规则；或者反过来说，只有理解了计算，才会具有计算能力。所以，"理解"、"知道"是某种行为能力的一部分。如果不能够从事某种行为，就谈不上理解了某种语词。

理解作为一种能力是通过学习和训练而获得的。维特根斯坦以老师教学生写 0 到 9 这一数列为例，"让他理解这个系列的可能性将取决于他继续独立地写下去。"② "经过教师的一定努力，他把这一序列正确地继续了下去，也就是说，就像我们在写那样。此时，我们就可以说，他掌握了这个数列。"③ 也就是说，经过教师的"教"，这个学生的"学"，这个学生终于理解了这个数列，取得了正确地写下这个数列的行为能力。"对语言的理解就像对一种语言游戏的理解一样，好像是一个特定句子从中获得意义的背景。——但这种理解，这种对语言的知识，不是一种伴随着这种语言的句子的意识状态，即使它的结果之一是这种状态，它也不是。它更像理解和掌握一种演算，你做乘法的能力那样的东西。"④ 而这种能力的获得往往不是一次的，即训练、参与不能是一次的。遵守规则既然是一种习俗，而任何习俗都必然有一种相对稳定的行为模式或行为方式。在我们的实际生活中，遵守规则、作报告、下命令、下棋、做游戏等都有较为固定的模式，仅仅一个报道只单独一次被报告，仅仅一个命令只单独一次被下达，即被理解，这是不可能的。就像有一天某个人发明了一种游戏，但在人类从未玩过任何游戏的背景下，人类会很快接受它吗？"只有存在着对

① 《哲学研究》，安斯康英译，英国布莱克威尔出版公司 1953 年版；汤潮、范光棣译，三联书店 1992 年版；李步楼译，商务印书馆 1996 年版。Philosophical Investigations, tr. G. E. M. Anscombe Blackwell, 1953, §150。

② 同上书，§143。

③ 同上书，§145。

④ 《哲学语法》，里斯编辑，肯尼英译，布赖克威尔出版公司 1974 年版。Philosophical Grammar, ed. R. Rhees, tr. A. Kenny, Blackwell, 1974, p. 12。

路标的有规则的使用，存在一种习惯时，一个人才按路标走。"① 理解也绝不是仅有一次的活动，不是一个人在他的一生中只能做一次的事情。理解是需要多次重复的活动，而这种多次重复就是一种学习和训练的过程，也就是说，理解也是在活动中经过训练、参与达到的。所以，遵守规则和理解规则都是在人类的语言活动中实现的。"在复杂的背景下，我们称为'遵守规则'的东西，如果它孤立存在的话，我们绝不能这样称呼它。"② 理解规则和遵守规则的活动都是一种掌握技巧的活动，它就体现在人们的活动的合规则性和可重复性上。

"仅仅从技巧的角度我们才能抓住规则性。"③ 理解一个句子意味着理解一种语言，理解一种语言意味着掌握一种技巧，获得一种能力，而这种技巧和能力就是在语言活动中、在语言游戏中能够正确地使用语词，遵守规则，亦即掌握了语用规则，"知道"怎样游戏。

（三）理解与约定

人们通过语言而达到的理解何以成为可能？理解是一种心理活动吗？是否存在"理解了……"的判据？是否存在人们之间相互理解的基础？关于理解的问题，维特根斯坦在《哲学研究》等后期著作中进行了认真的讨论，特别是维特根斯坦在反对私人语言的论证中，表达了他对"理解"的理解。众所周知，维特根斯坦关于反对私人语言的论证一直受到许多哲学家的批评，而经过仔细研究，就不难发现，这些批评大都涉及一个问题——对语言的理解问题。维特根斯坦正是在对私人语言的批判中，走出了心身二元的困境，摆脱了主客二元的对峙，冲破了传统认识论的观念。"理解"不再是一种内在的心理活动，而是获得一种能力，从而为"理解"确立了可靠的标准——语言的使用和约定。

规则不能私人地遵守，理解也不是单向的。遵守规则不仅不是历史上一个人仅仅有过的一次行为，而且它也不是历史上只有一个人私自施行过

---

① 《哲学研究》，安斯康英译，英国布莱克威尔出版公司 1953 年版；汤潮、范光棣译，三联书店 1992 年版；李步楼译，商务印书馆 1996 年版。Philosophical Investigations, tr. G. E. M. Anscombe Blackwell, 1953, §198。

② 《关于数学基础的评论》，赖特、里斯、安斯康编辑，安斯康英译，冯·布赖克威尔出版公司 1974 年版，第 335 页。Wittgenstein, Ludwig. Remarks on the Foundations of Mathematics. London, 1956. ［缩 RFM.］

③ 同上书，第 303 页。

的哪怕是重复了多次的行为。一个人不能私自地遵守规则。"认为自己在
遵守规则并不就是遵守规则。因而，人们不可能'私人地'遵守规则；否
则，认为自己在遵守规则就会同遵守规则是一回事了。"① 既然遵守规则是
一种习俗，习俗就具有社会性和公共性，因此它不可私自地被遵守；同
时，私自地遵守规则，意味着规则是私自确立的，并独立地使自己的行为
与私人规则一致，而这是无意义的。你怎么知道你遵守了规则呢？同时，
如此使用"规则"一词并不符合日常语言的使用习惯，因为规则总是以游
戏参与者的共同遵守为前提的。你无法证明你自己的确遵守了规则，别人
也无法知道这一点。"我当然可以给我自己建立一条规则并遵守它。但是，
难道它不是仅仅因为与人类交往中一般被称为'规则'的东西的相似性才
被称为规则的吗？"② 因此，"私人规则"的说法与"规则"的本性是相悖
的，规则中就包含了遵守规则的行为及公认的判据，如果脱离了公共可测
度，就等于没有规则。所以，规则不具有私人性，因而不能私人地遵守。

　　理解同样是相互的，而不是单向的。语言是一种工具，是一种交流的
工具，语言存在的必要条件仅仅在于它的可能的社会性，在于它的人际交
流的可能性，而不是它的现实性。维特根斯坦认为"如果语言要成为一种
交流的工具就不但有定义上的一致，而且也要有（无论这听起来多么奇
怪）判断上的一致"③。而私人语言既不具有定义上的一致性，也不具有判
断上的一致性，因而，私人语言是不可交流的、不可理解的。维特根斯坦
对私人语言的反对，使相互理解成为可能。而要实现相互理解，游戏参与
者就必须使用共同的语言，即遵守相同的语法规则。人类共同的行为方
式、共同的生活形式是相互理解的基础。"我可以说：必须首先对一种语
言已有大量了解，才能理解那种定义。理解那种定义的人必须已经知道，

---

①《哲学研究》，安斯康英译，英国布莱克威尔出版公司 1953 年版；汤潮、范光棣译，三联书
店 1992 年版；李步楼译，商务印书馆 1996 年版. Philosophical Investigations，tr. G. E. M. Anscombe
Blackwell，1953，§202.

②《关于数学基础的评论》，赖特、里斯、安斯康编辑，安斯康英译，冯·布赖克威尔出版
公司 1974 年版，第 334 页. Wittgenstein，Ludwig. Remarks on the Foundations of Mathematics. London，
1956.［缩 RFM.］

③《哲学研究》，安斯康英译，英国布莱克威尔出版公司 1953 年版；汤潮、范光棣译，三联书
店 1992 年版；李步楼译，商务印书馆 1996 年版. Philosophical Investigations，tr. G. E. M. Anscombe
Blackwell，1953，§242.

这些词应该放在什么地方，它们属于语言中的什么部分。"① 语言的目的是表达思想，达到交流。共同的语言使游戏者存在于一个共同体之中，在这种共同体中所进行的语言游戏才能实现相互理解。

维特根斯坦对业已存在的现实生活、语言实践给予了充分的肯定，并充分揭示了语言的公共性、交流性、约定性。语言的游戏规则就是一种约定，遵守规则就是遵从约定。而对于每个个体而言，一来到世上，就接受了不得不接受的、被给予的生活形式，就处在一个语言共同体之中。也就是说，对个人而言，语言共同体是先在的、别无选择的；共同体中所使用的语言也是先在的、预设的。一个人必须首先对已预先设定的一种语言有了大量的了解，知道了语言的约定，才能理解那种定义，理解这个表达式，理解规则。只有在语言游戏中，才能遵守已有的语言规则和习惯，才能相互交流、相互理解。我们不能站在语言游戏之外去使用语言，也不能站在语言游戏之外去谈遵守规则，更不能站在语言游戏之外去理解语言。

规则和理解是紧密相关的，或者说，遵守规则需要理解，而理解的目的是遵守规则而游戏。所以"我理解了"就相当于"我会做了"。如果我们要遵守规则，那么，我们就必须能够理解规则，理解了一种语言，理解了一种表达式，理解了规则，也就掌握了一种技巧，取得了一种能力，才能知道如何使用语言，才能表达你想表达的，描述你想描述的，传达你想传达的。当然，至于你表达的背后躲藏着什么，描述的下面隐埋着什么，并不重要，因为这是语言问题，而不是事实的问题。语法规则不是真假的问题，而是得当与否的问题。只要你遵守了规则，就表明你理解了规则，理解了游戏而参与语言游戏的游戏者们（如听者和观者）与你也就自然达到了相互理解。

三 规则与意义

按照通常的语言学和逻辑语义学的观点，表达式的意义在于指称某种对象及其性质。即"每一个词都有一种意义。这种意义与这个词相关。它

---

① 《哲学语法》，里斯编辑，肯尼英译，布赖克威尔出版公司 1974 年版。Philosophical Grammar, ed. R. Rhees, tr. A. Kenny, Blackwell, 1974, p. 24。

就是这个词所代表的对象"①。这就是意义的指称模型。而维特根斯坦在
《哲学研究》一开篇，即对这种意义指称说进行了清算，提出了用法本身
就是意义的语用意义模型。也就是说，表达式的意义应该在相应的语言游
戏中去寻求，而不应在相应的语言游戏之外去寻求。强调语词的用法，就
不能脱离语词的使用规则；语词的意义在于其据以使用的规则。怎样使用
语词是有标准的。游戏是有规则的，遵守规则，恰当地使用了语词，语言
游戏才能正常进行下去。

语法规则规定了语词的使用标准、使用方法，它实际是一种用法规
则，而意义即使用，则意味着在我们生活的世界中，根本不存在先定的意
义。脱离语言实践，意义就不存在；用法不同，其意义也不同。

（一）一种规约　两种视角

游戏必有规则，规则保证了游戏的进行，规则是对游戏的限制。维特
根斯坦提出语言游戏的语用意义观，即语言的使用规定意义，语用决定意
义，而这同时也意味着"意义"对语言的使用同样具有一种限制作用，即
"意义"是语言使用的一种条件性限制。因为语言使用的宗旨在于达到主
体间的某种沟通、交流、表达、倾诉、命令、报告、陈述……即语言使用
的宗旨在于"有意义"地言说了什么。很难设想这样的情形：语言游戏的
游戏者之间遵守不同的规则去玩同一个游戏，彼此之间言说着莫名其妙
的、互相不能"领会"、"知道"、"理解"的话语。果真如此，那他们就
不是语言游戏者，如果你愿意，也许可以把他们称为正在胡言乱语的说话
者，或者说，他们发出了一些毫无意义的声音。如果我们能允许这种情形
存在，那就丧失了语言使用的宗旨。语言是用于交流和表达的，那么，只
有遵守规则地使用了语词，才是得当的、恰当的。得当地使用的语词才是
有意义的。一个没有任何应用标准的语词是不可想象的；一个没有任何使
用规则的语言游戏同样也是不可想象的。通过对语词的使用我们就会发现
语词的意义也同样是有标准的。所以，规则是对游戏的限制，意义是对语
言使用的限制，二者具有如此的家族相似性，以至于我们甚至可以说，意

---

① 《哲学研究》，安斯康英译，英国布莱克威尔出版公司 1953 年版；汤潮、范光棣译，三联书店 1992 年版；李步楼译，商务印书馆 1996 年版。Philosophical Investigations，tr. G. E. M. Anscombe Blackwell，1953，§1。

义是规则，是我们是否正确使用语词的规则。理解意义就意味着我们能够得当地、正确地、恰到好处地使用语词。因而，意义在语言游戏中是作为正确使用语词的标准发挥其作用的；而遵守规则进行的语言游戏则意味着我们得当地、正确地、恰到好处地使用了语词，因而使得语词获得了意义。所以，"意义"、"规则"都是对语言使用提出的一种条件性限制，是对语言使用的一种规约，都要求游戏者在游戏中得当地、正确地使用语言。只是视角不同。其目的都是防止语言的滥用，从而实现语言使用的宗旨。也就是说，不论是从游戏的角度，还是从意义的角度，规则说到底都是一种语用规则，这种语用规则是对参与语言游戏的游戏者（言者和听者）的某种限制，否则，我们将无法知道什么叫得当、正确，什么叫不得当、不正确。这种规则是语法规则，是语言使用规则，是用法规则。

（二）两种规则　两种层次

一提到"语法"，人们很自然地就想到句法结构，即通常语言学或逻辑语义学对语言的句法分析意义上的语法。而维特根斯坦所强调的语法规则则不是句法规则，而是用法规则。为此，维特根斯坦区分了"表层语法"和"深层语法"。"在词的使用中，人们可以区分开'表层语法'与'深层语法'。"[1] 表层语法就是指句子的形式方面，是句子构造规则的语法，是句法规则或结构语法，这种句法规则即语言学或逻辑语义学所研究的语法；而深层语法是指语言使用的规则，是语词的用法规则，或称为语用规则，或语用语法。由于维特根斯坦把语言游戏看作是一种活动，是一种使用语言的实践，即语言的用法实践，因此，维特根斯坦所强调的语法是一种深层语法而非表层语法，是用法规则而非句法规则，是语用语法而非结构语法。所以维特根斯坦所说的语法不是通常语言学或逻辑语义学所说的语法。

语言游戏并不排斥表层语法或句法规则，然而，表层语法这种句法规则极易引起人的误解，因为"在一个词的使用中，给予我们最为直接印象

---

① 《哲学研究》，安斯康英译，英国布莱克威尔出版公司 1953 年版；汤潮、范光棣译，三联书店 1992 年版；李步楼译，商务印书馆 1996 年版。Philosophical Investigations, tr. G. E. M. Anscombe Blackwell, 1953, §664。

的东西乃是它被用于构造语句的方式。"① 从表层来看，说"我不知道我牙痛"和"我不知道他牙痛"在逻辑上讲或在结构上看，这两个句子没有什么区别；再如，"这块铁是木头的"与"这个人是勇敢的"从语言学意义的语法上说它们都是正确的。然而，从深层语法——用法规则来看，它们是有区别的，"我不知道我牙痛"是荒谬的，而"我不知道他牙痛"是有意义的；"这块铁是木头的"是错误的、无意义的，而"这个人是勇敢的"是有意义的。因为，在我们的生活世界"我不知道……牙痛"的意义取决于它所出现的情景中，取决于具体的语言使用语境，而"铁"和"木头"等语词不是如此那般使用的。语词的用法是由深层语法决定的，即由生活形式决定的。在我们的生活世界，语词如此这般地被使用，它们也就只能如此这般地被使用；否则，违背了这种使用规则，不符合这种语法规则（用法规则），将是荒谬的、无意义的。

（三）得当与否的语用标准

在维特根斯坦看来，虽然语言游戏不排斥句法规则，但对于语言游戏而言，句法规则并不是任何语词的使用都必须具有的。也就是说，并不是任何语词的使用都必然符合逻辑的结构语法。但任何语词的使用却都必须符合语法规则（用法规则）。用法规则即由生活形式所决定的，它是语言游戏中所必须具有的根本的东西。例如，歌曲中常见的一些词："噢来噢，噢咿呀咿呀"、"呼儿海呀"、"海呀，依儿呀，哎海哎海依儿呀"等，我们往往无法确定其词类，但你却既不能说它不符合语法规则，也不能说它无意义，因为它在特定的语境中，的确是有实效的，它或抒情或感叹，它渲染了某种情调，它起了某种作用。它符合使用规则，且是得当的，在我们的生活世界，它就是如此这般地被使用的，尽管你无法说清它的结构或词类。还有些语词、短语或句子，单独地看、孤立地看、表面地看，可能莫名其意，甚至是错的——不符合句法规则，如现代新新人类的很多新新语言，英汉相间，简缩相杂，"酷毙了"、"帅呆了"、"你真 ZZDQ（自作多情）"、"嗷嗷的（非常的、特别的、棒极了的）"、"TIME 匆匆（时间匆

---

① 《哲学研究》，安斯康英译，英国布莱克威尔出版公司 1953 年版；汤潮、范光棣译，三联书店 1992 年版；李步楼译，商务印书馆 1996 年版。Philosophical Investigations, tr. G. E. M. Anscombe Blackwell, 1953, §664。

匆）"、"PMP（拍马屁）"等，当你把它放到它所出现的生动的语言游戏中，它就获得了鲜活的生命，它可能是一个幽默，可能是一个讽刺，可能是一声赞叹……它是那么的恰如其分。

理解意义就意味着我们能够得当地、正确地、恰到好处地使用语词。因而，意义在语言游戏中是作为正确使用语词的标准发挥其作用的，而遵守规则进行的语言游戏则意味着我们得当地、正确地、恰到好处地使用了语词，因而使得语词获得了意义。

（四）两种判据　两种一致

维特根斯坦关于语言的意义在于用法的观点，使意义标准由以往的真假问题转换成了语言使用得当与否的问题。这种转换也使维特根斯坦不但把"表层语法"和"深层语法"区分开来，同时也把经验命题和语法命题区分开来，并且把语言的使用规则标准以及语言意义的判定标准归结到日常语言活动的基础上。

1. 两种不同的命题

语法命题与科学命题是有根本区别的。科学命题是对经验事实的描述，它具有内容真假的问题，而内容上的真假不是约定的，是由经验证实或证伪的。语法命题是说明语词的使用规则的，而遵守规则是一种习俗，它不能由经验加以证实或证伪，也就是说，这种规则是人们在长期的语言游戏中逐渐形成的某些约定。因此，语法命题不是真假的问题，而是约定的问题，这种约定当然不是语言与实在之间达成的一致，而是人们所使用的语言用法之间达成的一致。"语法规则就像选择一个测量单位一样是任意的。但那意思是说，这种选择是不依赖于被测量对象的长度的，不像一个长度的陈述那样非真即假，选择一个单位并不'真'，选另一个也不为'假'。当然，这只是就'长度单位'这个词的语法而言。"[①] 例如："地球在 100 年前就存在了"与"地球在数十万年前就存在了"，形式是相同的，但前者不是经验命题，是生活常识；后者是经验命题，是科学真理。语法命题就是生活常识，是由生活形式决定的。

2. 两种不同的一致性

---

① 《哲学语法》，里斯编辑，肯尼英译，布赖克威尔出版公司 1974 年版。Philosophical Grammar, ed. R. Rhees, tr. A. Kenny, Blackwell, 1974, p. 185。

真假问题是主客观一致性问题，而得当与否问题是生活形式的一致性问题。真假问题遵从于逻辑规则，是以逻辑与世界相对应为前提的。"表层语法"就是一种真值逻辑，它所追求的是一种普遍的"形式"上的有效性。经验命题是科学命题，是一种事实陈述，它具有内容上的真假问题，它是由经验证实或证伪的。它所谓的"真"，即要求主客具有某种一致性，即要求主观认识与认识客体——经验事实具有某种一致性。这种一致性是"语言"与"实在"之间的一种"形式"上的一致性，即"语言"与"实在"是一种外在的关系。而语言哲学家所研究的问题不是真假问题，是得当与否问题，因此，这既不是语词与实在是否具有"形式"上的一致性问题，也不是主客是否具有"内容"上的一致性问题，而是生活形式的一致性问题。"我们的语法研究不同于语言学的研究，例如，我们感兴趣的是从一种语言翻译到另一种我们所发明的语言。总之，语言学家完全忽视的那些规则是我们感兴趣的规则，因此我们有理由强调这种差别。"① 哲学研究的语法是基于生活形式一致性的语法，是基于人们所使用的语言之间达成的某种一致性。所以语法命题是生活常识问题，是人们在长期的现实的生活中逐渐形成的某些约定。其有效性不是表层形式上的有效性或一致性，而是主体间约定俗成的实质上的有效性或一致性，是由生活形式决定的。

3. 两种不同的关系

句法规则研究的是字词与实在之间一种外在的、静止的关系，它与具体的语言使用、与语境、与游戏无关。而维特根斯坦在批判意义指称模型的同时就指出，哲学上所探讨的语用规则实质是语词在具体的、特定的语境中、在具体的语言游戏中如何恰当地、有效地被使用。一个表达式的意义并不是取决于该表达式指向了某一实在、或表现了某一客体，而是取决于主体间约定俗成的用法，是其在语言游戏中所发挥的实效。这样，语用规则与游戏之间就不再是一种外在的关系，而是一种内在的、动态的关系。因而这也就决定了根本不存在一种适用于所有语言游戏的抽象的普适性规则。规则是具体的，总是对具体的语言游戏而言的。

---

① 克拉格、诺德曼编：《哲学时刻，1912—1951》，*Philosophical Occassions*，1912 - 1951，（缩 PO.），哈克特出版公司 1993 年版，第 169 页。

第五章　语用学的意义说——使用

意义是语言的灵魂。没有意义的语言是难以想象的。意义问题一直以来都是语言哲学所关注的核心问题，也是语言哲学最为复杂的问题。"什么是意义？"自19世纪末期以来，西方的语言哲学家们一直都在不懈地追问这个问题，并分别建立了自己的意义理论。传统的西方认识理论，主要是以研究人类的认识过程及人类的认识能力为核心内容的，关注的不是认识的表达形式，而是认识内容本身。按传统的认识论，从命题与事实之间的关系来看，如果命题能表现实在，那么，首先应该关心的就是命题的内容，即命题的内容与事实是否一致、是否符合，至于形式、结构方面的联系则是第二位的。而维特根斯坦则一反传统，转而关心认识的表达方式，寻求认识得以正确表达的一般形式。这就使意义问题、语言问题始终成为维特根斯坦哲学的核心。不管维特根斯坦前期的语言观与后期的语言观、前期的意义论与后期的意义论有多少的不同，但把意义作为其语言观的主题、核心是贯彻如一的。

维特根斯坦早期的意义观始于指称说，认为语词的意义就是其所指。"一个词如果没有东西与它对应，它就没有意义。"[①] 而后期维特根斯坦在实现提问方式转换的同时，也完成了意义问题由用法代替指称的转换。主张在语言的实际使用中去理解意义，这样就使"意义"与"语言"由一种外在的关系转变为一种内在的关系。"意义"不在语言游戏之外，而在语言游戏之中。意义之于语言，如同规则之于游戏，游戏必有规则，语言必有意义；规则不外在于游戏，意义不外在于语言；遵守规则是一种实

---

① 《哲学研究》，安斯康英译，英国布莱克威尔出版公司1953年版；汤潮、范光棣译，三联书店1992年版；李步楼译，商务印书馆1996年版。Philosophical Investigations，tr. G. E. M. Anscombe Blackwell，1953，§40。

践，意义就在于语言游戏中的用法。可见，维特根斯坦所关心的就是——语言的使用。维特根斯坦在哲学史上首次明确提出了意义就在于使用的语用学的意义说，由此开创并引领了一种影响久远的哲学潮流。

一　指称与意义

（一）图式

在早期维特根斯坦的哲学体系中，图式说决定着其意义说，即意义说以图式说为基础。因此，命题的图式说在规定命题本质的同时，也规定了命题的界限，规定了命题的意义。这样，在维特根斯坦那里，与其说命题的本质与命题之有意义二者具有家族相似性，毋宁说，二者有着根本的一致性。也就是说，凡是能作为图式的命题，才是有意义的命题；凡是不能成为图式的命题，则是无意义的。所以，当判定一个命题是事实的图式时，指的就是此命题是有意义的命题。

图式是维特根斯坦前期哲学最为重要的概念。维特根斯坦从本质主义的立场出发，认为我们的语言有一个共同的本质结构，即逻辑结构，这个结构就是：语言是由命题组成的，命题的总和就是语言，而命题又是由基本命题组成的，所有的命题都是基本命题的真值函项。而每个基本命题都是由简单符号——名字（或称为词）组成的，名字或词是命题的成分，其以一定方式结合就构成基本命题，基本命题是不可再分析的。维特根斯坦认为语言和世界分属于两个不同的领域，语言是命题的总和，而世界是事实的总和。世界也有一个本质结构，这个结构就是：世界是由事实组成的，事实又是由基本事实组成的，所有事实都是由基本事实复合而成的，而每个基本事实中只包含简单的对象，诸对象在基本事实中的连接方式，就是基本事实的结构，就是说，基本事实是由对象组成的。语言和世界作为两个不同的领域，如何发生联系？因为在我们生活的世界中，它们的确是有联系的。维特根斯坦借助于图式把二者联系了起来。基本命题是可以被描述的，而语言就具有描述、表达的功能。基本命题可以为语言所表达和描述，基本事实在语言中得以表现，说明语言和事实之间存在着某种关系。图式就代表了这种关系，即用语言进行思想和言说，就是对事实作逻辑的摹写。这种逻辑的摹写，就是人们在用语言、语词为事实创造它的图式，这种用语言描写世界，就如同画家用线条、颜色绘制图画。"我们为自己创造事实的图式"①，"图式借助于原子事实存在和不存在的可能性来表现实在"②，"'我们思想原子事实'——就意味着我们可以创造它的图式。"③ 维特根斯坦认为，用一个语句陈述一个事实，同用一张图画描绘一个事实是一样的，"一切比喻（Gleichnisse）和我们的表达方式的整个图像性质的可能性都是以描画的逻辑为基础的。"④ 所以，一个命题表达一个事实，就应当作一个图式表示一件事情来看待。

（二）投影

为了建立图式说，维特根斯坦还设想了投影方法，即一个图像要成为一个图像，它必须按照投影规则，以建立起它的元素（名称）与它所描画的事实的元素（对象）之间的对应关系，亦即描画关系。"描画关系是由图像元素和事物（对象）间的配合构成的。"⑤这样，依靠投影规则，图像和图像所描画的事实这两个表面上看来似乎具有完全不同构造的东西之间就建立起了一种描画关系，或称之为对应关系，使它们之间具有某种"内在相似性"。这就是说，基本命题中包含着诸名称，每个名称代表（对应）一个对象，这些名称彼此是联系的，而全部名称就构成一个命题，这全部名称相连所构成的命题就代表（对应）一个事实。图式是有结构的，图式结构就是命题中词的排列，对于命题来说，最重要的莫过于图式的结构。语言与世界有别，但维特根斯坦这位巨匠，却借助于逻辑手段，运用投影方法，在语言与世界、思想与实在、命题和事实、名称与对象之间建立了一种一一对应关系，并描绘出了一幅二者和谐对称的生动图画。

那么，语言和世界、命题和事实到底是什么样的对应关系呢？

① "命题的可能性是建立在符号代表对象这个原则基础之上的。"也

---

① 《逻辑哲学论》，郭英译，商务印书馆 1985 年版。Tractatus Logico Philosophicus, tr. D. F. Pears and B. F. McGuinnness, Routledge, 1961, 2.1。

② 同上书，2.01。

③ 同上书，3.001。

④ 同上书，4.015。

⑤ 同上书，2.1514。

就是说："在命题中名字代表对象。"① "一个名字代表一个事物，另一个名字代表另一个事物……"② 可见，命题中的简单符号（名称或名字）与事实中的简单成分（对象）相对应。

② "命题不是语词的杂凑。——命题是由以确定的方式相关联的诸部分构成的（Der Satz ist artikuliert）。"③ 命题中的诸名称 "它们是彼此结合在一起的，正是以这样的方式整体——像一幅栩栩如生的图画一样——描画了由这些事物构成的基本事态。"④ "一种情形的对象的配置对应于命题符号中的简单符号的配置。"⑤ 也就是说，基本命题与基本事实相对应。基本命题是命题中最简单的命题；基本事实是事实中的最简单的事实。

③ "复合性是命题的本质特征。"⑥ 命题是复合性的，复合命题将与复合的事实相对应，但二者都是可分析的，通过逻辑分析可还原为简单的基本命题或基本事实。

④ "语言是命题的总和"，"世界是事实的总和"，而命题是事实的逻辑图像，所以，命题的总和与事实的总和相对应，亦即语言与其所描绘的世界相对应。

可见，维特根斯坦依靠投影规则，在语言与世界、命题与事实、名称与对象之间建立起了一种配合关系，或对应关系，亦即指称关系。而这种关系是一种纯粹形式的关系。

（三）界限

维特根斯坦借用图式说、依靠投影规则在建立了语言与世界、命题与存在、名称与对象的对应关系的同时，也规定了命题的本质，且规定了命题的界限：可说的与不可说的、命题与非命题、真与假、有意义的与无意义的。

1. 可说与不可说

命题就是一个图式。"命题是实在的图式。命题是实在的模型，像我

---

① 《逻辑哲学论》，郭英译，商务印书馆 1985 年版。Tractatus Logico Philosophicus, tr. D. F. Pears and B. F. McGuinnness, Routledge, 1961, 4.0312, 3.22。

② 同上书，4.0311。

③ 同上书，3.141。

④ 同上书，4.0311。

⑤ 同上书，3.21。

⑥ 同上书，4.016。

们所想象的那样。"① "现在，我们如何解释命题的一般本质呢？我们的确可以说：命题可以描画一切发生的或没有发生的事情。"② 可见，在维特根斯坦看来，命题的本质简言之即在于它的描述功能，命题之为命题，就在于其描述了事实或事态，成为事实或事态的逻辑图像，而且命题只要它想有所表达，它也只能是对事实或事态的描述。

"可说"与"不可说"的标准是什么呢？这个标准存在于意义说之中，而理论根据则在于图式说。命题以事实为对象，这就是说思想只有作为事实的逻辑图式才成其为思想，命题只有作为事实的图式才能是可说的，而事实只有能被逻辑地描述，才能作为思想的对象，才能作为命题的对象。否则，就是不可说的。而区别"可说"与"不可说"的标准则在于命题是否有意义，即可说的，就是有意义的命题，有意义的命题，就是可说的。

2. 命题与非命题

所有的"命题"都是真正的命题吗？并非如此。"只有命题具有意义；名称只有在命题的前后联系中才有意义。"③ 只有命题才是有意义的，只有"有意义"的命题才是真正的命题。也就是说，命题是有意义的或有意义的命题，并不是说意义因命题而有，而是说命题因意义而立。这就是说，不是因为命题之为命题，才把意义加于其上，意义不是后赋的，而恰恰相反，命题之为命题在于其意义，因其有意义方成其为命题。命题必有其意义，皆在于命题之为命题时，"既已具有必要的逻辑条件，又具有了使自身具有意义的根据"；而非命题是因其无意义而不成其为命题，即区分命题与非命题的标准在于意义，有意义的才成其为命题，无意义的即为非命题。

3. 真与假

非命题不是说命题是假的，而是无意义的，是伪命题；而真命题也不是说命题是真的，而是指真正的命题。一个命题只要成其为命题，就是真正的命题，真正的命题才有真假问题。不论其为真为假，只要它可能是真

---

① 《逻辑哲学论》，郭英译，商务印书馆 1985 年版。Tractatus Logico Philosophicus, tr. D. F. Pears and B. F. McGuinnness, Routledge, 1961, 4.0。

② 《1914—1916 笔记》，冯·赖特、安斯康编辑，安德康英译，布赖克威尔出版公司 1961 年版。Notebooks 1914 – 1916, ed. G. H. von Wright and G. E. M. Anscombe, tr. G. E. M. Anscombe, Blackwell, 1961, p. 51。

③ 《逻辑哲学论》，郭英译，商务印书馆 1985 年版。Tractatus Logico Philosophicus, tr. D. F. Pears and B. F. McGuinnness, Routledge, 1961, 3.3。

的，或者可能是假的，它就是有意义的。这就是说，在判断一个命题是真的还是假的之前，你所应该做的只能是确定此"命题"是否是真正的命题，真正的命题方有真假的问题；而非命题或伪命题无所谓真假的问题。"一个命题只是因为它是实在的图像才可以是真的或假的。"① 有意义的命题才是真命题（真正的命题），真命题才有为真、为假的问题，即命题成其为命题，才可以有真假（命题所表述的事实存在或不存在）；无意义的"命题"实为伪命题或非命题，伪命题（非命题）是无意义的，即伪命题既无意义，亦无所谓真假。简言之，有意义的命题（真命题）具有真值假值问题，无意义的命题（伪命题）无真值假值问题。这就是说，我们首先为命题与非命题划界，然后才能为真假划界。

区分真命题和伪命题的界限在于有无意义，这是对命题本身是否成立、是否成其为命题的规定；命题的真假问题是对命题描述的内容的证实，即对命题所表述的事实是否存在的一种认定。"为了知道一个图像是真的还是假的，我们必须将其和实在加以比较。"② "如果基本命题是真的，那么基本事态便存在；如基本命题是假的，那么基本事态便不存在。"③ "基本命题的可能的真值情况意味着基本事态的可能的存在或不存在的情况。"④ 区分命题为真为假的标准在于可证实性，在于其所描述的事实经证实其存在或不存在。如果命题所描述的基本事实是不存在的，则证实此命题是假的；如果命题所描述的基本事实是存在的，则证实此命题是真的。而一个命题无论其真假，只要它可能是真的或可能是假的，它都是有意义的。

4. 有意义与无意义

命题意义的条件是什么？根据何在？首先，维特根斯坦认为有意义的命题必须是有规则地构成的，它必符合逻辑句法规则，这是由语言具有的逻辑特性决定的。命题只有符合逻辑法则，它才能与事态共具逻辑形式，进而才使思想、表达、陈述成为可能。凡可能的命题都必符合逻辑的句法规则；而凡不符合逻辑的句法规则的就不可能成为有意义的命题，或只能

---

① 《逻辑哲学论》，郭英译，商务印书馆 1985 年版。Tractatus Logico Philosophicus，tr. D. F. Pears and B. F. McGuinnness，Routledge，1961，4. 06。

② 同上书，2. 223。

③ 同上书，4. 25。

④ 同上书，4. 3。

是假命题。但符合逻辑规则、句法规则只是命题意义的先决条件，命题之意义从何而来的问题逻辑并不能予以解释和回答，我们只能在逻辑之外寻求答案。"名字意指对象。对象是它的意义"①。"一个命题的意义就是它所表象的东西。"② 命题是事实或事态的逻辑图像，而"一个图像所表现的东西就是它的意义"③。命题的意义就是它所表述的外在于它的东西，即事实或事态。即对象是名字意义的根据，事实或事态是命题意义的根据。一物一名，一个名称代表一个事物，命题的意义由事态来规定。"人们可以不说这个命题有如此这般的意义，而直接说这个命题表现了如此这般的事态。"④ "理解一个命题就意味着知道如果它是真的，事情是怎样的。"⑤ "如果我理解了一个命题，我就知道了它所表现的事态。"⑥ "命题显示它的意义。命题显示当其真时事情是这样的。"⑦ 命题因其表现事态而成其为命题，同时，命题也因其表现事态才具有意义，并且，由于命题的图像性质，使得我们不需要经过别人的任何解释，就可以知道、理解该命题具有什么样的意义，描述了什么样的事实或事态。命题的意义自显，它是表达自身的。

由此可见，一个命题在符合逻辑规则的前提下，当且仅当它描述了事实或事态时，才具有真假两极性，并具有意义。如果脱离事实或事态，命题的意义则无所根据，即无意义的命题，不表达任何事实或事态，是无所指的，因而也无所谓意义。简言之，意义即指称，或指称就是意义。

由于一个命题的意义就是它所表象的东西，说明命题的意义是外在于命题的，是来自于其所表述的事实或事态的，这就必然随之出现真假对错的问题。而真假是可证实的，即意义标准具有可证实性。所谓可证实性就

---

① 《逻辑哲学论》，郭英译，商务印书馆 1985 年版。Tractatus Logico Philosophicus，tr. D. F. Pears and B. F. McGuinnness，Routledge，1961，3.203。

② 《1914—1916 笔记》，冯·赖特、安斯康编辑，安德康英译，布赖克威尔出版公司 1961 年版。Notebooks 1914 – 1916，ed. G. H. von Wright and G. E. M. Anscombe，tr. G. E. M. Anscombe，Blackwell，1961，p.19。

③ 《逻辑哲学论》，郭英译，商务印书馆 1985 年版。Tractatus Logico Philosophicus，tr. D. F. Pears and B. F. McGuinnness，Routledge，1961，2.221。

④ 同上书，4.031。

⑤ 同上书，4.024。

⑥ 同上书，4.021。

⑦ 同上书，4.022。

是指命题被证实的可能性，其作为意义标准，就是指命题具有的证实方法。证实方法无非是证实或证伪，即证实命题为真为假的方法。具有证实方法的命题才是真正的命题，才是有意义的命题；而不具有证实方法的命题，则是无意义的。一个命题，只要其有意义，不管其为真为假，皆具有可证实性。可证实性乃是有意义的命题本身固有之特性。命题的可证实性就只存在于命题与事实的图式关系中。维特根斯坦从事实给予命题以意义的观点出发，从而提出意义标准——可证实性。

（四）批判

后期维特根斯坦哲学观上的转变，是伴随其语言意义说思想的转变同步完成的，甚至可以说，语言观上的转变始于意义观的转变。语言与意义、语言与其所表达、语言与世界的关系是语言哲学家们一直以来追问不休的问题，维特根斯坦也不例外。尽管其前后期的语言观有所区别，但对这些问题的思考却始终不曾真正停止过："符号和世界在什么地方联系起来呢？"① 词和物是如何联系起来的呢？

维特根斯坦在《哲学研究》的开篇就向我们展示了两种不同的语言图画。他在把这两种语言进行对比的基础上，态度坚决地批判了意义指称说，并用自己设想的语言批判了奥古斯丁式的语言，用后期的动态的、游戏的"语言图画"清理了前期的静观的、本质的"语言图画"。

在维特根斯坦看来，奥古斯丁向我们提供的是关于人类语言本质的一幅特殊的图画，"那就是：语言中的单词是对对象的命名——语句就是这些名称的组合。——在语言的这一图画中，我们找到了下面这种观念的根源：每个词都有一个意义。这一意义与该词相关联。词所代表的乃是对象。"② 维特根斯坦早期的语言观基本上是以奥古斯丁的语言观为基础的。而后期维特根斯坦所设想的语言实为一种语言游戏，它不描述语言的本质，而仅仅向人们展示在日常生活中，语词是如何使用的。所以，在维特根斯坦看来，"我们可以这样想象：§2 中的语言是 A 和 B 之间的全部语

---

① 《哲学评论》，里斯编辑，哈个里弗斯、怀特英译，布赖克威尔出版公司1975 年版。Philosophical Remarks, ed. R. Rhees, tr. R. Hargreaves and R. White, Blackwell, 1975, p. 70。

② 《哲学研究》，安斯康英译，英国布莱克威尔出版公司1953 年版；汤潮、范光棣译，三联书店1992 年版；李步楼译，商务印书馆1996 年版。Philosophical Investigations, tr. G. E. M. Anscombe Blackwell, 1953, §1。

言，甚至是一个部落的全部语言。人们教儿童从事这些活动，在这样做时使用这些词，对他人的词也以这种方式作出反应。"① 人们是在现实生活中，由于受到如此的反复训练，才学会使用语词的。这就是维特根斯坦所主张的语言游戏。

第一，维特根斯坦认为，指物定义在一定范围内是恰当的、有效的，但其适用的范围是很狭窄的，不能用于具体的物质的东西之外，而且它也仅仅是说明词和物之间联系的一种方式，是我们语法的一部分，而不是全部。如果夸大其使用范围，把它当成是适合于人类一切语言的图画，并将之看成是对语言本质的描述，就错了。

第二，维特根斯坦在给指物定义限定适用范围的同时，又对其作了进一步的限定：即使指物定义可以在狭窄的、被许可的范围内使用，也仅仅是语言游戏的一部分。在维特根斯坦看来，词和物之间的联系不是指物定义单独能够建立起来的，二者之间的联系是由学习建立起来的。"词和物之间的联系是由语言的教育建立起来的。"② 指物定义只有在一定的语言游戏中，才可以使用，才是有意义的。

第三，词和物之间的联系，名称和对象之间的联系，命题和事实之间的联系，语言和世界之间的联系，是一种语法联系。这种联系应该是在教育、训练、学习中建立起来的；只有在语言的应用中、语言游戏中去考察这种联系，才能真正弄清词和物、语言和世界的关系。因为这种联系就是在语言游戏中存在的，并在语言游戏中显示给我们。如果说词能代表物，名称指称对象，语言描述世界，那也是我们生活中的语法所决定的。生活中语词、语言就是这样使用的，我们就是按照生活中的语法规则被训练的，语言游戏中的"玩法"就是由我们的生活规定的。因此，这种联系不是纯粹外在的联系，而是一种语法联系。

第四，指称和意义是不能等同的。即使名称指称对象，它的意义也不在于它所代表的对象。名称的意义和名称所指是有区别的，名称所指之物可能被毁灭，可能不存在，但此名称的意义仍存在。如果把名称的意义同

---

① 《哲学研究》，安斯康英译，英国布莱克威尔出版公司 1953 年版；汤潮、范光棣译，三联书店 1992 年版；李步楼译，商务印书馆 1996 年版。Philosophical Investigations, tr. G. E. M. Anscombe Blackwell, 1953, §6。

② 《哲学语法》，里斯编辑，肯尼英译，布赖克威尔出版公司 1974 年版。Philosophical Grammar, ed. R. Rhees, tr. A. Kenny, Blackwell, 1974, p. 97。

名称的承担者（名称的载体）混淆起来，就会犯很荒唐的错误。虽然一个名称的意义有时是通过指向它的承担者来说明的，但是，一个词的意义就是它在语言中的使用。也就是说，尽管指物定义是可以使用的，但是指物定义是不能独自确定名称意义的。名称的意义与它的特定使用方式、使用的语境有关。

第五，维特根斯坦还进一步探讨了直指定义。有一些词，如"五"、"数"、"红"等诸如此类的语词，其本身是非对象性的，我们根本找不到一个具体的物质对象与之相对应。但实际上我们能够了解这类词的意义，因为我们在特定的语境中，在特定的语言活动中，参与者（说者和听者）都明白他们所使用的语言的语法，具有参与这个语言游戏的能力。对于这类的语词，只存在一种应用的准则或标准，但不存在一种具体的应用对象，这种准则或标准是语词使用的规则，其本身是非对象性的，且标准的选择具有任意性、约定性。理解这样的直指定义，只能通过大量的范例训练，在语言游戏中学会使用，并在使用中确定其意义。

第六，意义既不是精神活动，也不是什么"内在过程"。当我们找不到一个具体的物质对象作为词的指称物时，就说有精神活动与这个词相对应。"当我们不能理解一个字词的用法时，我们便把它当作一个奇妙的心理过程。"[①] 这样，就把意义即指称的思想又从物质领域扩展到了精神领域。语词所指的不仅可以是物质对象，也可以是精神对象了。维特根斯坦后期研究了大量的心理学概念，对心理主义进行了批判。认为语词在使用中才能确定其意义，在这个意义上说，语言是工具性的、使用的、语法的，但一定不是心理的。可见，在维特根斯坦看来，语言的意义既不在于语言与外在的对象之间的一一对应关系，也不是人们投射到符号上的心理内容，意义和言说活动是不可分离的，意义应该在于语言的用法。所以，让使用教给你意义吧！

二　工具与意义

语言游戏作为一种活动，就要有活动使用的工具——字词，就存在游

---

① 《哲学研究》，安斯康英译，英国布莱克威尔出版公司 1953 年版；汤潮、范光棣译，三联书店 1992 年版；李步楼译，商务印书馆 1996 年版。Philosophical Investigations, tr. G. E. M. Anscombe Blackwell, 1953, §196。

戏如何进行、字词如何被使用的问题。维特根斯坦为了强调意义就在于使用的思想，其在把语言与游戏作比的同时，又把语言比作了工具。

（一）工具具有功能性

工具的意义在于其使用，那么，字词既然是语言游戏的工具，其意义也就在于它的用法。维特根斯坦把词看作工具，把语言看作工具，其强调的是工具的功能和用途（即用法），工具只有在使用者的使用活动中才能发挥其功能，显现其用途。维特根斯坦指出："要把语句看作一种工具，把它的意思看作它的使用。"① 也就是说，字词是语言游戏的工具，人们只有在使用工具、参加活动的过程中，字词、句子的意义才确定下来。如果脱离人的活动，离开语言实践，它们将毫无意义。

（二）工具具有多样性

工具是多种多样的，如锤子、钳子、锯、戒尺等，它们的功能也是多种多样的，用法也是多种多样的。语词如工具，其功能、用法也是多样的。语境不同，用法不同，其意义也必然不同。为此，维特根斯坦耐心地提醒我们想想工具箱中的工具。"想一想工具箱中的工具：有锤子、钳子、锯子、起子、尺子、熬胶锅、钉子和螺钉等。——词的功能就像这些东西的功能一样，是多种多样的。"② "想想词是为它们的用法所特定的工具吧。"③ 词也好，工具也罢，不论其功能，还是用法，抑或目的，都具有多样性，它们的意义将取决于其用法。维特根斯坦不厌其烦地列举了大量例子，如，下命令，服从命令，报告一件事，推测一件事，演戏，唱歌，猜谜，编故事，讲笑话，解题，翻译，提问，致谢，诅咒，问候，祈祷……"把语言中的工具以及这些工具的使用方式的多样性，把词和句的种类的多样性，同逻辑学家们（包括《逻辑哲学论》的作者）所谈论的有关语言

---

① 《哲学研究》，安斯康英译，英国布莱克威尔出版公司 1953 年版；汤潮、范光棣译，三联书店 1992 年版；李步楼译，商务印书馆 1996 年版。Philosophical Investigations，tr. G. E. M. Anscombe Blackwell，1953，§421。

② 同上书，§11。

③ 《蓝色和棕色笔记本》，里斯编辑，布赖克威尔出版公司 1958 年版。*The Blue and Brown Books*，ed. R. Rhees，Black-well，1958，p. 67。

结构的东西进行比较，那是很有趣的。"①

（三）功能在操作中显现

维特根斯坦指出："人们愿意谈论一个词在这个语句中的功能。就好像语句是一个机械装置，而词在其中有一种特定的功能。但是这一功能又在于什么？它怎样表现出来？因为在那儿并没有任何东西隐藏着——我们难道不是看到了整个句子了吗？功能必须在演算的过程中显露出来。"② 维特根斯坦认为不仅词是工具，语句也是工具。因为如果把语句当作一个机械装置，那么这个机械装置本身——语句就是一种工具；作为机械装置应该由部件（诸如螺钉等）组成，而语句中的词即是其部件，那么作为其构成部件的词也是工具。"语言是一种工具。它的概念都是工具。"③ 同时他指出功能在于操作。如果将工具闲置，工具作为工具而具有的特殊功能就不能发挥、显现出来。语言、词作为工具，其功能怎么表现出来呢？需要进行操作。犹如机械装置需要操作使其运转而发挥其功能，语言、词在交流、使用中显示其意义。从这个意义上说，语言、词作为工具，实质上乃为一种操作工具。离开操作、应用和使用，就谈不上功能、目的和意义。所以，语言、词是从我们对它的使用中确定其意义的工具。

三　语境与意义

语境，现在是一个很时尚的语词，如社会文化语境、历史语境、文本语境、科学语境、中国语境、现代性语境、信仰语境、科学思维的语言语境、后现代语境、本土语境、现场语境、模拟语境，等等，其含义可能不尽相同，但基本是指语言环境、语言背景、使用语言时的各种相关因素。而且，今天的语境论研究已取得了相当的成就，但要说起语境，我们就不得不说维特根斯坦。

应该说，语境问题从其产生之日起就与意义问题紧密地联系在一起，

---

① 《哲学研究》，安斯康英译，英国布莱克威尔出版公司 1953 年版；汤潮、范光棣译，三联书店 1992 年版；李步楼译，商务印书馆 1996 年版。Philosophical Investigations, tr. G. E. M. Anscombe Blackwell, 1953, §23。

② 同上书，§559。

③ 同上书，§569。

而随着研究的深入，语境理论和意义理论都获得了不同程度的丰富和发展。而维特根斯坦的贡献则在于其在批判奥古斯丁、弗雷格等人的语言观与意义指称论的同时，引导着语言哲学由理想语言、逻辑语言回归到日常语言、生活实践，冲出了由语言逻辑结构为其确定意义的囚笼，突出强调了语境的具体特定性对于意义的规定性，从而使人们对意义的研究由静态走向了动态。语言游戏作为一种活动，就必然有活动构成的动态的具体情景——语境。语言、词的意义不仅与其指称有关，而且与使用语言的环境——语境有关，也就是说，语言的功能在于交流、表达，而由于使用语言环境的不同，其必会具有不同的意义。

（一）语境的具体性

语境的具体性决定了意义的具体性。后期维特根斯坦放弃实在论的立场，认为以往哲学问题的出现，就在于语言的"闲置"，要想从根本上治疗哲学病，就只有一个方法，那就是让语言回到日常生活的使用中去。也就是说，"当哲学家使用一个词——'知识'、'存在'、'对象'、'我'、'命题'、'名称'——并试图把握事物的本质时，人们必须经常地问自己：这个词在作为它的老家的语言游戏中真的是以这种方式来使用的吗？——我们所做的乃是把词从形而上学的使用带回到日常的使用上来。"① 这就是说，哲学家们的错误在于，把语词与它的使用分离开，把语词与它使用的语境分离开来，把语词与它使用过程中的具体背景分离开来，孤立地、抽象地静观语言，并在一种精确的理想的状态下追求语言的意义。维特根斯坦认为，之所以造成这种哲学病，根源就在于我们没有看清楚词的使用，不理解语言是一种工具，只有在具体的使用中才有意义。脱离日常生活，离开语言使用的特定语境，离开特定的语言活动，我们无法确定语言的意义，或者说，语言就没有意义。语词的用法意义就是在不同的语境中获得的、构成的，因此，我们必须在语词的具体使用中去考察语言的意义。我们生活中有许多幽默语、双关语、反语、讽刺语，在某种特定的语境中，这时的"错误"表达却是那么的恰如其分。当有人对你

---

① 《哲学研究》，安斯康英译，英国布莱克威尔出版公司 1953 年版；汤潮、范光棣译，三联书店 1992 年版；李步楼译，商务印书馆 1996 年版。Philosophical Investigations, tr. G. E. M. Anscombe Blackwell, 1953, §116。

说："你真有本事啊！"其意义是什么呢？是赞誉还是讥讽？离开具体的条件、场合、语气、音调、表情等语境，意义将是无法确定的、模糊的、含混的。显然，我们无法找到这句话语的绝对的抽象意义。语境是具体的，意义也是具体的。我们只有把这句话语置于具体的语境中，根据当下的场合、条件、背景，说话者的语气、音调、表情等，才能理解其意义。

（二）语境的多样性

语境的多样性，规定了意义的多样性。我们的日常生活是多姿多彩的，我们的日常生活语言也是丰富多彩的。因此，我们对日常语言切不可按一种模式作片面的或僵化的理解。语言作为一种游戏活动是多种多样的。同一个语词可以出现在不同的语言游戏中，在不同的语言游戏中其用法不同，意义也不同。或者说，游戏不同，语境不同，其意义也不同。在日常生活语言中，常常出现同一个语词由于语言游戏的不同而其意义有所不同，甚至相去甚远。我们之所以能理解它而不会因此产生误解，即在于语境。特定语境是构成参与语言游戏的游戏者们相互理解的共同基础。我们只能根据不同的语境来理解和把握语词的意义。意义不是预设的，而在于在具体语境中的使用。语境是多种多样的，语词在不同的语境中有不同的用法，用法不同意义即不同。所以，根据不同的语境才能真正理解词的意义。

（三）关于整体语境

维特根斯坦强调要在整体语境中理解意义。"我们之所以不理解，一个主要根源就是我们没有看清楚词的使用。——我们的语法缺乏这种清晰性（übersichtlichkeit）。清晰的表述（Die übersichtliche Darstellung）就会产生理解，而这种理解就在于'看到关联'。因此，发现和发明过渡性环节是很重要的。对我们来说清晰的表象（perspicuous representation）是一个极其重要的概念。它标志着我们的表述方式，标志着我们观察事物的方式。"① 维特根斯坦非常重视"全貌概观"，它是维特根斯坦独特的哲学方

---

① 《哲学研究》，安斯康英译，英国布莱克威尔出版公司 1953 年版；汤潮、范光棣译，三联书店 1992 年版；李步楼译，商务印书馆 1996 年版。Philosophical Investigations, tr. G. E. M. Anscombe Blackwell, 1953, §122。

法，维特根斯坦用"全貌概观"意在强调对语词多种意义的综合性、整体性把握，亦即全面地、系统地把握语词的多种意义。语词不是孤立的实体，也不仅仅是简单的对象的名称，语词、句子除了表达之外，还能引发行为。也就是说，"语言的述说乃是一种活动，或是生活形式的一个部分。"① 语言游戏是多种多样的，不同的语言游戏之间没有共同性，只有家族相似性；而任何一种语言游戏都只是我们人类生活形式的一部分，是我们生活中最广泛的语言游戏的一部分。我们必须从部分出发去理解整体，但同时也必须通过整体才能理解部分。语言游戏作为人类整体行为的一部分，作为生活活动的一部分，只有在整体的语境中才是可理解的。如果脱离广泛的生活基础，脱离相对完整的语言环境，脱离语言活动的背景（ümgebung），缺乏全景概观，看不到关联，语言就没有任何意义。

维特根斯坦的语境思想在一定意义上说，也为意义整体论奠定了雏形。后现代解释学正是在这种意义整体论雏形的基础上，在对传统理解问题的不断追问和求解过程中，最终确立了整体主义方法论。

总之，由生活形式和语言游戏所奠定的语境，是特定的语境，具体的语境，多样的语境，变化的语境。在特定语境中，语词有其特定的使用；在具体的语境中，语词有其具体的用法；不同的语境，语词的用法不同；语境发生了变化，语词的用法也会发生变化。用法不同，意义即不同。所以，没有固定的、单一的、绝对不变的语境，也没有既定不变的用法，更没有抽象的确定的绝对意义。维特根斯坦把语境同人类生活、实践活动联系起来，同时又把意义与语境联系起来，从而确立了意义即使用的新意义观。

四　使用与意义

维特根斯坦早期是根据语言和实在的逻辑关系来确定语言的意义的，这样就完全把语言使用者、语言使用的语境等因素排除在外。后期维特根斯坦则认为，意义应该在于语言的用法，语言的每一次不同的使用，都会产生不同的意义。而这种不同，不仅仅是由于语境的不同，更重要的是在这个语境中使用者怎样去使用，即使用方式。

---

① 《哲学研究》，安斯康英译，英国布莱克威尔出版公司 1953 年版；汤潮、范光棣译，三联书店 1992 年版；李步楼译，商务印书馆 1996 年版，§23。

维特根斯坦始终没有给"意义"一词下定义，而仅仅描述了"意义"一词的用法。这就是说，"意义"的意义也同样在于用法。他实际上把"意义"一词的意义也游戏化了。所以，维特根斯坦关于"意义就在于用法"的思想，实际上是一种方法论的要求，而不是脱离实际的某种抽象理论说明。因此，我们对于"意义就在于用法"的观点应该从方法论的维度去理解。

第一，"意义就在于用法"意在强调词的使用方式或词是怎样被使用的。对于一个词的意义来说，重要的不在于分析并列举出其种种用法，而在于观察它的具体用法，观察它在实际语言活动中是怎样被使用的，需要的是看，而无须去想。如果没有可供"观察"的游戏，沉湎于对某个抽象的意义的冥思苦想，就必然误入歧途。语词都有各种用法，它们的意义就是它们的用法；用法相同，其意义也相同；同一语词出现在不同的表达式中，用法不同，其意义就不相同。人类生活是生动的、具体的、鲜活的、可变的，日常生活中对于语言的使用是灵活的、多样的，并且是开放式的、拓展式的，而不是僵死的、呆板的、单一的。日常生活中的语言的使用方式要比字典里所规定的语词的那种抽象的意义丰富灵活得多。例如，当下流行的语言数字化，数字语言化现象；在汉语言中，还有取字词的谐音的习惯用法。所以，意义从根本上是由使用所决定的。而"使用"是指生活意义上的使用，是日常生活中的使用。从这个意义上说，字词的意义是我们的日常生活赋予的，生活形式的一致性是我们理解语言意义的基础。因此，理解字词的意义不是通过定义的方式或解释说明的方式，而是要深入理解生活。所以，语言不仅为我们划定了生活的世界，而且也向我们揭示了生活的意义。

第二，维特根斯坦强调"意义就在于使用"，意在否定把语言的意义与使用割裂开来、抽象地讨论字词的意义的观点。维特根斯坦认为，"意义、功能、目的、使用都是相互联系的概念。"[①] 语词组成句子就像部件构成机器，其功能、使用、目的、意义是紧密相连的。词的功能在使用词的操作过程中表现出来，词的意义就存在于它的用法之中，"使用"才是它的生命之源，"使用"才使得它具有功能、意义。不能去猜测或断想词是

---

① 《关于心理学哲学的评论》第一卷，安斯康、冯·赖特编辑，安斯康英译，布赖克威尔出版公司 1980 年版，§291。（Remarks on the Philosophy of Psychology, Vol. I, G. M. Anscombe and G. H. von wright, tr. G. E. M. Anscombe, Blackwell, 1980）

怎样起作用的，而只能通过词的使用，学习和掌握其用法，理解其意义。如果把语词的意义与它的使用分割开来，就会把意义看作独立于使用之外的某种东西，就会造成意义是意义，使用是使用，语词是语词。为此，维特根斯坦曾把词与钱作一对比，钱是有价值的，而这种价值来自于一定的社会共同体、一定的系统、特定的行市，来自于它的使用。词的意义就是由它的全部使用来决定的。

第三，维特根斯坦的"意义就在于使用"的思想，强调了语言的意义存在于各种关联之中。这就意味着，这种使用不是表层语法上的使用，而是深层语法上的使用；不是个人意义上的使用，而是社会意义上的使用。维特根斯坦认为，从表层语法即句法结构来看，语词、句子的意义与它的使用不一定是相一致的，也就是说，从句法结构的角度来看，意义并不必然与它们的使用相一致，这即是说"意义的概念有许多不确定性"①。在英文中，"walk"用于第一人称和第二人称，"walks"用于第三人称单数，就句法结构而言，"walk"和"walks"的用法不同，但其意义（走）却是相同的。从句法结构看，语言的意义与其使用并不必然相一致。然而，从深层语法即语用语法的角度看，语言的意义与其使用是一致的，即"意义就在于使用"，使用的方式不同，其意义也就不同。同一个语词由于使用的语境、用法不同，意义也不同。在日常生活中，我们就是这样使用的。这种用法差别根源于人们的生活形式，根源于语言游戏。维特根斯坦强调"意义就在于使用"，实质是再一次从意义论的角度强调了语言活动、生活实践的首要地位。考察语言的意义不能脱离语言实践，不能离开生活，不能简单地用句法规则（结构语法）对语言进行表层的结构分析、逻辑分析。

如果我们对语言的分析仅仅停留在理想的逻辑领域，那么我们所得到的语言的意义至多是一种语言学上的意义，而不可能洞悉到深刻的社会意义。后期维特根斯坦虽然承认语言与其所指之物之间具有原始意义，但认为语言的这种原初意义仅仅是意义的基础，而不是意义的全部。语言真正富有活力的意义是在其使用中获得的，是在社会生活中获得的。语言所获

---

① 《关于心理学哲学的评论》第一卷，安斯康、冯·赖特编辑，安斯康英译，布赖克威尔出版公司 1980 年版。（Remarks on the Philosophy of Psychology, Vol. I, G. M. Anscombe and G. H. von wright, tr. G. E. M. Anscombe, Blackwell, 1980），§ 273。

得的这种意义才是一种高层次的、有生命的意义，是一种社会意义。词作为一种记号，它本身是单调的、死板的、无生命的，而只有使用，才赋予了它生命，使用才是它的生命之源。正是在语言游戏中，在日常生活中，语言的意义与其使用紧紧地联系在一起，也恰是在这动态的联系中，我们才获得了语言的真正意义。

维特根斯坦所强调的"使用"是一种语言游戏中的使用、社会生活中的使用，而不是简单地指逻辑语法上的使用；而且强调"使用"主要是一种社会意义上的使用，而不是个人意义上的使用。语言的本质在于交流，所以语言的突出特征在于它的公共性和约定性。语言究竟有意义还是无意义，有多少种意义，是由社会生活、语言游戏决定的。不是个人的用法决定语言的意义，而是个人的使用受生活形式所规定的语用规则的限制。

第四，维特根斯坦强调"意义就在于用法"，是从用法的角度看意义，这就自然把语言的使用者——人包含了进去。人为智者，不仅因其有理性，而且因其有语言。人正是由于语言而成为人。先哲们在推崇语言的同时，也渐渐把研究的目标锁定在语言的领域。然而当哲学家们倾心研究语言时，却往往专注于语言的逻辑关系，而把语言的使用者——人，完全排除在外。意义即指称最为典型，语言的意义在于语言与外在的实在之间的关系，而与语言的使用者——人无关。早期的维特根斯坦也是如此。而后期维特根斯坦看到了完全排除语言游戏者——人的因素，是不符合日常生活中语言的使用情形的。语言游戏是人做的，人是语言游戏的游戏者、游戏的参与者，语词作为具有一定功能的工具，是由人来使用的。所以，语词怎样被使用，什么人在使用，说给什么人听，哪些人在什么语境下进行了语言游戏，都是语言意义的相关因素。我们所从事的活动——语言游戏总是有目的的，活动的目的将引导我们怎样使用词，也就是说，怎样使用词是由我们活动的目的引导的。从这个意义上说，是我们赋予词以意义。语词的意义不是靠语言使用者之外的力量得到的，意义在于语言的用法，也就是在于语言游戏者在不同的语境中的使用。语言使用上的差别，决定了语言意义的差别。

总之，维特根斯坦对意义作了全新的理解，认为意义并不先于行为而具有自足性和充分性，相反，意义是意向行为的一种表象。他既反对用心理分析的方法解释意义，也反对用外在的因果关系解释意义。维特根斯坦强调意向性在语言使用中的作用，从而使语言使用者的因素不再被排斥在意义之外，这就从内部揭示了意义的基础，同时也显示意义与行为之间的深层联系，使我们看到生活形式所具有的意义界限。意向性是意义的关键，它既不存在于人的心理活动中，也不存在于言语之后的外部反应中；它既不在语言之前，也不在语言之后，它就在我们的语言活动中。意义是语言活动的自我显现。因此，我们不必对日常语言作精确的逻辑技术分析，也不必以科学的模式重构哲学大厦。哲学乃是一种活动，一种语言活动，而我们语言着、生活着，意义就在其中自显。

第六章　语用学的维度——语言游戏之思

一　哲学自循环：不可消解的自我追思

（一）不可消解的

这是哲学最引人入胜而又最令人困惑的问题，也是古往今来的哲学之先哲今贤们最为感兴趣而又最为头痛的问题。哲学自产生之日起，一代又一代的先哲们就在求索答案。如今，哲学已经走过了两千多年的坎坷历程，它经历了无数次的历练，无数次的提升，无数次的抽象，无数次的拷问。然而，对于这些问题，人类仍没有达成共识。哲学发展的历史，就是其自我追问、自我理解的历史，是其自我扬弃、自我超越的历史。德国哲学家石里克曾指出："哲学事业的特征是，它总是被迫在起点上重新开始。它从不认为任何事情是理所当然的。它觉得对任何哲学问题的每个解答都不是确定或足够确定的。它觉得要解决这个问题必须从头做起。"①

哲学作为人类把握世界的基本方式之一，是人类关于自身存在的"意义"的自我意识。"这种人类性的历史性的理论性的关于人类自身存在的自我意识，就是通过哲学家的思维着的头脑所建构的、规范人们如何理解和变革人与世界相互关系的理论。"②

恩格斯指出："每一时代的理论思维，从而我的时代的理论思维，都是一种历史的产物，在不同的时代具有非常不同的形式，并因而具有非常不同的内容。"③ "任何一种哲学理论都是哲学家在特定历史条件下以其独

---

① 石里克：《哲学的未来》，《哲学译丛》1990年第6期。
② 孙正聿：《哲学通论》，辽宁人民出版社1998年版，第210、215页。
③ 《马克思恩格斯选集》第4卷，人民出版社1995年版，第284页。

特的解释原则、概念框架对'哲学究竟是什么'的理解与回答，是以时代性的内容、民族性的形式和个体性的风格对人类性问题的追索，都贯穿着哲学家用以观照人与世界相互关系的价值观念、审美意识和终极关怀。"①是对时代性的生活世界的"意义"的理论把握。哲学的自我追问，实质就是特定时代人类关于自身生活意义的追问，是哲学的自我辩护，亦即哲学以自己的特殊方式为生活的"意义"辩护，以确立"意义"据以存在的根据，从而为当时代人构建生活的精神坐标，以满足人对崇高的追求。

（二）未完成的

人永远无法忍受无意义的生活，人对"意义"的自觉，化作对"意义"的创造。于是，人创造了自己，人创造了人的世界，人用自己永不自足的"创造"，诠释"生活"，追求"崇高"。人借创造而存在，而人的创造将是永远的未完成。于是，人永远是未完成的存在，人的世界也将永远是未完成的存在。

人的存在方式的特殊性以及由此所决定着的人与世界之间的特殊关系，就是哲学自我追问、自我否定这种自循环超越的历史发展据以形成的深层基础。每一次哲学的自我追问，都必然伴随着时代历史的变革，时代性的意义危机，哲学问题的转换，哲学解释原则的变更，哲学理念的更新，思维方式的跃迁。哲学自我追问的深化，表明人类对自身生活"意义"的自我意识的提升，表明人类对自身与世界关系理解的加深。哲学作为人类把握世界的基本方式，与人的存在方式、人类的实践活动及其历史发展密切相关。

人类自身是最奇特、最复杂的存在。"人是世界上唯一具有认识自我的本性、唯一能够认识自我的本性、唯一能够认识自我的存在物"，"认识自我是人的自我意识的集中表现，并突出地表明人是一种自觉自为的存在物"②。当人类自觉到"我"并作为"我"而存在时，意味着人具有"觉其所觉"、"知其所知"、"思其所思"的自我意识。这时，人以外的一切存在物——自然而然的世界，对"我"而言皆成为"关系"而存在，正如马克思所说："凡是有某种关系存在的地方，这种关系都是为我而存在的；

---

① 孙正聿：《哲学通论》，辽宁人民出版社1998年版，第215页。
② 夏甄陶：《人的关系、活动、发展》，《哲学研究》1997年第10期。

动物不对什么东西发生'关系',而且根本没有'关系';对于动物来说,它对他物的关系不是作为关系存在的。"① 由于人以外的一切存在物没有自我意识,即没有作为认识世界、改造世界的主体而存在。因而它与他物的任何"关系"就不可能作为"关系"而被把握,而作为"我"而存在的人类,已使自己成为认识和改造世界的主体,并能够自觉到"我"与世界以及二者之间的关系,即人与世界对"我"而言,是一种"关系性"的存在。

人类意识是人类物质生产活动的产物和结果。"人的存在是有机生命所经历的前一个过程的结果。只是在这个过程的一定阶段上,人才成为人。"②"意识起初只是对周围的可感知的环境的一种意识,是对处于开始意识到自身的个人以外的其他人和其他物的狭隘联系的一种意识。同时,它也是对自然界的一种意识,自然界起初是作为一种完全异己的、有无限威力的和不可制服的力量与人们对立的,人们同它的关系完全像动物同它的关系一样,人们就像牲畜一样服从它的权力,因而,这是对自然界的一种纯粹动物式的意识(自然宗教)。"随着物质生产活动的发展,"意识才能真实地这样想象:它是某种和现存实践的意识不同的东西;它不用想象某种真实的东西而能够真实地想象某种东西。从这时候起,意识才能摆脱世界而去构造'纯粹的'理论神学、哲学、道德等等。"③ 因此,人类能够自觉到自己与世界的"关系",应该说,既以人的物质生产活动为基础,又以在物质生产活动中形成的"人类意识"为前提。

当人类作为"我"而将人与世界把握为"关系"性的存在时,"世界"为"我"而存在,人类既要"外观"世界,又要"内观"自我,而其根本皆在于实现人自身的发展。这就使得古往今来的哲学家都自觉不自觉地把观照人及其与世界的关系,作为全部哲学问题的核心,而归宿却均在于人自身,在于求解人的奥秘。"哲学对世界的认识实际不过就是对人自己的认识,它是通过对世界的认识以理解人自身的存在及其活动的性质、意义和价值的","所以,在哲学史上就形成了这样的情况,哲学是怎样理解人的,它也就怎样去理解世界;哲学关于世界的那些观点,从本质

---

① 《马克思恩格斯选集》第 1 卷,人民出版社 1995 年版,第 81 页。
② 《马克思恩格斯全集》第 26 卷,人民出版社 1972 年版,第 545 页。
③ 《马克思恩格斯选集》第 1 卷,人民出版社 1995 年版,第 82 页。

上说，表现的同时就是人对自身的看法。"①

　　既是自然存在，又是超自然存在的人类，是一种最为复杂的矛盾性存在，是自然性与社会性、受动性与能力性、适应性与创造性的对立统一，而人类自身存在的矛盾性，根源于人类自身的存在方式——实践。

　　人类社会生活在本质上是实践的，实践是人类的存在方式——生存方式和发展方式。实践"是人类为了自己的生存和发展所进行的能动地改造和探索世界的一切社会性的客观物质活动。"② 人类实践活动，是人与世界之间全部矛盾的根源。正是在人类的实践活动及其历史发展中，形成了思维与存在、感性与理性、主体与客体、主观与客观、合目的性与合规律性、人的尺度与物的尺度、理想与现实、小我与大我、人与社会、人与他人、自由与必然等无限的矛盾关系。"一旦人开始生产自己的生活资料的时候，这一步是由他们的肉体组织所决定的，人本身就开始把自己和动物区别开来。人们生产自己的生活资料，同时间接地生产着自己的物质生活本身。"③ 正是通过人类自身的物质生产活动，人类完成了自我创造自我生成从而成为"我"而存在；同时，也创造了一个属于人的世界。人创生了自我，也创生了人的世界，而人类自身的未完成性，决定了人的世界永远是未完成的存在，这便使人对自身的认识永远处于未完成的过程之中。人类的全部"生活活动"的指向与价值，就在于使世界满足人类自身的需要，把世界变成对人而言有意义的世界。人永远处于自我认识、自我反思、自我追问、自我完善的过程。人永远的自我追问，必然导致作为其理论表现的哲学也处于永远的自我追问之中。

（三）时代性的

　　哲学不倦的自我追问、自我扬弃，在于其是"思想中所把握到的时代"。马克思指出："任何真正的哲学都是自己时代精神的精华。"④ "每个人都是他那时代的产儿。哲学也是这样，它是被把握在思想中的它的时

---

　　① 高清海：《哲学的憧憬——〈形而上学〉的沉思》，吉林大学出版社 1993 年版。
　　② 李秀林主编：《辩证唯物主义和历史唯物主义原理》，中国人民大学出版社 1990 年版，第231 页。
　　③．《马克思恩格斯选集》第 1 卷，人民出版社 1995 年版，第 67 页。
　　④ 《马克思恩格斯全集》第 1 卷，人民出版社 1956 年版，第 121 页。

代。"① 其实质是对时代性的生活世界的"意义"的理论把握。黑格尔曾把哲学史比喻为一个"厮杀的战场"。"全部哲学史这样就成了一个战场，堆满着死人的骨骼。……在这里，每一个杀死了另一个，并且埋葬了另一个"。"这样的情形当然就发生了：一种新的哲学出现了。这种哲学断言所有别的哲学都是毫无价值的，此前的一切哲学不仅是被驳倒了，而且它们的缺点也被补救了，正确的哲学最后被发现了。"② 哲学演化的历史，就是哲学家相互批判、相互讨伐、相互否定的历史。每个哲学家都自认发现了终极真理。然而，残酷的战场总是无情地宣告一个人的死亡，而另一个人又总是被迫在起点上重新开始。这就是哲学不倦的自我追问、自我批判、自我否定的历史。而哲学的这种自我追问、自我批判，本质上是哲学的时代性所决定的。

　　"妄想一种哲学可以超出它那个时代，这与妄想个人可以跳出他的时代，跳出罗陀斯岛，是同样愚蠢的。如果它的理论确实超越时代，而建设一个如其所应然的世界，那么这种世界诚然是存在的，但只存在于他的私见中，私见是一种不结实的要素，在其中人们可以随意想象任何东西。"③ 社会性的人是历史性的存在。人"作为人类历史的经常前提，也是人类历史的经常的产物和结果，而人只有作为自己本身的产物和结果才成为前提"④，人们的历史活动不是随心所欲的，他们的历史活动的现实条件和现实力量是前一代人创造的结果。作为人类的基本存在方式的实践，同样是具体的历史的。正是这种具体的历史的实践活动，在社会发展的不同阶段创造了具有特定时代内涵的有意义的生活世界。不同历史时代的人的生存状态和文明程度是各不相同的，因此，在特定时期、特定历史条件下所形成的关于人类自身存在意义的自我意义都将具有特殊的内容和特殊的形式。而"时代精神"就是标志社会不同发展阶段的具有特定历史内涵的"生活世界"的意义。任何时代的生活世界的"意义"，都是人类以其把握世界的全部方式创造出来的。从前一代所承继下来的历史条件，作为一种现实力量，都直接地从深层制约着人们的历史性创造活动，也制约着人类用以把握世界的具体方式。

① 黑格尔：《法哲学原理》，商务印书馆1961年版，"序言"第12页。
② 黑格尔：《哲学史讲演录》第1卷，商务印书馆1959年版，第21—22页。
③ 黑格尔：《法哲学原理》，商务印书馆1961年版，"序言"第12页。
④ 《马克思恩格斯全集》第26卷，人民出版社1972年版，第545页。

每个时代的哲学家，都企图、也常常自以为在最深刻的层次上形成了自己时代的最高哲学，并以此把握和解释人与世界的相互关系。然而，哲学作为时代精神的精华，它只能是自己时代的产物；是特定时代的人类对人与世界及其相互关系的自我意识、解释原则、价值观念及审美意识。每个时代的哲学，都具有内在的否定性，从一定意义上说，哲学的局限就是历史的局限。每个时代的哲学，都在不同程度、不同方面具有其无法克服的片面性、局限性，它是且只能是时代的产物。从历史发展的角度看，每个时代的哲学，都达到了该时代所能达到的关于人与世界关系、人类自我存在的意义的最高理解，都是哲学历史演进链条上的一环，都是对它前一时代哲学思想的扬弃，并通过自我追问、自我反思、自我批判，进而达到自我否定、自我超越、自我发展。

人的意义世界永远处于生生不息的转换中，伴随着意义世界的历史转换，新时代哲学对旧时代哲学进行了无情批判，在哲学战场的厮杀中，哲学的无穷自我追问实现了新的跃迁。

（四）非一致性的

"哲学究竟是什么"这个自哲学产生之初即已存在的问题，伴随着哲学几千年的演化历史，不断地变换着新的面孔，频繁地出现在哲学厮杀的战场。哲学家们莫衷一是，相互否定，相互批判，甚至截然相反，充分展现了哲学自我理解的非一致性。

哲学自我理解的非一致性，在于人类自我理解的非一致性，在于人类存在的具体历史状态的非一致性。人类对自我存在意义的理解都是具体的、历史的。哲学自循环的深化，哲学问题的历史转换，恰好体现了人类关于自身存在意义的自觉，同时也体现了人类寻求自身存在意义、追求崇高的艰难历程。人类在实践活动中总是以否定世界现存状态的方式而实现着自身与世界的统一。人是实践性的存在，也是矛盾性的存在。人类实践活动的二重性，导致人与世界之间的矛盾多重性。同时，实践活动的具体历史性，又必然带来人的存在状态的具体历史性。各个历史时代人的实践水平、能力、生存状态、文明程度等都存在着巨大差异；同一时代的不同国家、不同民族的生存状态、文明程度、社会发展状况等也各不相同；即使是同一时期、同一民族，每个人都会置身于不同的具体的社会条件下。实践活动内在的多重矛盾性以及实践本身的具体历史性，必然形成人类对自身理解的非一致性，进而也决定着哲学自我理解的非一致性。于是，在"同时态"上，我们目睹了各派哲学的论争；在"历时态"上，我们经历了哲学理论形态的转换。哲学自循环在理论形态的转换中获得了时代的内容，在各派哲学的论争中完成了一次又一次的超越。

列宁指出："人的实践＝要求（1）和外部现实性（2）。""要求"即"世界不会满足人，人决心以自己的行动来改变世界"①，这表明，实践的本质在于现实的人总是不满足于自己的现实，总是要把现实变成理想的现实；实践具有无限的指向性和无限的过程性。人作为实践性的存在，正是在实践的这种无限展开过程中，不断地创生自我，重塑自我，创造着生活世界的全部意义。由此所带来的必然是人自我追问的无限性，进而形成人自我理解的非一致性。哲学的自我追问，实质是人类的自我追问，是人类对自我存在的自觉，是人类自觉地以哲学的方式寻求自身存在的合理性，追寻自身存在的意义，是人类对自身存在意义的历史性理解使哲学自我辩护的方式得以显现。

人类对自身存在意义的不懈追索，哲学对自我的苦苦追问，具体地体现在哲学理论形态的变更、哲学问题的转换之中，并集中体现为对"思维和存在的关系问题"的理解。

古代哲学作为本体论哲学，还没有自觉到"思维和存在的关系问题"，因而离开思维与存在的关系，直观地面向外部对象世界去寻找人类自身存在的根据和意义。直接地固执于"万物的统一性"，以规定人的存在。被称为"认识论转向"的近代哲学，以反省意识去理解人与世界及其相互关系，自觉地把"思维和存在的关系"作为"问题"而予以"反思"，从而寻求"思想的客观性"，以便为人类自己找到最高的支撑点。被称为"实践转向"和"语言转向"的现代哲学，则以人的历史性存在为中介去反思人与世界、思维与存在的关系问题。哲学史上发生的"实践转向"，第一次把人的存在方式和发展方式——实践活动视为人与世界、思维与存在对立统一的根据，并用实践的观点解决全部哲学问题。"语言转向"则要求哲学家在建立关于人类"认识"及其所表达的"世界"的理论之前，必须先有关于"语言"的理论，因为人类必须用语言去理解和表达自己的"认识"及其所表达的"世界"，从而把对语言的分析提升为哲学的中心问题。

---

① 《列宁全集》第38卷，第229页。

从古代本体论哲学到近代认识论转向，再到现代的"实践论"和"语言哲学"，不仅实现了哲学理论形态的历史转换、研究主题的改变、理论内涵的发展、解释原则的更新，而且实现了人的价值观念、审美意识及思维方式的转变，从而深化了人类对自身存在的理解。哲学理论的历史演进过程，也是人类对自身存在意义不懈追索的进程，是人类不倦地寻找生活意义的过程，是人类追寻崇高的过程。

（五）并非循环的

几千年的哲学史，无数的先哲今贤都执著于同一个问题：哲学究竟是什么？他们满怀爱智之忧，呕心沥血破解这个难题。自以为求到了唯一题解，高呼着：一个新的思想时代已经到来。然而，无情的战场，惨烈的厮杀，留给后继者的永远是"被迫在起点上重新开始"的困惑和思索……何为哲学？哲学的自我追问像一个自循环魔圈，任你如何，却"必须从头做起"。①古代的哲学探讨始于对大自然的惊异，面对变化万千的宇宙，试图为全部"在者"寻求一种足以为据的"终极存在"，从而提出了"万物统一性"的问题。这意味着人类试图以某种更高的统一的存在来确定人自身存在的合理性，以确定人的生活意义。亚里士多德对"最高原因的基本原理"的寻找，就是对人类存在根基的寻求。由于人类处于由自在走向自为的过程，尚没有反省的认识，因此也不可能以反省的方式去寻求和理解人类生活的意义。只能以某种"超历史"的和非人的存在规定人的存在，并由此出发理解人与世界的关系。因而这一时期被称为"信仰的时代"。近代哲学提出"意识的统一性"或"观念的统一性"问题，自觉到"思维和存在的关系"问题并从中理解人与世界的关系，以反省的认识去寻求和理解人类生活的意义。这意味着人把目光从外在的世界直接转向人，它被称为"理性的时代"，即消解"神圣形象"的"非神圣形象"的时代。但人类的自我意识仍然受"抽象的统治"，因而又形成了对各种"非神圣形象"如哲学、科学、理性等的新的崇拜。所以，近代哲学仍然是以某种"超历史"的和非人的存在去理解和规范人的存在。因而也被称为"后神学文化"。现代哲学提出"实践的统一性"以及语言、科学等的统一性问题，意味着人类从历史的、现实的观念去看待存在的意义，因而被称为建

---

① 石里克：《哲学的未来》，转引自《哲学通论》，第13页。

构与消解"非神圣形象"的双重性过程，它体现着人类的理论理性与实践理性相融合的自我意识。现代哲学在"实践转向"的过程中，确立了理解思维与存在、人与世界关系的最切实的基础——实践，第一次开创性地提出从人的存在方式出发去理解人及其与世界的关系，寻求人生活的意义。而哲学在实现"语言转向"的过程中，则确认了思维与存在、人与世界最现实的存在方式——语言。语言的反思，是对人的文化性、社会性和历史性的存在的反思，也是从"语言"出发对人的实践的存在方式和发展方式的反思。以"语言"为中介所展开的思维与存在之间的关系是更为深层的矛盾关系，因而现代哲学是一种现实化的自觉反思的哲学意识，具有重大的进步意义。

"首先，哲学家们思考这个世界，接着，他反思认识这个世界的方式，最后，他们转向注意表达这种认识的媒介。这似乎就是哲学从形而上学，经过认识论，到语言哲学的自然进程。"① 而这一进程，并非仅仅指哲学的研究对象、哲学的研究主题的转移，也不仅仅是哲学问题的转换，解释原则的更新，思维方式的跃迁，最主要的是它凸显了对哲学前提批判的自觉与反省。反思的哲学必然具有内在的否定性、批判性，哲学在对自身存在的合理性进行自我辩护中实现了自我扬弃、自我发展。"每一原则在一定时间内都曾经是主导原则。当整个世界观皆据此唯一原则来解释时，——这就叫作哲学系统。""每一哲学曾经是，而且仍是必然的，因此没有任何哲学曾消灭了，而所有各派哲学作为全体的诸环节都肯定地保留在哲学里"，"那最新的哲学就是所有各先行原则的结果，所以没有任何哲学是完全被推翻了的。那被推翻了的不是这个哲学的原则，而只不过是这个原则的绝对性，究竟至上性。"②

当代哲学家艾耶尔提出："哲学的进步不在于任何古老问题的消失，也不在于那些有冲突的派别中一方或另一方的优势增长，而在于提出各种问题的方式的变化，以及对解决问题的特点不断增长的一致性程度。"③ 哲学发展的历史，就是自我扬弃的历史，"乃是一系列的发展，并非像一条直线抽象地向无穷发展，必须认作像一个圆圈那样，乃是回复到自身的发

---

① 斯鲁格：《弗雷格》，中国社会科学出版社1989年版，第10页。
② 黑格尔：《哲学史讲演稿·导论》第1卷，三联书店1956年版。
③ 艾耶尔：《二十世纪哲学》，上海译文出版社1987年版，第19页。

展，这个圆圈又是许多圆圈所构成；而那整体乃是许多自己回复到自己的发展过程所构成的。"① 黑格尔借用比喻多么深刻而确切地揭示了哲学——自我追思、自我超越的历史演进和发展规律，哲学自循环，不是一个首尾相衔、自我封闭的圆圈，而是螺旋式的开放的圆圈，是"仿佛向出发点的回复"。每一次自循环、每一次"回复"——自我追问，都是在"否定之否定"意义上的自循环；而每一次都必跃迁到新的层级。哲学自循环，并非循环的。

二　文化之思

（一）人的文化性

文化是积淀的，又是流动的；是兼容的，又是开放的。它承载着历史，展示着当代，预示着未来。积淀，使它具有深厚的历史感；流动，使它具有强烈的现实感；兼容，使它具有丰富的内涵；开放，使它具有博大的境界。人创造了文化，文化塑造了人。人占有文化，文化占有人。人既是历史性的存在，又是文化性的存在。文化的根基就是人类独有的"有意识的"实践活动、"有意识的"交往实践。人"把自己的生活活动本身变成自己的有意志和意识的对象。"② 按照自己的"意志和意识"进行生命活动，从而创造了生存的"意义"、生命的价值，创造了"人的世界"，创造了"文化"。于是，人的生命活动由"生存"提升为"生活"。人的"生存世界"变成了人的"意义世界"、"文化世界"，人用自己创造的文化诠释"生活"。人在创造有意义的生活世界过程中，不断反思自我，否定自我，实现着人自身的历史性发展。

人类的自我发展、人类的"生活世界"的不断丰富，构成了人的"生活活动"及其所创造的"生活世界"的全部意义。人类特有的"语言"实践活动是历史发展的，人类借以把握、理解和解释自我、世界及其相互关系的各种概念框架、思想理念、解释原则、思维方式也是历史的、发展的。人永远是一个未完成的存在。人类自身的创造性、开放性和未完成性，使得人类自己所创造的有意义的生活世界也将永远处于一个未完成的

---

① 黑格尔：《哲学史讲演录》第 1 卷，三联书店 1956 年版，第 31—32 页。
② 马克思：《1844 年经济学——哲学手稿》，人民出版社 1979 年版，第 50 页。

开放状态。而人对自我的认识，对生命的理解，对世界的把握，对历史的反思，对意义的追寻，对生活的诠释，也将永远未完成。

人类的历史，是文化的历史；人类的发展，是文化的发展。人创造文化，亦即创造自我。所以，一部人类发展史，就是一部创造史。人，用自己永不自足的"创造"，诠释"生活"，诠释"意义"。

实践具有无限的指向性和无限的过程性。人类的实践活动，是"世界不会满足人、人决心以自己的行动来改变世界"的过程。人类不断提升的"理想性"、"要求"和"目的"，就成为实践活动永远的动力和"未完成的"指向。实践中主体客观地改造客体，即人以"理想性"的要求而"现实"地"否定"世界的现存状态，使世界变成人所要求的现实。然而，现实的人总是不满足于自己的现实，总是要把现实变成理想的现实。于是，人类实践活动，不仅体现为"理想性"与"现实性"的矛盾，同时也存在着"现实性"与"无限性"的矛盾。实践的无限性在于"理想"的无限指向性，而人永远是创造的，永远地未完成。作为人的存在方式的实践活动及其历史发展构成了哲学的深刻生活基础，实践活动中所蕴含着的实践主体的自然性与超自然性、合目的性与合规律性、人的尺度与物的尺度、理想性与现实性、现实性与无限性等的各种复杂矛盾就构成哲学不倦反思的根基。

人无法忍受无意义的生活。"意义"渗透于人类生活的全部、生活的始终。神话，表现了人对"意义"的寻求，因此，既从"物"的角度赋予人的活动以意义，也从人的角度给予"物"以意义。于是，人的生命活动不再是简单的"生存"活动，而具有与宇宙同在的意义。同时，人不仅赋予"生"以意义，也赋予"死"以意义。于是，即使生命消逝，也不再是无声无息，而具有灵魂再生的意义。当人创造了一个宗教的神圣意义之时，也使自己成为悖论性存在。……宗教的意义世界是关于人应当怎样的"价值"世界，艺术的意义世界是使我们的生命更富有色彩的激情的"审美"世界，科学的意义世界则是关于世界究竟是怎样的"事实"世界或"真值"世界。人类把握世界的方式是多种多样的，人类的文化形式也是多种多样的，人把握世界的方式不同，借以规范自己的思想和行为的根据、规则也不同。当人生活在宗教的神圣意义世界里时，就会遵守宗教教义的规则，以"善恶"、"应当"的价值判断标准，衡量人自己的思想和行为；当人进入科学的意义世界时，就会遵守科学规则，以"理性"、"规律"的真值判断标准，裁定人的思想和行为。文化形式是丰富的、多样的，因而，人具有多重的文化意义世界。正是那宗教的、科学的、哲学的、神话的、艺术的等各种文化意义世界，构成了多彩的人生。人类把握世界的各种基本形式相互交织，形成了多重变奏的同一主旋律，从而构成了人的既多样又统一的语言着的实践者的意义世界。生活在这五彩的意义世界中，人，于是具有多彩的人生，于是获得了不同的意义。

　　参与了不同的游戏，就要接受不同的游戏规则，遵行不同的游戏规则。语言游戏是多样的、丰富的，在不同的语言游戏中，人获得了不同的乐趣——生活的意义。在语言游戏中，必须遵行规则，在游戏中，才能学会遵行规则。游戏规则在规范着游戏的同时，也规范着游戏者。人，正是在丰富的语言游戏中，不同的文化意义世界里，既学会了遵行规则，承载着历史文化；又改变着规则，创生着新的文化；而同时，也文化着自我，提升着自我，建构着自我，丰富着、拓展着人的意义世界。

（二）文化的多元性

　　文化是多元的，多元的文化才会相互融合、相互促进。一种语言就是一种文化，不同的语言就形成不同的文化模式。生活形式作为语言游戏的基础，决定了文化模式的内容；生活形式的差异，决定了文化模式的差异，决定了价值取向的差异；人们遵从着不同的生活形式，践行着不同的语言游戏，也就意味着人们生活在与其生活形式、语言游戏相适应的各自不同的社会和文化氛围之中，遵循着各自的价值—文化观。维特根斯坦关于生活形式多样性的思想，具有更为广泛的文化意义，它为多元的价值—文化观提供了根据。

　　哲学始终在探寻和求索着科学与理性、语言与逻辑、文化与知识、自然与人文、环境与自我、社会与人生、价值与意义等问题。哲学方法、哲学本性，归根结底在于批判。哲学作为一门学问，就在于其批判地学、批判地问；作为一种活动，就是一种批判活动。语言游戏是多种多样的，生活形式是千差万别的，社会文化观、价值观也应是多元的。不要寻找本不存在的那种普遍适用的单一判据，记住维特根斯坦的名言：我教你们以差别。价值—文化的差异性正是其发展的驱动力，既然在生活形式差异基础上形成的价值—文化的差异是我们不得不接受的"自然事实"，那么，我们就应抱有宽宏之心。在几度兴起的"文化热"中，"中西文化孰优孰劣？

孰高孰低?"之争,在维特根斯坦的"差异"面前显得那么不值一词。在世界走向一体化的今天,我们应该尊重差异。

由于语言游戏如此多种多样,从而组成了一系列可以发挥多种多样功能的"家族",以至于使那富有生活底蕴、承载了游戏精神、浸润着生命智慧和情感体验的人文精神,也获得了多元的、开放的价值取向。它也是由一系列的重叠交错的相似性组成的"家族",每个成员都有其存在的合理性、合法性,都有其据以存在的根据。因此,要尊重差异,要宽容人文精神的多元性,适应价值—文化取向的多元化变化。

文化在多元,理论在创新,思想在个性。在这弘扬个性、推崇多元的时代,我们只能说不该如何,如不该损人利己,不该好逸恶劳,不该……但却不能说一定如何,必须如何,势必如何……

维特根斯坦为我们打开了一个多彩的世界,展现了一个自由的空间。也许真的如柏拉图所言,"生活必须也作游戏来过"时,我们才能真正体味到人文精神的自由,获得生活的乐趣。当生活回归游戏时,人文精神将在游戏中回归家园。

三   思维方式之转换——中介化

(一) 关于思维方式

人类的文明史,就是人类的思想史,是人类思想不断积淀结晶的历史。这种"思想中对世界的占有",总是通过各种不同的思想体系、理论形态、概念框架得以实现的。任何一种思想体系、理论形态都有自己的形成、演化、变革、更新和发展的历史;而任何一种思想体系、理论形态都是人类对自身及其与世界相互关系的把握、理解和解释。因此,一种理论、一种思想体系所具有的合理性、解释力的深度和广度,就在于它所把握到的人的存在方式、人与世界之间相互关系的深度和广度。而人如何把握、理解、解释世界,怎样理解和确认自身的存在状态,又总是取决于人们所认同、掌握和使用的理论体系的不同性质及其所能达到的不同水平,更取决于与这一理论形态相应的思维方式。

任何思想或理论都有构成其自身的理论根据和原则,思维规则和方法。也就是说,任何思想或理论的自我构成,都要以其特定的思维规则和方法为前提,又要以其独特的概念框架、解释原则、评价标准等为内容。

它不仅直接规范着人们想什么不想什么、怎么想不怎么想，而且进而直接规范着人们做什么不做什么、怎么做不怎么做。"想什么"是思想内容问题，"怎么想"是思维方式问题，"做什么"和"怎么做"则是行为及行为方式问题。

思维方式通常是指人们用以把握、描述、理解和解释世界的概念框架的组合方式和运作方式。"所谓思维方式是一定时代人们的理性认识方式，是人的各种思维要素及其结合按一定的方法和程序表现出来的相对稳定的定型化的思维样式，是主体观念地把握客体，即认识的发动、运行和转换的内在机制和过程。"

1. 多样性

思维方式具有多样性。从概念框架的不同层次、不同性质、不同组合、不同角度上看，人们的思维方式可区分为"形而上学的思维方式"与"辩证法的思维方式"，"抽象的思维方式"与"形象的思维方式"，"逻辑的思维方式"与"直觉的思维方式"，"收敛的思维方式"与"发散的思维方式"，"常识的思维方式"与"科学的思维方式"及"哲学的思维方式"。

2. 历史性

思维方式具有历史性。人们的思维方式是同一定的社会历史条件、时代背景、实践发展水平和科学文化背景联系在一起的，是社会发展各种思想文化要素的综合反映和综合体。正如恩格斯所言："每一时代的理论思维，从而我们时代的理论思维，都是一种历史的产物，在不同的时代具有非常不同的形式，并因而具有非常不同的内容。"①

3. 具体性

思维方式具有具体性。不仅不同时代、不同历史条件下人们的思维方式不同；同一时期不同的人也会持有不同的思维方式。由于每个人的生活经历不同，学习、教育背景不同，以及知识水平、认识能力、立场、观点等主观条件的不同，每个人都会形成自己相对稳定的思维方式，作为其认识、理解、把握世界的具体思维模式。

思维方式同人的思想方式、行为方式是相互影响、相互制约、相互作用的。其中，思维方式的作用则是至关重要的。思维方式不但决定着人们

---

① 《马克思恩格斯选集》第4卷，人民出版社1995年版，第284页。

认识、思考问题的视角，提出问题的方式，也决定着人们分析问题、解决问题的方式方法；既决定和制约着认识的深度和广度，而且也决定、制约着人的行为方式及效果。当代美国科学哲学家瓦托夫斯基曾指出："……这种概念框架是一种我们用以理性地整理我们的知识的方式。而且，只要我们的思想和认识与我们的信念和行动密切联系在一起，这种概念框架也适合于安排我们的行动和期望。"①

（二）思维方式与哲学变革

当思维方式发生深刻变化或历史性变革时，必然造成对思想体系的冲击，促使理论形态的更迭，解释原则的转换，并进而带来人们行为方式和价值观念的巨大改变。

1. 常识—科学

由日常的起居、劳作、交往等所构成的最基本的、最平常的、最朴实的生活世界中，人们所能接触到的一切客观存在，作为既定的经验客体，以直观可感的方式，实实在在地呈现在人们切实所在的日常生活中。基于祖祖辈辈、世世代代的稳定的、确定的"共同经验"，人们形成了"黑白分明"、"非此即彼"、"两极对立"的常识思维方式，并由此形成了"爱憎分明"的价值观念及"非善即恶"、"非好即坏"的生活态度和行为方式。

迅猛发展的科学技术以不可抗拒之势冲击着非此即彼、两极对立的常识思维。科学的发展"代表着一条抽象的思维能力迅速进步的指示线。它已导致具有最高完善性的纯粹理论结构，……它已把人类的思维训练到能够理解以前几世纪中有教养的人所不能理解的逻辑关系"②。现代科学发展带来的必然结果，是人们思维方式的转变，随之而来的就是人的行为方式、生活方式的深刻变革。科学以其系统化的知识体系和逻辑化的思维方式规范着人们的思想方式和行为方式。从这个意义上说，科学发展的历史，也就是人类思维方式转换的历史、发展的历史。

哲学作为人类思想的反思活动，从产生之初，就具有其独特的思维运

①　瓦托夫斯基：《科学思想的概念基础——科学哲学导论》，求实出版社 1987 年版，第 10—11 页。

②　赖欣巴哈：《科学哲学的兴起》，商务印书馆 1966 年版，第 96 页。

作方式，哲学史上每一次理论形态的重大历史转变、理论内涵的更新，无不伴随着思维方式的重大变革，研究方法的变化，认识视角的转换。

2. 直观—反省

古代哲学还没有自觉到"思维和存在的关系问题"，只能以直观的方式去寻求世界的统一性，直接断言世界本身，与这种解释原则相应的只能是一种非反省的直观的思维方式。近代哲学之所以被称为"认识论转向"，就在于它以反省人类意识及其与世界的相互关系为出发点，在自觉提出"思维和存在的关系问题"的基础上寻求二者的统一。近代哲学否定古代哲学的解释原则的同时，最重要的意义在于其思维方式的跃迁，促使人类思维由直观走向反省，从而实现了由非反思的思维方式向反省的思维方式的跃迁。（前文已有论述，这里不再赘述）

3. 两极对立—辩证统一

近代哲学自觉到了"思维与存在"之间的矛盾，从而使研究思维与存在、主观与客观、主体与客体矛盾关系的"认识论"问题成为哲学的根本问题。整个近代哲学的根本问题，就是解决"思想的客观性问题"，即人的思想是否具有客观内容的问题。近代唯物论认为，思想的客观性在于它是对客观对象（意识外的存在）的印象；而近代唯心主义哲学则认为，思想的对象即是思想的内容（意识界的存在），思想通过自我认识而形成的思维规定具有客观性。这样近代哲学从反省的思维方式出发，立足于对"思维和存在"的关系问题的研究，但却在寻找"思想的客观性"的过程中陷入了思维与存在、主观与客观、主体与客体二元对立的形而上学思维方式。

黑格尔作为辩证法大师曾力图从思维的矛盾运动中去论证思维与存在的统一性，又从思维的建构与反思的对立统一中去展现思维的矛盾运动，设想在辩证法的"本体论"、"认识论"和"逻辑学"的统一中去解决"思维和存在"的二元对立。近代哲学的状况就如同黑格尔所言："近代哲学的出发点，是古代哲学最后所达到的那个原则，即现实的自我意识的立场；总之，它是以呈现在自己面前的精神为原则的。中世纪的观点认为思想中的东西与实存的宇宙有差异，近代哲学则把这个差异发展成为对立，并且以消除这一对立作为自己的任务。因此主要的兴趣并不在于如实地思维各个对象，而在于思维那个对于这些对象的思维和理解，即思维这个统一本身；这个统一，就是某一假定客体的进入意识。"① 恩格斯指出："我们的主观思想和客观的世界服从于同样的规律"，这是"我们的理论思维的不自觉的无条件的前提"。然而，"18 世纪的唯物主义，由于其本质上的形而上学的性质，只是从内容方面研究这个前提。它只限于证明一切思维和知识的内容都应当来源于感性的经验，而且重新提出下面这个命题：感觉中未曾有过的东西，理智中也不存在。只有现代唯心主义的，同时也是辩证的哲学，特别是黑格尔，才又从形式方面研究了这个前提。"② 黑格尔作为西方传统哲学的集大成者，他对哲学的思辨理解及概念辩证法思想具有重大的理论意义，他不仅揭示了人类思想运动的逻辑的辩证法，而且运用其反思的概念辩证法在消解"个体思维的有限性"和"认知过程的外在性"的过程中，实现了个体理性和普遍理性的辩证融合。然而由于其所代表的传统哲学具有的历史局限性，制约了黑格尔的哲学思想及其思维方式。他从"形式"方面去考察"思维和存在的关系问题"，只能抽象地发展思维的能动性。"黑格尔的辩证法虽然完成了本体论境界的升华，但却始终只是囿于一种逻辑的完成和思辨的解决。用马克思的话说，这是'头足倒置'的。这一局限性使黑格尔哲学游离了人及其存在，从而无法找到本体境界的实践展现，这一缺陷，恰恰为马克思的哲学创新提供了充分的余地。"③

（三）中介化的转向

黑格尔"以最宏伟的形式概括了哲学的全部发展"④，以其丰富而深刻的辩证的思辨哲学为传统哲学向现代哲学的跨越提供了历史性转机，并成为现代哲学的"实践转向"和"语言转向"的直接理论对象。在克服近代哲学主客二元对立思维模式的内在矛盾的过程中，哲学的理论形态及思维方式都再一次发生革命性"转向"——近代哲学为现代哲学所取代。这就是哲学界所谓的"实践转向"和"语言转向"。

马克思对分别从对立的两极出发寻求解释世界统一性的近代哲学作了深刻的批判，总结"从前的一切唯物主义（包括费尔巴哈的唯物主义）的

---

① 黑格尔：《哲学史讲演录》第 4 卷，商务印书馆 1959 年版，第 5—6 页。
② 《马克思恩格斯选集》第 4 卷，人民出版社 1995 年版，第 364 页。
③ 何中华：《实践、辩证法与马克思主义哲学的新诠》，转自《学术月刊》1996 年第 11 期。
④ 《马克思恩格斯选集》第 4 卷，人民出版社 1995 年版，第 220 页。

主要缺点是：对对象、现实、感性，只是从客体的或者直观的形式去理解，而不是把它们当作感性的人的活动，当作实践去理解，不是从主体方面去理解。因此，和唯物主义相反，能动的方面却被唯心主义抽象地发展了，当然唯心主义是不知道现实的、感性的活动本身的。"① 马克思立足于人的存在方式和发展方式，用实践观点的思维方式深刻地揭示了思维与存在、人与世界之间的矛盾，从而达到了思维与存在、人与世界之间的否定性统一的辩证理解。实践论的思维方式与辩证法是统一的，也就是说，基于人的实践性存在方式所理解的关于思维与存在、人与世界及其相互关系，才会是动态的、发展的、联系的、辩证的思维方式，才是彻底的批判性的思维方式。

人们把马克思主义哲学称为哲学史上的"实践转向"的同时，又把从"语言"出发，从文化层面上去理解和把握思维与存在、人与世界及其相互关系的现代西方哲学称为"语言转向"。"语言转向"所批判的是离开对人类"语言"的考察而直接断言思维与存在、人与世界及其相互关系，主张哲学应该以"语言"为基本对象和基本内容，试图通过对人类语言的"分析"或"解释"，从文化的多样统一性中寻求人的自我理解，从而使思维和存在相统一的诸多中介环节得以凸显。

以历史的、中介化的思维方式提出问题，以寻求对思维与存在、人与世界及其相互关系的新的理解，这是以批判和克服主客二元对立的形而上学的思维方式为出发点而实现的哲学史上具有重大意义的"转向"。

1. 最直接的理论渊源

寻求"中介化"的解决方式最直接的理论渊源就是黑格尔哲学。黑格尔哲学具有多重内涵，然而长期以来并未完全得到充分认识。往往简单地把他的哲学归结为思辨的概念辩证法、"放荡的理性"等。深入探讨和研究黑格尔哲学的多重内涵，不仅对于我们深刻理解现代哲学所实现的"哲学转向"——"实践转向"和"语言转向"具有重要的理论意义，而且对于我们探讨当代哲学的发展趋势同样具有重大意义。同时，也有益于我们在历史与逻辑的统一中辩证地把握哲学历史的演进。

近代哲学在自觉地探讨"思维和存在的关系问题"的过程中，之所以形成唯物论和唯心主义两大派别的对立及主客二元对立，其根本原因就在

---

① 《马克思恩格斯选集》第 1 卷，人民出版社 1995 年版，第 54 页。

于它们不仅在"思维和存在的关系问题"上的立场不同,而且对"思维"和"存在"本身的理解也不同。近代唯物主义理解的"存在"是"意识外的存在",而"思维"则是"意识界的存在",即作为"意识内容"的存在。而近代唯心主义理解的"存在"是"意识界的存在",即"意识内容"的存在;而"思维"则是统摄"意识界的存在"的思维活动。这样,近代唯物主义就把"思维"与"存在"的关系理解为"意识内容"和"意识对象"的关系,最终只能被动地理解人与世界的关系,取消人的能动性而坚持一种单纯的自在的客观性原则。近代唯心主义则把"思维"和"存在"的关系理解为"思维活动"和"意识内容"的关系,坚持一种单纯的自为的主体性原则,从而取消了客观性原则。近代唯物主义和唯心主义互不相容的形而上学思维方式,最终必然导致客观性原则与主观性原则的互不相容。

黑格尔以概念运动的辩证发展——人类思想运动的逻辑,克服了二元对立,以新的辩证的思维方式促进了哲学的发展。黑格尔认为,要实现"思维"与"存在"、"精神"与"自然"的统一只能求助于把二者统一起来的中介环节——概念。概念既是自在的客观世界对自为的主观世界的生成,又是自为的主观世界对自在的客观世界的生成。概念世界就变成了自在自为的世界。概念的生成与外化就现实地实现着自然与精神、主观与客观、思维与存在的统一,并且这一统一过程是思维构成自己的双重否定过程:思维不断否定自身而获得更多的规定性;同时又不断地批判否定所获得的规定性而获得更高层次的规定性。概念作为自然与精神、思维与存在双向生成的中介,应是客观尺度与主观尺度的统一:它首先是具有客观意义的主观目的性,即以"真"为根基的"善"的要求,其次又通过其自身的"外化"、"对象化",即外部现实性活动,而生成合规律性存在,即生成人所要求的世界。列宁曾高度评价黑格尔,认为在黑格尔这逻辑学的概念论中包含着历史唯物主义的萌芽。"这个萌芽,就在于黑格尔对概念的实践理解中,具有把实践活动作为自然与精神、客观与主观统一的中介,并通过这个中介来说明世界对人的生成的天才猜测。"①

应该说,黑格尔不自觉地为现代哲学发展指出了一条中介化的路径,

---

① 孙正聿:《孙正聿哲学文集·崇高的位置》第四卷,吉林人民出版社 2007 年版,第 74 页。

同时也使他自己的哲学成为传统向现代"哲学转向"的中介。

现代哲学正是以黑格尔的"概念世界"为契机，开拓了中介化的研究之路。现代哲学与传统哲学最大的区别就表现在放弃形而上学的"本体"，摆脱主客二元对立的两极思维方式，致力于对联结主观与客观、思维与存在的中介环节的反思。这不能不说是哲学史上的一场革命，是思维方式的革命，是哲学的空前发展。

作为现代哲学最高成就的马克思主义哲学以"实践"为中介，从而为人的思维找到了最真实的、最切近的基础。而"语言转向"中对"思维"、"语言"、"存在"三者关系的总体理解，显示出现代西方哲学对哲学"中介化"道路的拓展，而对"科学"、"艺术"、"符号"、"意义"等的有关哲学探讨，则丰富着"中介化"的内容。

2. 以"实践"为中介

以人的历史活动为中介而探索人与世界的关系问题，这是整个现代哲学的共同特征。马克思所开拓的"实践转向"，第一次从人的存在方式去理解人与世界及其相互关系，开辟了哲学研究的新方向；而"语言转向"、"文化转向"等都是这一新的研究方向的继续。

哲学，从根本上说就是关于人的哲学，自其产生之初，哲学家就关注人。无论是从古希腊"认识你自己"的名言，到赫拉克利特的"我已经寻找过我自己"；还是从"自然是人的法则"，到"人是万物的尺度"；从"理性是宇宙的立法者"，到"人的根本就是人本身"，都体现了哲学对人的关怀。古代哲学采取了一种"外观的方式"，寻求破解人的奥秘。自觉地把"思维和存在的关系问题"作为哲学的重大基本问题的近代哲学，则显示出以更为直接的方式自觉地从人出发去思考哲学问题。德国古典哲学的奠基人康德则明确提出从"主体"出发去反思哲学问题。费尔巴哈作为德国古典哲学的终结者则建立了以"人"为出发点的"人本学"。"费尔巴哈没有走的一步，必定会有人走的。对抽象的人的崇拜，即费尔巴哈的新宗教的核心，必定会由关于现实的人及其历史发展的科学来代替。这个超出费尔巴哈而进一步发展费尔巴哈观点的工作，是由马克思于1845年在《神圣家族》中开始的。"①

从哲学发展的逻辑上看，马克思的"实践转向"是在批判继承费尔巴

---

① 《马克思恩格斯选集》第4卷，人民出版社1995年版，第241页。

哈哲学，并直接地以黑格尔哲学为批判对象而实现的中介化转向。马克思认为，黑格尔仅仅把概念作为客观主观化和主观客观化的中介环节，这是导致其神秘化的概念辩证法的根本原因。所以，不能用概念的辩证运动去说明人类的实践活动；而只能用人类的实践活动去解释概念的辩证发展。只有把概念作为实践的内在环节，它才既是实践主体对实践客体的规律性认识的结果，又是实践主体对实践客体的目的性要求的体现；它才真正是合规律性与合目的性的统一。人类存在的矛盾性，从根本上说，就是人类存在的实践性。人类存在的实践性是人类存在的全部矛盾性的根源。"实践既是消除主观性与客观性各自的片面性、使主体与客体达到统一的活动，又是发展主观性与客观性的对立、造成主体与客体新的矛盾的活动。总之，在实践活动中不仅蕴藏着人类社会生活的一切秘密，也蕴藏着人对对象世界的一切秘密；它是人类面对的一切现实矛盾的总根源，同时又是人类能够获得解决这一切矛盾的力量和方法的源泉和宝库。"①

3. 以"语言"为中介

"语言转向"则使哲学从集中于对"观念"的反思转向对"语言"的反思，从而使哲学反思不仅发生了视角的转换，而且在反思的广度、深度、力度上都发生了更为深刻的变化，并具有时代转换的意义。哲学中的"语言转向"，从研究方式上说，是要求哲学家从语言出发去反思人与世界的关系；从哲学的自我理解上说，则是要求哲学家通过对语言的反思而实现对哲学的现代理解。因此，对"语言"的分析，不仅仅分析人所理解的世界，而且首先是分析人对世界的理解。语言是交往实践的中介，语言保存着历史的文化积淀，语言构成历史与现实的纽带，通过语言而实现的人的自我理解和相互理解，构成人类存在的"意义世界"；语言中蕴藏着自然与精神、客观与主观、存在与思维等的深刻矛盾，积淀着人类思维和全部文化的历史成果。可见，现代西方哲学"语言转向"所关注和理解的"语言"，是作为人的存在方式的语言。在一定意义上，人既是历史性的存在，又是社会性的存在，同时也是文化性的存在。因此，对"语言"的反思，就是从"语言"出发，以人的实践活动为基础，对人的文化性、社会性、历史性的存在的反思。人类存在的矛盾性以"语言"为载体获得了深刻的揭示。现代西方哲学还从"文化批判"、"人文研究"的视角研究语

---

① 高清海：《论实践观点作为思维方式的意义》，转引自《社会科学战线》1988 年第 1 期。

言，特别是欧陆哲学，突出地探讨了语言与历史文化的关系，语言与人的思想方式、行为方式的关系，语言与人类文化的多样性、统一性的关系，从人类文化的多样统一性去寻求人的自我理解。

现代西方哲学实现的"语言转向"使思维与存在、人与世界及其相互关系在实践反思的基础上获得了更为丰富的、深刻的理论内涵，在现代水平上深化了对哲学的自我理解。

现代科学哲学反思的"科学"、现代哲学解释学反思的"意义"、现代语言分析哲学反思的"语言"、现代哲学文化学反思的"符号"等，自身都具有使主观与客观、思维与存在相融过渡的中介性质，都是主观客观化和客观主观化的中介环节，都是中介环节多层次性、多面性的具体表现。但最根本的还是实践这一中介环节。"语言"、"科学"、"文化"等的产生、发展皆植根于作为人的生命之根、立命之本的实践，都应视为以实践为核心的哲学中介化发展的深入展开和具体化。现代哲学所发生的这种"转向"，其重要意义不仅在于哲学研究内容、研究课题、研究趋向的转变，更重要的在于思维方式的转变，它已经深深地影响了现代人生活的各个方面。

4. 维氏"转向"

维特根斯坦作为一个首创性的哲学家，以其富有独特风格和独创性的哲学思想以及特立独行的个性，引起了哲学界的广泛关注。他首次提出"一切哲学都是'对语言的批判'。"[①] 正因为这一原因，有学者认为带来语言转向的不是弗雷格，也不是罗素，而是维特根斯坦，维特根斯坦才是第一个"语言哲学家"。它使语言哲学不再作为哲学的一个分支，而成为哲学本身，即成为"第一哲学"。维特根斯坦的哲学语言观同以往的语言哲学家相比，表现出了巨大的差异。语言与历史、艺术、教育等不同，对历史、艺术、教育等观念的哲学考察而相应形成的历史哲学、艺术哲学、教育哲学等，可以视为哲学的不同分支。但语言则不同，语言与概念的关系极为紧密，以至于常常无法对二者进行区分和界定。所以，一切概念的考察都是语词考察，一切哲学都是对语言的批判，一切哲学分析都是对语言的分析。可见，维特根斯坦哲学对西方哲学具有根本意义的转向。他与

----

① 《逻辑哲学论》，郭英译，商务印书馆 1985 年版；Tractatus Logico Philosophicus, tr. D. F. Pears and B. F. McGuinnness, Routledge, 1961, 4.0031。

其他哲学的区别，不仅仅是对"语言"的理解上的差别，实质是哲学观上的差别。

维特根斯坦对现代西方哲学所产生的巨大影响，不仅仅在于他整个哲学的反传统意义，更在于他前后期哲学思想的巨大差异。作为 20 世纪影响最大的哲学——分析哲学的奠基人之一，维特根斯坦以其前后期哲学，分别引领了两种不同的哲学思潮：前期改写了逻辑分析哲学的传统；后期则开启了语言分析哲学的新思潮。足见差别之巨大。而这种差别，与其说是哲学思想、研究内容上的差别，毋宁说是哲学方法上的差别，而更深层的则是思维方式上的转换。同时我们还应看到，维特根斯坦后期思想与日常语言分析思想又存在着很大的不同。正是在这种意义上，很多学者认为维特根斯坦后期哲学不属于任何流派，而是自成一体的。

维特根斯坦对当代哲学以及未来哲学的最大贡献、最深远的影响在于其方法，在于其给我们及后人所提示的思维方式的转换。正如维特根斯坦自己所强调的，我想要你去做的，不是在个别观点上同意我的意见，而是以正确的方式研究问题。"我想要教你的不是意见而是一种方法。"① 维特根斯坦后期所力图给予我们的就是一种方法。应该说，观察事物的方式或方法，比观察本身更为重要、更为根本。"语言游戏的本质是实践的方法。"② 就是说，维特根斯坦强调语言实践，也是意在强调一种方法。维特根斯坦反复强调，说出语言是一种活动或一种游戏，想象一种语言游戏就是想象一种生活形式。语言的一致性取决于生活形式的一致性。这都是在强调语言游戏的实践方法意义。强调语言游戏就是人类生活本身，其重要意义在于使人们彻底摆脱一切理论空谈，摆脱一切无意义的抽象思辨；让人们关注生活，回归实在的真实的日常生活。只有在最基本的语言游戏——生活实践中，才能确认人类自身存在的意义。

马克思曾以最精辟的语言总结了自己的实践哲学观："哲学家们只是用不同的方式解释世界，而问题在于改变世界。"③ 马克思的实践哲学观不仅在于把人与世界的对立统一关系扬弃为人类实践活动的内在环节，而且

---

① 《维特根斯坦手稿》，转引自希尔明《后期维特根斯坦》，第 291、292 页。

② 《哲学时刻，1912—1951》，克拉格、诺德曼编辑，哈克特出版公司 1993 年版。Philosophical Occasions, 1912 - 1951, ed. James C. Klagge and Alfred Nordmann, Hcketttr Publishing Company, 1993, p. 399.

③ 《马克思恩格斯选集》第 1 卷，人民出版社 1995 年版，第 19 页。

在于它揭示了人类最基本的实践活动在人与世界关系中的基础地位，即哲学的生活基础就是人类的实践活动及其历史发展。

人类总是用语言来理解自我、理解世界，并表达着对自我、对世界的理解，以实践为基础而达到的人与世界之间的否定性统一，是在"使用语言"的活动中实现的，是集人的社会性、历史性、文化性、创造性于一体的统一，是包含着丰富内涵的统一。维特根斯坦哲学更重要的意义在于其哲学方法，强调语言不能脱离生活实际，从而揭示了语言的现实生活基础。马克思指出："哲学家们只要把自己的语言还原为他从中抽象出来的普通语言，就可以认清他们的语言是被歪曲了的现实世界的语言，就可以懂得，无论思想或语言都不能独自组成特殊的王国，它们只是现实生活的表现。"① 马克思主义哲学的这一观点，对于我们更深入地理解维特根斯坦的哲学方法，具有指导性意义。

马克思指出："语言是一种实践的、既为别人存在因而也为我自身而存在的、现实的意识。"② 这是语言在生活实践和人们的现实交往实践中的根本性特点。维特根斯坦从语言游戏活动出发，强调语言使用之于意义、之于遵行规则的重要。正是在这一点上，鲁宾斯指出："由于把意义看作社会实践的性质，马克思和维特根斯坦决定性地与传统决裂。""马克思和维特根斯坦暗示，对于整个社会实践系统有完整的理解的必要，然而马克思的思想在这方面有重要的优越地位。维特根斯坦使用'生活方式'的概念，从而表明更大的系统对于人行为的意义的影响。"③ 就此我们也许还可以作进一步的深入研究，但无论如何，维特根斯坦哲学在方法论、在思维方式上的转变是根本性的，对其后的哲学影响是深远的。

维特根斯坦的语言游戏论从语用学的维度为语言分析哲学家们提出的任务就是，"分析人的思想、分析人们理解和接受这个世界或相互交际交流的概念的最好办法，就是研究它们的实际应用。"④ 从而转换了哲学的研究主题以及研究的方式，把语言在实际中的使用——语用研究提升为哲学的中心话题。这种思想不仅促使日常语言分析哲学取得了长足发展，而且导致人们对"语言"更为广泛、更为深切的关注。对语言的"文化"的

① 马克思、恩格斯：《德意志意识形态》，人民出版社 1961 年版，第 515 页。
② 《马克思恩格斯选集》第 1 卷，人民出版社 1995 年版，第 81 页。
③ 鲁宾斯：《马克思和维特根斯坦》，伦敦 1981 年版，第 206 页。
④ 麦基：《思想家——当代哲学的创造者们》，三联书店 1987 年版，第 182 页。

"人文"的关注，使得 20 世纪末的哲学呈现出"科学主义"与"人本主义"的某种合流的端倪。同时这种思想也悄悄地改变着人们对语言、对生活乃至文化的观点和理念。现代语言分析哲学家们要求把一切传统的问题和领域都置于分析的框架内重新加以审视、理解和评判的理念以及他们思考问题、研究问题的方式，正在作为现代理性的一种不可避免的态度和方式，影响着现代人生活的各个方面，特别是对人的生活态度和生活方式的深刻影响，是不容忽视的。

四　语言游戏的方法论之思

（一）只用描述　避免说明

　　"描述"在维特根斯坦后期哲学中，首先应看作一种方法，一种哲学方法。维特根斯坦的这一观点与其对哲学的理解有关。维特根斯坦认为哲学不是理论，而是活动，是描述活动。强调哲学的描述性是后期维特根斯坦哲学的重要特点。可以说，"描述"既是他赋予哲学的一种特性或性质（我们可以通过维氏哲学所使用的方法去看他对哲学的规定和理解），也是一种方法，一种哲学方法。

　　首先他的"描述"是相对于"说明"而言的。他一贯注重哲学与科学的区别。他认为"说明"作为一种方法，是科学方法，或者说表示科学固有的独特作用。"我是指将对自然现象的说明还原为尽可能少的若干原始的自然规律的方法。"①"说明"是与科学所关心的因果律有关的；而"描述"从科学的角度理解则是与现象有关的，即描述的是现象。维特根斯坦认为，"描述"回答"怎样"的问题，"说明"回答"为什么"的问题。维特根斯坦把"描述"与"说明"的区分用于哲学，强调哲学要避免任何说明，哲学应当是描述的，甚至是"纯粹描述的"。他所谓的哲学中的描述，不是科学意义上的描述，即：不是对现象的描述，而是细致的显现出语言的日常用法，显示实际生活中是怎样使用语词的。也就是说，哲学面对的是语言的用法。"在我们的思考中决不要任何假设的东西。我们必须避免一切说明，而只用描述来代替它。""哲学绝不可以干预语言的实际用

---

　　① 《蓝色和棕色笔记本》，里斯编辑，布赖克威尔出版公司 1958 年版。*The Blue and Brown Books*, ed. R. Rhees, Black-well, 1958, p. 19。

法；它归根结底只能描述用法。"① 维特根斯坦以"描述"看待哲学，从根本上说，富有科学的实证精神，至少借鉴了实证研究的方法。

（二）只要具体　无须思辨

在《哲学研究》一书中，维特根斯坦把"描述"这个词也用于语法。"语法并不向我们指明为了达到某种目的或为了对人有某种作用而应当怎样构造语言。语法不过是描述而不说明记号的用法。"② 显然，维特根斯坦所说的"语法"不能用通常的语言学和逻辑语义学的观点去理解。他所说的语法就是语词、语句在游戏活动中的正确用法。这样，语法的作用，也体现着哲学的作用——把词的使用展现出来。维特根斯坦强调，"把句子当作一个工具来看，把它的意思当作它的使用来看。"③ "词在实践中的使用就是它的意义。"④ 所以，进一步提出"不要想，而要看！"⑤ "意义是一种观相术。"⑥ 从而，维特根斯坦就把哲学家的目光严格限制在了视觉领域。"语言的意义在于用法"，应该说维特根斯坦这一思想实际上体现的是一种方法论的要求。维特根斯坦要求我们理解一个语词的意义时，不需要"想"，而是需要"看"。"想"是一种抽象的思维活动，其指向的是脱离实际的抽象，是思辨；而"看"是一种可经验的可感知的直观的活动，"看"所指向的是具体，是实际。这里的"看"可理解为"观察"。维特根斯坦的"观相术"也不是科学，它只能直观地观察"变换着的面相"⑦，而科学寻求因果联系和规律，需要凭借抽象思维，运用逻辑的推理等方法。显然，维特根斯坦反对脱离语言游戏活动，脱离语言的实际使用而思辨地、抽象地阐明"意义"。如果没有可供"看"、可供"观察"的游戏，

---

① 《哲学研究》，安斯康英译，英国布莱克威尔出版公司 1953 年版；汤潮、范光棣译，三联书店 1992 年版；李步楼译，商务印书馆 1996 年版。Philosophical Investigations, tr. G. E. M. Anscombe Blackwell, 1953, §109, §124。

② 同上书，§496。

③ 同上书，§421。

④ 《蓝色和棕色笔记本》，里斯编辑，布赖克威尔出版公司 1958 年版。The Blue and Brown Books, ed. R. Rhees, Black-well, 1958, p. 69。

⑤ 《哲学研究》，安斯康英译，英国布莱克威尔出版公司 1953 年版；汤潮、范光棣译，三联书店 1992 年版；李步楼译，商务印书馆 1996 年版。Philosophical Investigations, tr. G. E. M. Anscombe Blackwell, 1953, §66。

⑥ 同上书，§568。

⑦ 同上书，§207。

沉湎于某个抽象的意义问题，去苦"思"冥"想"，就会误入歧途。如果基于对游戏的"观察"，"意义"就会在游戏的具体情境中得以显现。我们不可能离开语言游戏抽象地对待它，不能采取抽象研究的方法，而只能采取实际观察的方式。"语言游戏的本质是实践的方法（活动的方式）——而不是玄想，不是空谈。"① 所以，"意义就是用法"实际上是一种方法论的要求，是哲学研究上的一种方法论。作为一种方法论，他强调的是具体观察，反对脱离实际的抽象思辨，反对人们抽象地讨论语言的意义。而是要求人们深入生活，从丰富的日常生活中，具体的使用中，"观察"理解语言的具体意义。人类生活是具体的、历史的、变化的，语言根植于生活，也应该是具体的、历史的。只有在具体的使用中，意义才是具体的。显然，他的方法是一种非推理的观察方法，是一种具体问题具体分析的方法。这种方法论的思想无疑是正确的，有积极意义的。

（三）强调概观　拒绝割离

　　语言游戏是"由语言以及语言交织于其中的行为组成的整体"②。"把样本当作语言工具的一部分是最自然而又最少引起混乱的。"③ 维特根斯坦强调全貌概观对于清除形而上学具有特别重要的意义。全貌概观就是要看清字词在我们日常生活中是如何使用的。"全貌再现标志着我们所给予的描述形式和我们看待事物的方式"④ 哲学"不追求精确性，而追求一种全貌概观"⑤。维特根斯坦本人没有对"全貌概观"作出明确的说明，但从其所强调的前后思想联系中我们不难理解，这种全貌概观首先是一种整体的思维方式。强调联系，拒绝割离。语言游戏是一个由各种相互联系的因素组成的有机整体，语言游戏者、语境、语法规则等各种因素都不可忽视。"加冕典礼是一幅壮观和尊严的图画。把一分钟从仪式过程的环境中

---

①　《哲学时刻，1912—1951》，克拉格、诺德曼编辑，哈克特出版公司1993年版。Philosophical Occasions，1912 – 1951，ed. James C. Klagge and Alfred Nordmann，Hcketttr Publishing Company，1993，§399。

②　《哲学研究》，安斯康英译，英国布莱克威尔出版公司1953年版；汤潮、范光棣译，三联书店1992年版；李步楼译，商务印书馆1996年版。Philosophical Investigations，tr. G. E. M. Anscombe Blackwell，1953，§7。

③　同上书，§16。

④　同上书，§122。

⑤　维特根斯坦：《字条集》（缩 Z.），第124页。

割离出来：皇冠戴在了身穿加冕礼服的国王头上，但是在不同的环境中，金子是最贱的金属，它的闪耀被认为是粗俗。那里的礼服纤维造价最低廉。皇冠是一顶高贵帽子的拙劣模仿等等。"[1]

此外，维特根斯坦在反对抽象地讨论字词的意义时，也一再强调不要犯把意义与使用割裂开来的错误。语言的意义在于使用，这不仅要求我们掌握全面的联系、动态的方法；而且全面概观也更强调语言的用法与生活形式的联系。生活形式是理解语言的基础。"实践产生了字词的意义。"[2]从生活形式、从人类的实践活动理解人类语言的意义，其思想的重要性不仅仅在于强调和主张了一种动态的普遍联系的整体性观点，更在于其深刻地揭示了人类语言的本质特征和语言在社会生活中的作用。维特根斯坦有关生活形式的论述对于我们深化马克思主义的实践观具有重要的启示作用。所以，维特根斯坦的这一思想具有哲学方法论的意义。

（四）注重动态　放弃静观

维特根斯坦反对把语言从实际生活的使用中抽取出来，孤立地考察。如果孤立地考察，语言就变成了死的符号。"我们在谈论语言的时间和空间现象，而不是某种非时间、非空间的幻想。……但是我们谈论它时就像我们在下棋时对待棋子一样，我们陈述游戏的规则，而不描述它们的物理属性。"[3]"用一把尺子比在这个身体上，它不说身体有如此如此的长度。其实它本身——我要说——是死的，思维所获得的一切它一点也得不到——这好像我们设想一个活人的本质性的东西与他的外形一样。然后我们用一块木头做这样一个外形，等看到这块愚蠢的木头一点也不像活人时才感到难堪。"[4]符号是死的，是人的活动赋予它们以生命。符号之所以有

---

①《哲学研究》，安斯康英译，英国布莱克威尔出版公司1953年版；汤潮、范光棣译，三联书店1992年版；李步楼译，商务印书馆1996年版。Philosophical Investigations, tr. G. E. M. Anscombe, Blackwell, 1953, §584。

② 维特根斯坦：《文化与价值》，*Culture and Value*（缩 CV.）。

③《哲学研究》，安斯康英译，英国布莱克威尔出版公司1953年版；汤潮、范光棣译，三联书店1992年版；李步楼译，商务印书馆1996年版。Philosophical Investigations, tr. G. E. M. Anscombe, Blackwell, 1953, §108。

④《哲学研究》，安斯康英译，英国布莱克威尔出版公司1953年版；汤潮、范光棣译，三联书店1992年版；李步楼译，商务印书馆1996年版。Philosophical Investigations, tr. G. E. M. Anscombe, Blackwell, 1953, §430。

意义，是因为它在我们生活中被使用。关注生活，关注语言游戏，关注交往实践，对我们有特别重要的意义。可见，维特根斯坦考察的是时空中的语言现象，而不是非时空的脱离实际生活的语言现象。如果抽象地考察语言的逻辑结构，就会使语言脱离时空、脱离它的实际使用。这种语言只能以静态的形式呈现，它只能是僵死的符号，是毫无意义的符号。语言游戏中的语言，使用中的语言，才应该是我们的观察目标。语言在使用中才有意义。语言在本质上是实践的，在实践中产生，也应在实践中加以理解。

五 哲学语用学之构想

（一）关于哲学之"问题"

1. 新的哲学观

"哲学史的结果所昭示的，不过只是分歧的思想、多样的哲学的发生过程，这些思想和哲学彼此互相反对、互相矛盾、互相推翻。"① 哲学家之间的思想分歧、多样的哲学理论，都与其哲学观密切相关。维特根斯坦对哲学问题的解决方法及其研究哲学的方法，之所以既有别于传统又有别于现代，就在于他对哲学的重新理解。可以说，维特根斯坦建立了一种全新的哲学观，是哲学史上哲学观的一次重大的革命性转折。

在哲学史上，哲学家的哲学观曾发生过多次历史性的变化。然而，不论是古代的本体论，还是近代的认识论，都热衷于追求"用纯粹理性的一些原理来论证出关于至高无上的存在体和来世的知识"② 的形而上学，"不管是古典形式和现代形式的形而上学思想的推动力都是企图把各种事物综合成一个整体，提供出一种统一的图景或框架，在其中我们经验中的各式各样的事物能够在某些普遍原理的基础上得到解释，或可以被解释为某种普遍本质或过程的各种表现。"③

近代哲学中，最先向传统哲学发难的是休谟和康德。他们虽不否认人的理性，但他们否认人的理性可以达到形而上学的本体。休谟与康德哲学对形而上学的批判是历史的转折。"把现今的哲学和以往的哲学联系起来

---

① 黑格尔：《哲学史讲演录》第 1 卷，商务印书馆 1959 年版，第 62 页。
② 《未来形而上学导论》，第 28—29 页。
③ 瓦托夫斯基：《科学思想的概念基础》，求实出版社 1982 年版，第 14 页。

的许多历史线索当中，对康德哲学的关系具有特别的重要的意义。康德对于有关实在的知识说明和对于理性形而上学的批判，形成了认识论和形而上学历史上的转折点。"①20 世纪的西方哲学既是西方哲学历史发展的延续，又是对传统西方哲学的反叛。有代表意义的是维特根斯坦引领的逻辑分析和日常语言分析两大哲学思潮。可以说，分析哲学把反形而上学当作其哲学的主要任务。

尽管维特根斯坦前后期思想有很大的差别，但却共有一个相同的思想框架：通过语言的分析技术（语言的逻辑分析或语言的用法分析）达到彻底结束传统的形而上学。或者说，都认为传统哲学的根本缺陷就在于对形而上学普遍性的渴望。哲学问题的产生都是由于人们对语言的误解或误用导致的。因而其一生致力于语言的批判。但他前后期对语言的观点、态度及分析方法则是完全不同的，这关键在于其前后期哲学观的转变。

维特根斯坦前后期的哲学观有很多共同之处，但又几乎在每个共同之处，都表现出很大的不同：

第一，哲学不是理论而是活动。

后期维特根斯坦对哲学性质的理解仍然延续了其前期的非理论化倾向。可以说，非理论化是他对自己新哲学的一种定位，也是我们解读维特根斯坦的最大困难。在前期代表作《逻辑哲学论》中就已宣称哲学不是理论而是活动。"哲学不是一套学说，而是一种活动。"②后期仍然兑现当年的论断，但其前期的哲学活动指的是澄清活动，而后期则指描述活动，或者说，前期指的是澄清命题意义的逻辑分析活动，而后期则是一种语用分析活动，是一种语言游戏活动。

第二，划界。

在《逻辑哲学论》一书的序中，维特根斯坦开宗明义："本书要给思维划一个界限"，这即可说的与不可说的界限。可说的都是可以用逻辑命题表达的，属于逻辑研究的范围；而不可说的是不符合逻辑形式的无意义的假命题，属于哲学的范围。在后期，维特根斯坦则在"描述"与"说明"之间划界，哲学是"纯粹描述的"，而不是说明的。

---

① 《当代哲学主流》（上卷），商务印书馆 1986 年版，第 16 页。
② 《逻辑哲学论》，郭英译，商务印书馆 1985 年版。Tractatus Logico Philosophicus, tr. D. F. Pears and B. F. McGuinnness, Routledge, 1961, 4. 112。

第三，哲学的作用在于"显示"。

前期在给哲学划界的同时就指出，对不可说的就只能保持沉默，但可以"显示"，即"可显示的东西不可说"①。"所谓的逻辑命题显示语言，进而世界的逻辑性质。"② 而后期维特根斯坦在"描述"与"说明"之间划界，就是强调哲学是描述的而不是说明的。在描述中显示语言的实际用法，显示问题不应该有。哲学只描述那些人们所熟悉的东西，不过是把人们所熟悉的东西摆到人们面前。"一切都已经摆在我们面前"，无需推理。所以，"不要想，而要看！"③

综上可见，维特根斯坦后期对哲学本身的理解是一种与传统、与现代、与其前期完全不同的哲学语用学的哲学观。在维特根斯坦看来，语言的使用是日常语言分析唯一真实、有效的方法。语言的意义就在于它的用法，正是通过"用法"，我们才把"意义"与人的活动联系起来，并最终与人的整个"生活形式"联系起来。因此，他不再寻求背后的隐藏物，不再执著于寻找语言的本质。那么，维特根斯坦的用意何在呢？"对于一个哲学问题，并不存在常识性的解答。人们只有解开了哲学家们的困惑，才能抵御他们对常识的攻击，或者说我们所要做的是消除导致他们去攻击常识的东西，而不是去反复申明常识的观点。一个哲学家并非是一个失去了理性的人，并非是一个对人人都能见到的东西视而不见的人。"④ 哲学"问题"的产生，哲学困惑的出现，根源就在语言之中，在于人们对语言的误解或误用。为此，维特根斯坦提出了对哲学"问题"的解决办法："治疗"，以消解"问题"，达到哲学的痊愈和安宁。

在维特根斯坦处理哲学"问题"的办法——"治疗"中，我们可以领会到，他所要消解的是"病症"——"问题"，而不是哲学本身。尽管他

---

① 《逻辑哲学论》，郭英译，商务印书馆 1985 年版。Tractatus Logico Philosophicus, tr. D. F. Pears and B. F. McGuinnness, Routledge, 1961, 4. 1212。

② 《1914—1916 笔记》，冯·赖特、安斯康编辑，安德康英译，布赖克威尔出版公司 1961 年版。Notebooks 1914 - 1916, ed. G. H. von Wright and G. E. M. Anscombe, tr. G. E. M. Anscombe, Blackwell, 1961, p. 107。

③ 《哲学研究》，安斯康英译，英国布莱克威尔出版公司 1953 年版；汤潮、范光棣译，三联书店 1992 年版；李步楼译，商务印书馆 1996 年版。Philosophical Investigations, tr. G. E. M. Anscombe Blackwell, 1953, § 66。

④ 《蓝色和棕色笔记本》，里斯编辑，布赖克威尔出版公司 1958 年版。*The Blue and Brown Books*, ed. R. Rhees, Black-well, 1958, pp. 58 - 59。

把传统哲学视为无意义的形而上学问题而加以批判，但宣告传统哲学无意义并不意味着否认哲学本身的存在价值。正如当年恩格斯预示传统哲学的消亡而并没有完全否定哲学存在的价值。维特根斯坦意在用他描述的哲学取代传统的思辨哲学。尽管他的哲学思想中存在很多尚待商榷的问题，但维特根斯坦对西方哲学具有根本意义的转向作用是不可否认的。他并不是要消解哲学本身，他有自己独特的哲学关怀。这种独特的哲学关怀，促使他把哲学引向了新的方向和新的深度。

2. 关于"治疗"的分析

下面我们把维特根斯坦关于哲学治疗的相关思想清理出一条线索：

第一，对待哲学"问题"的态度。

"哲学家对问题的治疗就像是治疗疾病。"①

第二，诊断。

"语言是由诸多道路组成的迷宫。从一个方向走来时你也许知道怎么走，但从另一个方向走到同一地点时你也许会迷路。"②

第三，"问题"表现。

"一个哲学问题总具有这种形式：'我不知道自己怎样走法'。"③

第四，病症。

①找对应的对象——"我们面对着哲学上使人感到困惑的重要根源之一，即：我们要给名词找到一个和它对应的对象。"④

②找本质——"为了弄清普遍概念的意义，人们必须在它的运用的所有的情况中找出共同的要素，这种观点束缚了哲学研究，因为这不仅没有产生任何结果，而且还使哲学家们把具体的情况当作无关的东西。而只有具体的情况才能帮助他理解普遍概念的用法。"⑤

---

① 《哲学研究》，安斯康英译，英国布莱克威尔出版公司1953年版；汤潮、范光棣译，三联书店1992年版；李步楼译，商务印书馆1996年版。Philosophical Investigations, tr. G. E. M. Anscombe, Blackwell, 1953, §255。

② 同上书，§203。

③ 同上书，§123。

④ 《蓝色和棕色笔记本》，里斯编辑，布赖克威尔出版公司1958年版。*The Blue and Brown Books*, ed. R. Rhees, Black-well, 1958, p. 1。

⑤ 《蓝色和棕色笔记本》，里斯编辑，布赖克威尔出版公司1958年版。*The Blue and Brown Books*, ed. R. Rhees, Black-well, 1958, pp. 19 – 20。

③闲置（脱离使用）——"当语言休息时哲学问题就产生了。"① 或"我们的混乱是当我们的语言机器在空转而不是在正常工作时产生的。"②

④偏食（僵化的定式）——"哲学之病的一个主要原因——偏食：人们只用一种类型的例子来滋养他们的思想。"③

⑤没看清差别——"我们之所以不理解，一个主要根源就是我们没有看清楚词的使用。——我们的语法缺乏这种清晰性。"④

⑥精神实体（心理过程）——"当我们对思想的性质感到焦虑时，我们错误地认为是关于一种媒介物的性质的困惑，乃是由于莫名其妙地运用了我们的语言而引起的困惑。"⑤ "在我们的语言暗示有一个实体存在而又没有的地方：我们就想说，那儿有个精神存在。"⑥ "当我们不理解一个字词的用法时，我们就把它当作一个奇妙的心理过程。"⑦

⑦自然科学方法的诱惑——"哲学家们经常在他们眼前看到这种科学方法，并且不可避免地企图按照科学所运用的方法来提问题、回答问题。这种倾向就是形而上学的真正的源泉，并且导致哲学家进入完全的黑暗中去。"⑧

第五，治疗手段。

①秩序化——"哲学问题是对于我们的概念中的无序性的认识，可以通过使之秩序化加以解决。"⑨ "可以说，我们必须重新组织我们的整个语言。"⑩ "我们想在语言使用的知识中建立一种秩序：带有某种特殊目的的

---

① 《哲学研究》，安斯康英译，英国布莱克威尔出版公司1953年版；汤潮、范光棣译，三联书店1992年版；李步楼译，商务印书馆1996年版。Philosophical Investigations, tr. G. E. M. Anscombe, Blackwell, 1953, §38。

② 同上书，§132。

③ 同上书，§593。

④ 同上书，§122。

⑤ 《蓝色和棕色笔记本》，里斯编辑，布赖克威尔出版公司1958年版。*The Blue and Brown Books*, ed. R. Rhees, Black-well, 1958, p. 21。

⑥ 《哲学研究》，安斯康英译，英国布莱克威尔出版公司1953年版；汤潮、范光棣译，三联书店1992年版；李步楼译，商务印书馆1996年版。Philosophical Investigations, tr. G. E. M. Anscombe Blackwell, 1953, §36。

⑦ 同上书，§.96。

⑧ 《蓝色和棕色笔记本》，里斯编辑，布赖克威尔出版公司1958年版。*The Blue and Brown Books*, ed. R. Rhees, Black-well, 1958, p. 18。

⑨ 《哲学时刻，1912—1951》，克拉格、诺德曼编辑，哈克特出版公司1993年版。Philosophical Occasions, 1912 - 1951, ed. James C. Klagge and Alfred Nordmann, Hcketttr Publishing Company, 1993, p. 181。

⑩ 同上书，p. 185。

秩序；许多可能秩序中的一种；而不是唯一的秩序。"①

②清除伪装——"我想说的是把一个不明显的胡说变为一个明显的胡说。"②

③释放——"这就是说，只有在他承认如此时，这才是正确的表达（如精神分析）。"③

第六，治疗机理。

①不作结论——"在哲学中，我们不作结论。……哲学只陈述每个人都接受的东西。"④

②不干涉使用——"哲学不能干涉语言的实际用法；它最终只能描述语言的用法。"⑤

③不作说明——"哲学只把一切都摆在我们面前，既不作说明也不作推论。"⑥

第七，治疗须知。

①不只存在一种方法——"并没有一种哲学方法，尽管的确有许多方法，正如有不同的治疗法一样。"⑦

②不能根治，只能疗养——"在哲学研究中，我们不可能根治思想的病。它必须遵循其自然的过程，缓慢的治疗是最重要的。"⑧

第八，预防机制。

---

① 《哲学研究》，安斯康英译，英国布莱克威尔出版公司1953年版；汤潮、范光棣译，三联书店1992年版；李步楼译，商务印书馆1996年版。Philosophical Investigations, tr. G. E. M. Anscombe Blackwell, 1953, §132。

② 同上书，§464。

③ 《哲学时刻，1912—1951》，克拉格、诺德曼编辑，哈克特出版公司1993年版。Philosophical Occasions, 1912 - 1951, ed. James C. Klagge and Alfred Nordmann, Hcketttr Publishing Company, 1993, p. 165。

④ 《哲学研究》，安斯康英译，英国布莱克威尔出版公司1953年版；汤潮、范光棣译，三联书店1992年版；李步楼译，商务印书馆1996年版。Philosophical Investigations, tr. G. E. M. Anscombe, Blackwell, 1953, §599。

⑤ 同上书，§124。

⑥ 同上书，§126。

⑦ 《哲学研究》，安斯康英译，英国布莱克威尔出版公司1953年版；汤潮、范光棣译，三联书店1992年版；李步楼译，商务印书馆1996年版。Philosophical Investigations, tr. G. E. M. Anscombe Blackwell, 1953, §133。

⑧ 《片断集》，安斯康、冯·赖特编辑，安斯康英译，布赖克威尔出版公司1967年版。Zettel, ed. G. E. M. Anscombe and G. H. von Wright, tr. G. E. M. Anscombe, Blackwell, 1967, §382。

①提示——"哲学家的工作在于为某种特定目的汇集提示物。"①

②路标——"语言对于所有的人都包含了同样的陷阱——保存完好的、可能的、错误路径的巨大网络。因此，我们看到一个又一个人走在同样的路径上，早已知道他们会在哪里转变，会在哪里继续向前而没有注意转变处等等。因此无论在哪里产生错误路径的分叉，我都要放上标记，以便帮助人们通过危险地带。"②

③指路——"给捕蝇瓶中的苍蝇指明飞出去的途径。"③

第九，治疗目的。

①解开纽结——"哲学就是要解开我们思想中的纽结，因此，它的结果必然是简单的，但是这种活动就像是解开纽结一样是极其复杂的。"④

②不需建立逻辑结构——"我们的目标不是要以闻所未闻的方式为字词的用法改善或完善规则系统。"⑤

③哲学安宁——"真正的发现是当我们做哲学时，使我能够停止这样做——即给予哲学安宁，这样它就不再会被它自身提出的问题所折磨。"⑥

④清理地基——"我们所毁灭的只不过是一些空中楼阁，而我们清理它们赖以建立的语言地基。"⑦（显然，哲学研究或哲学治疗并不是要取消哲学，而是要清理哲学研究的基础，消解的只是如"空中楼阁"的形而上学无意义的假问题）

---

① 《哲学研究》，安斯康英译，英国布莱克威尔出版公司 1953 年版；汤潮、范光棣译，三联书店 1992 年版；李步楼译，商务印书馆 1996 年版。Philosophical Investigations, tr. G. E. M. Anscombe Blackwell, 1953, §127。

② 《哲学时刻，1912—1951》，克拉格、诺德曼编辑，哈克特出版公司 1993 年版。Philosophical Occasions, 1912 - 1951, ed. James C. Klagge and Alfred Nordmann, Hcketttr Publishing Company, 1993, p. 185。

③ 《哲学研究》，安斯康英译，英国布莱克威尔出版公司 1953 年版；汤潮、范光棣译，三联书店 1992 年版；李步楼译，商务印书馆 1996 年版。Philosophical Investigations, tr. G. E. M. Anscombe Blackwell, 1953, §309。

④ 《哲学时刻，1912—1951》，克拉格、诺德曼编辑，哈克特出版公司 1993 年版。Philosophical Occasions, 1912 - 1951, ed. James C. Klagge and Alfred Nordmann, Hcketttr Publishing Company, 1993, p. 183。

⑤ 《哲学研究》，安斯康英译，英国布莱克威尔出版公司 1953 年版；汤潮、范光棣译，三联书店 1992 年版；李步楼译，商务印书馆 1996 年版。Philosophical Investigations, tr. G. E. M. Anscombe Blackwell, 1953, §133。

⑥ 同上书，§133。

⑦ 同上书，§118。

第十，医嘱。

"时代的病要用改变人类的生活方式来治愈，而哲学问题的病则只能用改变思维方式和生活方式来治愈，而不能用某个人发现的药物来治愈。"①

——人类的哲学问题深藏于（根源于）人类的活动之中，而问题的解决也只能在人的活动中，在人类的生活方式中，并有赖于人的思维方式的改变。

3. 小结

看！仔细地看，反复地看，维特根斯坦的字里行间所"显示"给我们的绝不是消解哲学本身，他要消解的是哲学"问题"或有"问题"的哲学，他的真实思想绝不是否认哲学的价值，也不是把哲学庸俗化或日常化。

第一，当哲学脱离了人类生活的实际，像"机器空转"时，就成了海市蜃楼，就是语言的误用，语言的浪费，就成了哲学家的"呓语"，这样的哲学是无意义的，是"问题"哲学。如果说它有"意义"（作用），它只能造成哲学家自己的精神"痉挛"，"被自身提出的问题所折磨"就在所难免。同时也引起别人的困惑。这种"问题"哲学的问题不但应该消解，像清除"一个个肿块"，无须犹豫，就连这种"问题"哲学本身也没有存在的意义和价值，也应像毁灭"空中楼阁"一样被清除，以为后来的新哲学清理地基。

第二，当哲学脱离了人类生活的实际，就不能发挥它的作用。人不能忍受无意义的生活。人在自己的活动中确证着自己生存的价值，追求着高于道德价值的价值。人在自己的创造活动中不断面临各种新的复杂的矛盾，产生种种困惑，哲学应该关注人、关注人的生活状态，"描述"语言游戏，以显示它的意义和合理性——人活动的合理性，人存在的意义，给人以精神支撑。而当哲学脱离了人类生活，就不可能解决人的精神焦困。当出现哲学问题，也就是人在不断变化发展的生活中无法合理地解释新的矛盾、新的冲突，出现精神焦虑、内心困惑之时。例如，当科学飞速发展

---

① 《关于数学基础的评论》，赖特、里斯、安斯康编辑，安斯康英译，冯·布赖克威尔出版公司 1974 年版，第 57 页。Wittgenstein, Ludwig. *Remarks on the Foundations of Mathematics*. London, Black well, 1956. ［缩 RFM.］

给人创造了更多的享受生活的机会却又带来层出不穷的麻烦时；当人面对生活水平的提高却同时伴随文明的衰落时；诸如此类，人就会产生种种精神困惑、焦虑，怀疑人自身存在的意义。哲学作为一种人的终极关怀，并不像科学那样，给人带来新的知识，它只能在歧途或易"产生错误路径的分叉"处，"放上标记，以便帮助人们通过危险地带"，给"不知路该怎么走"的人指明"出去的途径"。所以，哲学安宁，意味着人的精神家园的安宁，意味着人在自己参与的语言游戏中获得了乐趣。所以，哲学始于困惑，终于安宁。

第三，病因是多种的，病症就有不同，疗法也自然不同。因而不存在一种哲学方法。语言是由诸条道路组成的迷宫，就必有许多"分叉"、"转弯"，语言游戏是多样的，生活中会产生种种困惑。没有语言就没有文化，使用语言的实践活动作为人类的基本存在状态，也意味着人类有别于他类的最根本的存在状态在于文化态。人作为万物之灵，知其所知，觉其所觉，思其所思，在其能动的创造性活动——语言游戏中，创生着自我，也创生了高于生命价值的价值，创造了人的意义世界。人生活在多重的文化意义世界中，各种文化形式以多样性的统一构成人丰富多彩的"有意义"的生活。

第四，不可能根治思想的病，缓慢的治疗是最重要的。思想的病要达到治愈，是一个极其缓慢的过程。因为要解开思想的纽结是一个极其复杂的过程。因此哲学不作结论，不作推论，不作说明，不作解释，只是纯粹的描述，把"不明显的胡说"变成"明显"的，把一切都摆在人们的面前，显示出一个个语言误用引起的"肿块"，显示语言应该怎样在游戏中使用。而迷途的人只要"看"，就能"看"到"路标"，"看"到"提示"，"看"到正确的使用方法。而"看"与人的理解力相关。思想观念、思维方式的转变不可能是一日之功。同时，思想的病也不可能根除，任何时代的哲学，总是与那个时代人们的生活形式、社会、文化紧密地结合在一起的。语言游戏的多样性、变化性及其根基的历史性，决定了没有医治百病的灵丹妙药。人类生活世界所发生的时代性变革，必然引起新的"意义危机"、新的"精神困惑"。所以，"只有在实践中词才会有意义。只有在语言的实践中。"① 哲学描述只能伴随语言游戏来进行，而要确证生活的

---

① 《维特根斯坦手稿》，转引自希尔明《后期维特根斯坦》，第292页。

意义也只能回归生活，在生活中去理解、去体味。

第五，改变思维方式和生活方式才能治愈哲学问题的病，而只有人类生活方式的改变才能治愈时代的病。这是维特根斯坦在哲学治疗中最有深意的思想。关于思维方式的相关问题已在前面有所阐明，这里不再赘述。"人出于天性求理解"。维特根斯坦虽然名满哲学界，但不被理解的痛苦却始终伴随着他。"我的成果遭到多种多样的误解，或多或少变得平淡无奇或支离破碎。这刺痛了我的虚荣心，久难平复。"维特根斯坦的新哲学是伴随其思维方式的转变建立的。因此，只有转变思维方式，才能真正理解维特根斯坦，理解他的新哲学。他在后期思想的代表作《哲学评论》的序言中反复强调："这本书是为那些同情贯穿于书中的精神的读者而写的。本人相信，这种精神不是欧洲文明和美国文明的主流精神。""如果典型的西方科学家根本不理解我著作的精神的话，无论他是否理解或赏识我的著作，对我来说都无甚区别。""我的思维方式与其他人的不一样。"① "这是为上帝的光辉而写的书，所以不可能为现时代所理解。"② 从中我们可以看到，他对思维方式的深切关注以及他对西方传统思维方式的否定态度。强调哲学思想的发展与思维方式的转变、时代的变迁、生活方式的变革紧密相关，唤醒人们要破除西方传统的思维方式。应该说，维特根斯坦哲学的确具有一种否定精神，但他否定的只是如形而上学之类的无意义的假问题，而并不是哲学本身；他终结的只是传统哲学，而不是全部哲学；他摧毁了传统哲学的整个大厦，使之变成无用的瓦砾，而同时却开启了一种新的哲学精神。他是用一种新的哲学取代了传统哲学。他在摧毁传统哲学这全部建筑物的同时，就是在打扫语言的大基础。但是，维特根斯坦并不是要重构一种新的哲学理论，重构人的精神世界，而是要消除混乱，治疗疾患，恢复人类精神世界的本真状态，让一切保持自然的真实的状态。生活本来如此，语言本来就是这样被使用的。返璞归真，就不会无病呻吟，就不会自讨苦吃，正是从这个意义上，我们说维特根斯坦哲学不是建设性的，而是治疗性的。

维特根斯坦对待哲学这种非建设性的态度，否定的、破坏的、摧毁

---

① 维特根斯坦：《文化与价值》，*Culture and Value*（缩 CV.），第 124、8、7、6 页。

② 《维特根斯坦 1930—1932 年剑桥演讲录》，德斯蒙德·李编辑，布赖克威尔出版公司 1980 年版，第 301 页。（*Wittgenstein's Lectures，Cambridge*，1930 - 1932，ed. Desmond Lee，Blackwell，1980）

的、终结的是传统哲学——理性思辨的哲学，而为其新哲学找到了根基——语言游戏及其赖以形成的生活基础。疾病在活动中产生——误用，也只能在活动中根除——语用。所以，要回到日常生活中，回到语言游戏中。语言无本质，世界无本质，不要奢望通过语言可以把握事物的本质，语言就是一种活动，一种语言游戏活动，一切皆在游戏中显现。不要思不可思的，虑不可虑的，而要看、要参与、要使用、要践行。游戏会让人放松，会让一切恢复安宁，心情愉快，精神康复，不再有精神痉挛，不再有哲学困惑。

有人认为，维特根斯坦的哲学治疗，在最终消除哲学问题的同时，也消解了哲学本身，从此宣告了哲学的终结，我不敢苟同。有人认为，"维特根斯坦以语言游戏活动取代哲学的理性思考"，我认为也不尽然。他以独特的方式，在特定的历史背景下，以超时代的思想，唤起了人们对生命意义和价值的自觉，以其尚不够精确的语言表征了哲学研究的目标、意义和功用。在《哲学评论》的序言中，他提醒人们："我不愿意让我的著作代替别人的思考。然而假如可能的话，希望它能激发别人的思考。"注意，这里是思考，是理性的。他以矫枉过正的方式否定了传统的思维方式，否定了思辨哲学的空谈价值。在 20 世纪上半叶那充满创造又充满破坏、充满理性又充满迷惘、充满繁荣又充满衰落、充满交往又充满孤独、充满诱惑又充满困惑的时代，维特根斯坦的新哲学，也许恰好就是那"警示的路标"——哲学应该关注人、关注人的生活，建构人类生活的精神坐标，为人提供走出困惑的指标器，寻找人类生活意义的最高支撑点，使人崇高起来。从这个意义上说，正确的路只有一条：回归生活，重返本真。"我们应该观察比剧作家设计的在舞台上说演的剧情更加精彩的东西：生活本身。"①

另外，值得一提的是，维特根斯坦一贯重视哲学与科学的区别，无论是他前期哲学还是他的后期哲学。他在后期的哲学治疗中，认为导致哲学混乱的原因之一就是把科学方法当成哲学方法。哲学和科学的关系，一直是哲学界所关心的问题。在哲学发展史上，哲学和科学的关系，在不同时期的确表现出不同的状况。这既关系到哲学和科学本身的成熟问题，也关系到二者的研究对象问题。科学的发展，导致二者的分化；科学的发展，

---

① 维特根斯坦：《文化与价值》，*Culture and Value*（缩 CV.），第 124、8、7、6 页。

又不断加强着二者的联系，这充分体现了哲学和科学之间的复杂的矛盾关系。

随着科学的成熟，科学纷纷从哲学的母体中分化独立出去，哲学被"驱逐"出自己的"世袭领地"，哲学还留下了什么？这是自近代科学迅速发展以来，人们就在追问和思考的问题。恩格斯曾指出："现在无论在哪一方面，都不再是要从头脑中想出联系，而是要从事实中发现这种关系了。这样，对于已经从自然界和历史中被驱逐出去的哲学来说，要是还留下什么的话，那就只留下一个纯粹思想的领域：关于思维过程本身的规律的学说，即逻辑和辩证法。"① 这就是说，恩格斯认为哲学应该研究的是"关于思维过程本身的规律的学说"。然而，现代科学的突出特点，是以语言学、心理学、逻辑学、脑科学等为主要内容的"思维科学"的飞速发展，哲学再一次从其最后的"思维"领域被驱逐出来，哲学无家可归。也许正在于这一点，关于"世界——自然、社会和思维领域"的"思想——自然科学、社会科学和思维科学"才真正成为哲学"反思的对象"。也就是说，哲学以"无家可归"的形式而真正地实现了"四海为家"。现代西方哲学研究领域之广、内容之丰富恰好体现了这一特点。

维特根斯坦在否定传统哲学的同时，以他独特的哲学方法为我们"显示"了哲学的未来。他的语言游戏论才是真正意义上的哲学语用学，或者说，"语言游戏论"所体现出的精义，才是哲学语用学的发展趋向。哲学不是理论，而是活动，活动需要参与，游戏需要规则，语言在于使用。旁观没有体味，参与才有意义。哲学其实就是种种辩护的方式或策略。当我们的生活世界出现问题时，当我们不知路该怎么走时，哲学就会显得格外重要，格外引人注目。

维特根斯坦的思维方式的确与众不同，他所以不为当时代所理解，也许正在于他思想的超时代性。他就是一个哲学预言家：哲学没有家——"世界"没有给它留下地盘，所以，哲学无须说明，因为它没有可"说"的对象；哲学有个家——语言，所以，哲学是描述的，因为它有可描述的对象——语言游戏。先哲柏拉图也许言中了：语言这个题目也许是所有题目中最重大的一个。

---

① 《马克思恩格斯选集》第 4 卷，人民出版社 1995 年版，第 257 页。

（二）关于语境的理解

哲学语用学探讨语言的意义问题，也就是要在使用语言中来确定语言的意义问题。而这一问题实际上在一定意义上说，就是语用分析问题，而从归根结底的意义上说就是分析语言使用的具体情景，即语境问题。

在涉及语言的研究中，语境问题已逐步被更多的人所认识，对于哲学语用学而言，语境问题则更是一个值得特别关注的问题。早在古希腊时期，人们就已经开始关注语境问题，但当时并没有明确提出语境概念。真正明确提出语境概念并作为一个理论问题进行研究的，是现代哲学和现代语言学产生以后才开始的。

首次明确使用"语境"概念的是弗雷格，他在1892年《论含义和指称》一书中指出："绝不能离开命题语境孤立地寻求它的意义。"在《算术的基础》导言中又提出："绝不孤立地询问一个词的意义，而只有在命题的语境中询问它的意义。"显然，语言哲学在开创之初就提出了一个原则性问题——语境，以至于后来的语言分析学派都要借助于语境进行语言分析。当然，"语境"的含义是不同的。弗雷格指的是语句的真假对其中指称的制约和语句的含义对其中语词含义的制约。而后期维特根斯坦及日常语言学派所谓的语境，强调的则是语词的使用及其意图。

罗素曾在《人类的知识》一书中提出"自我中心的特称词"，皮尔士曾提出"索引词语"，语言哲学家巴尔·希勒尔认为语用学的研究对象就是索引词语。希勒尔把索引词语作为哲学语用学的研究对象，从而使语用学的研究对象沿着精确化的方向前进了一步。蒙泰格认为哲学语用学不同于语义学之处在于它不仅着眼于语义解释，而且还考虑到语词的使用语境。

英国语言学家弗斯于1950年在《社会中的个性和语言》中提出，语言和社会环境之间的关系也叫"语境"，他把前后句的语境称为"由语言因素构成的上下文"，把语言和社会关系构成的语境称为"情境的上下文"。伦敦功能学派哈利迪于20世纪70年代把语境分为了"场景"、"方式"、"交际者"三个部分，并提出"语域"概念。法国语言哲学家利科从解释学的角度把语境设想成一种模型——语境模型，指出："当我们的语词离开它们所起作用的确定语境来考虑时，就会有多种含义。"于是，对语境的敏感性就成为多义性的必要补充和不可缺少的补充因素。他把语境分为了言辞语境和言辞外语境，他的语境模型实际上是问答游戏的对话模型，他的这一思想与维特根斯坦的语言游戏论有相通之处。

近年来，关于语言研究方面，不论是从哲学角度还是从语言学角度，"语境"都已成为一个流行的话题，并且对语境的研究有着越来越细化、越来越形式化的趋向。诸如"字面意思"、"语义条件"、"隐含"、"蕴含"、"内涵语境"、"外延语境"、"语表意义"、"语里意义"等概念的生成或问题的研究，或多或少都与语境有关。著名的语言学家乔姆斯基在后期也意识到了语境的重要，强调在研究语义问题时，人们必须关注非语言因素的作用。后期维特根斯坦强调最多的也是语境与意义的关系问题，但他并没有专门对语境问题进行系统的研究和阐述。

语境问题实际上是一个语言交际过程中的哲学问题，它涉及使用和理解语言所依赖的种种因素，包括主观的、客观的、历史的、现实的，其实也涉及语言表达式内外部的诸多因素。每个语词最初产生都是某些情境因素的结晶，无需要求任何语境就会使用，即每个词都是带着自己固有的"语境"产生的，语词本身就源于生活。有人建议称之为语义条件，这似乎易与语言学混淆或至少容易使人想到语言学的语义学，也许可称之为原初语境更恰当。关于利科的"语境模型"也许可以作为哲学语用学关于语境问题的一种论据，但关于它的具体研究，即模型类型等就不应是哲学语用学的研究对象，它实际上是语境的具体分类问题，这种形式化的研究不应该是哲学语用学的研究范围，即哲学语用学不需要对语境进行详细类分。

人类语言不同于其他任何符号系统的一个重要特征就是它已经发展到几乎不依赖于外部指称和特定的语用语境，单凭语言本身的形式特征和规则就可以进行意义的交流，如理想的人工语言、科学语言、书面语言等。形式主义语义学的贡献就在于揭示了这一特征，它使语言脱离了现实生活而变成了一种纯游戏。

可见，关于语言、语境问题是一个非常复杂的问题，对于语境问题的研究，也许还有很长的路要走，但语言学和哲学语用学关于"语境"研究的角度是有别的，这一点是确定的。对语境具体分类的研究只能是语言学要完成的任务，而不是哲学语用学要完成的任务。也许作为哲学语用学研究的语境，更多的应超出语言本身，而诉诸更为广泛的文化语境。

（三）关于语言的理解

语言哲学和语言学的关系格外紧密。当 20 世纪哲学发生语言转向之时正是现代语言学形成之时，一般认为现代语言学的建立和发展是促进哲学语言转向的主要原因之一，所以，二者关系十分紧密就不难理解。特别是现代语言学的创始人索绪尔，他作为一个语言学家，在开创一门新兴的人文学科——现代语言学的过程中，就带着对语言的哲学思考，他对语言哲学的影响是极其深刻的。同时，也有一批语言哲学家对新兴的人文学科充满了热情，使现代语言学的很多重要研究成果被吸收到语言哲学之中。特别是日常语言学派与现代语言学的关系尤为紧密。所以，有些语言哲学家的研究成果，既被视为语言哲学的研究成果，同时也被视为语言学的研究成果，如奥斯汀、塞尔等人的言语行为理论，乔姆斯基的转换生成语法理论等。但这不等于说语言哲学和语言学没有分界。

语言学是符号学的一个分支，大致分为语言学、词汇学和句法学，词汇学又分为词形学和语义学。语言学大部分已基本构成一门标准的实证科学，由自己的若干分支结合成一个整体，形式语言学（数理语言学）已成为它的主干。在语言学研究中，"语言"被视为由一些有限的符号所组成的语句的集合。

一般来说，哲学与句法学尤其是语义学关系较为紧密，"哲学通过事实来理解世界"。但不能等同于事实，"一门科学的形式化程度越低，它就越能够和哲学互通有无。"① 语言哲学与语言学所考察的"语言"在诸多方面存在区别。语言学研究语言的内在机制，而语言哲学则是通过理解语言而理解世界，是以"语言"为中介从而达到对人与世界及其相互关系的理解。语言学通过对语言的研究最终得到的是关于"语言"本身的知识；而哲学通过对"语言"的研究最终获得的是关于人类自我生存意义的反思，关于世界的理解，关于人与世界关系的理解。语言学关注的是"语言"本身，或语言现象本身；而哲学关注的是语言的使用和意义，也就是说，哲学关注的并不是"语言"本身，而是以语言为中介，最终关注的是人自身及其与世界的关系。

马克思指出："语言是思想的直接现实。""语言和意识具有同样长久的历史；语言是一种实践的、既为别人存在因而也为我自身而存在的、现实的意识。语言也和意识一样，只是由于需要，由于和他人交往的迫切需

---

① 陈嘉映：《语言哲学》，北京大学出版社 2003 年版，第 22—23 页。

要才产生的。"① 语言根植于社会交往实践，使用语言从事社会性的能动的实践活动是人类的基本存在状态。所以，只有以语言为中介，才能达到对人及其与世界关系的辩证理解。

奥斯汀认为，语言的本质就在于做事，语言从一开始就不是作为陈述性的用法出现的，即使是分析和解释这样的言语活动。语言最基本的功能就是执行行为。奥斯汀对言语行为进行的分类努力目的很简单，即建立区别。但不可否认奥斯汀的分类意图在某种程度上淡化了言语行为的哲学意义。尽管它与维特根斯坦的语言游戏论差异很大，但总体上仍属于哲学语用学意义上所探讨的语言。

塞尔虽然继承、发展了奥斯汀的思想，但当其走向"说即做"时就已经偏离了奥斯汀，也就是说，他所研究的语言不再是完全哲学意义上的语言，甚至有人认为，塞尔不是哲学语用学家而是语言学家，也就不足为奇了。米哈伊尔·苏波特尼克在《言语行为哲学》一书中曾指出："走向'说即做'就不再是说的哲学语用学"，"急于从任何陈述句都是一个'言语行为'即我们说话时就已经做了某事这种见解中得出结论，并把这种见解与细腻区分适应性或不适应性的种种方式的必要性关联起来，有可能迷失方向（这是已经发生的事实）。"② 弗朗索瓦·雷卡纳蒂也指出："陈述句之'言辞意义'的'命题阐释'深刻地违背奥斯汀的思想。"③

作为语言游戏所研究的语言，是哲学所考察的"语言"，它有别于语言学所考察的语言。如果说语言学和维特根斯坦都把人类语言作为考察的对象，但他们考察的维度是极不相同的。逻辑实证主义者更热衷于句法—语义维度的分析，他们首先致力于形式化语言的研究，把理想的句法结构分析看成是一切语言分析的典范。因而，把所有的热情都倾注于语言的逻辑分析或理想语言的建构上。我们知道，如果不考虑语言的使用者而只研究、分析表达式或语词和它们的指谓关系，这一般属于语义学的研究领域；而如果既不考虑语言的使用者，也不考虑指谓关系，而只分析各表达式之间的关系，这一般属于逻辑语形学的研究领域。尽管语言分析哲学与作为具体科学的语言学有着千丝万缕的联系，但语言哲学与语言学的界限

---

① 《马克思恩格斯选集》第1卷，人民出版社1995年版，第81页。
② 米哈伊尔·苏波特尼克：《言语行为哲学》，第258页。
③ 弗朗索瓦·雷卡纳蒂：《完成行为式陈述句》，§50。

应该说还是分明的。维特根斯坦后期语言游戏论所研究的语言是哲学语用学的语言，是动态中的语言，是具体语境中的语言，是使用中的语言。它是直观的、生动的、具体的，因此，语言的意义就不是僵死的、静止的、固定的、孤立的。任何关于语言综合性能的学说都是形式化的，有相对稳定的形式程序，任何确定的或制造的形式范式都是从不同的角度出发去面对语言，而任何关于语言的形式化研究其形式化程度越高，离自然语言就必然越远，距哲学的关系也就越远。同时，形式化程度越高，其研究方法就必然采取静态的分析方法，而哲学语用学对语言的研究则要求人们应该放弃关于语言的线性观念和静止观念。

　　任何一门实证科学在其发展的初期或孕育期往往都是作为哲学的一个分支出现的，随着其成熟又慢慢从哲学中分化出来。这种现象经常造成在一个哲学分支转化为一门实证科学时常常出现一些概念的同"名"不同"义"，如语言的"语法"问题。哲学上的"语法"本来不是指一套机制，不能概括为一套规范；而语法学中的"语法"则是指一套机制、一套规范。当语法学已成为一门实证科学，如果哲学语用学中再使用"语法"这一概念，的确容易使人产生误解。但哲学语法与语法学或语言学家们所说的"语法"的区别是不能否认的。哲学不为任何问题提供终极的答案，哲学不是要建立完善的理想语言，哲学分析只为解惑服务，是为误入歧途的反省治疗。语言自身的丰富性为哲学带来了更广阔的空间，语言分析也使哲学与社会生活之间的互动有了更为切近的直接方式。

（四）关于语言实践与语用者

1. 人——语用者

　　生活形式和语言游戏是一种超越性存在。人是"语言地"生活着，是"社会地"生活着。被给予的生活形式决定了人怎样去生活、怎样去游戏，而不是人们通过自己"自主地"选择游戏规则、生活行为并"自主地"决定生活形式。每个人在进入语言游戏之前，游戏规则即已"存在"，不是参加游戏的人制定或约定游戏规则，而是已有的游戏规则决定了参加游戏的人只能这样"游戏"。人在游戏，身不由己。人无法选择规则，所以遵守规则类似于服从命令；人不能随心所欲地更改规则，所以，"我"盲目地服从规则。

　　人类共同的行为方式，是我们据以理解语言的参考系，语言存在于语言共同体之中，它必然受到公共所承认和使用的语法规则有效的指导和约束，它必须由大家共同遵守，而不能个人遵守，即遵守规则是公共行为，而非个人的私自行为。制度化的、社会化的存在对于个人而言都具有某种强制性。人作为社会的人，本身已经社会化，亦即规范化、秩序化，人的自由只能是相对的。人"语言地"生活着，也就是"社会地"生活着。人之为人在于人"语言着"，所谓"真我"或"本我"就是语言地生活着的"我"，"社会地"生活着的"我"，或者说，"社会化"、"制度化"、"建构性"的"我"，才是"本我"，才是"真人"。因此，当一个人固执地追求超制度、超秩序、超社会的绝对自由时，就会造成混乱，就会导致精神困惑，受疾患的折磨。

　　社会是由人构成的，生活是人创造的。制度化、建构性的存在是人活动的产物。但反过来，人又被自己建构的一切建构自身。正如维特根斯坦所指出的，必须接受的东西，被给予的东西，乃是我们的生活形式。对于每个人而言，生活形式和语言游戏都是一种超越性存在。生活形式就像是一个由历史传统、习惯、信念、文化模式、行为方式等逐渐积淀而成的"河床"，尽管"河床"是因语言游戏之流冲击而成，尽管你在游戏中或多或少对"河床"有所作用，但"河床"对水流的基础作用、奠基作用是不容置疑的。人一面世，其所遇到的一切都是被给予的，是不得不接受的。人们只能生活在业已形成的生活形式之中，生活在业已形成的社会和文化氛围之中。人在已有的生活形式、语言游戏中不断被建构，被秩序化、社会化、制度化、文化。从这个意义上说，人不是自由自在的"自主"存在，人是"建构"的人。"人们是被训练这样做的"，生活形式对每个人来说，都是先在的、别无选择的、必须接受的。每个人都必须接受学习、训练和教育，在游戏中学会遵守规则。人之建构的过程，即是被知识化、训化、教化、文化、秩序化、社会化的过程。学会遵守规则，也就是适应生活形式，学会生活，懂得生活；掌握一门技术，也就是掌握一种生活形式。要在生活中学会生活，在游戏中学会游戏。在不同的生活形式中学会适应，在适应中创造生活。"理解一种语言意味着掌握一门技术"①，

---

　　① 《哲学研究》，安斯康英译，英国布莱克威尔出版公司1953年版；汤潮、范光棣译，三联书店1992年版；李步楼译，商务印书馆1996年版。Philosophical Investigations, tr. G. E. M. Anscombe Blackwell, 1953, §199。

娴熟地掌握了技术和技巧，才会更好地游戏和生活，你才是自由的。从这个意义上说，人之建构是能动的建构，建构的人也在建构着……

人将经历两次诞生：第一次生，是自然地生，绝对的别无选择；第二次生，是一次再生，是建构地生，无选择中有选择。而第二次生，才是真正的生。人"语言着"，人活着；人活着，人"语言着"。人，"被建构"，也"能建构"。人在游戏中遵守规则，也在游戏中改变规则，"一边玩，一边改变规则。"所以，人是创造性存在，"语言地"生活着，"社会地"生活着，人是"建构"的人，人是永远的未完成。

2. 实践——语用活动

"实践哲学"一般是指在现代中国的文化语境中，以"实践"为基点来诠释马克思主义。"实践哲学"在中国的兴起，得力于一些具有理论勇气的思想家对时代问题的深刻审视。尽管"实践哲学"正从鼎盛逐步走向背景，但实践问题仍是人们关注的热点。如"实践哲学"与"文化哲学"、"心性哲学"的关系如何？人们能否做到、是否应该在"实践哲学"的语境下实现形而上学的重建并以此整合"心性哲学"、"文化哲学"？是否存在各种本质有别的实践观？马克思主义哲学的实践观是不是至善的实践观？实践真的是不证自明的前提吗？如此等等。

"实践"概念自古希腊哲学以来一直是哲学上的重要概念，特别是近现代，它更多地吸引了哲学家们的注意力。"实践"一般被用来泛指人类的一切活动，包括语言的和非语言的活动。马克思主义哲学的实践主要是指人类能动地改造和探索世界的物质性活动，生产实践是其最基本的形式。马克思指出："哲学家们只是用不同的方式解释世界，而问题在于改变世界。"① 马克思的实践观，注重社会的物质性活动，注重实践的实效——改变世界，注重对整个社会实践系统的完整理解，这是其实践观的优越及过人之处。马克思在其著作中对于语言的特征及其在社会生活中的作用也提出了许多重要观点，指出："语言是一种实践的、既为别人存在因而也为我自身而存在的、现实的意识。"② 但还有待深化和完善。而维特根斯坦就此问题的论述则是富有启发性和开创性的。

马克思和维特根斯坦的相似之处也许在于对传统的反叛。鲁宾斯曾指

---

① 《马克思恩格斯选集》第 1 卷，人民出版社 1995 年版，第 61 页。
② 《马克思恩格斯选集》第 1 卷，人民出版社 1995 年版，第 81 页。

出:"由于把意义看作社会实践的性质,马克思和维特根斯坦决定性地与传统决裂。"[①] 维特根斯坦的实践概念不仅有别于传统,而且也不同于马克思的实践。他把实践归结为语言实践。

通常理解的"实践"是与"理论"相对的范畴。而维特根斯坦立足于语言游戏,转换了一个新的视角,赋予了"实践"以新的内涵。维特根斯坦的"实践"不是与"理论"平分秋色的范畴。维特根斯坦指出:"我可以说,语言是基于一种生活方式。为了描述这种语言现象,我们就必须描述任何一种实践,但不是孤立的事件。""只有在实践中词才会有意义。只有在语言的实践中。""如果你看到这个词在语言的用法中所起的作用,我是指在语言的整个实践中所起的作用。"[②] 在维特根斯坦看来,语言游戏也就是整个的语言实践,人类使用语言这一基本活动就是人类最基本的实践,一切人类实践中,最基本的、最原始的活动就是使用语言的活动,而这种使用语言的实践活动也就是人类存在的基本状态。人,正是由于使用语言而成为人。人之所以被赞为"制作者",被誉为"理性者",被称为"游戏者",正在于人为"语言者"。所以,维特根斯坦的实践,指的是人类特有的使用语言的社会活动。他在强调实践活动性的同时,突出了实践的语言性及语言的使用者。

语言游戏是人做的,人是语言游戏的游戏者,是游戏的参与者;语言怎样被使用,什么人在使用,在什么语境下使用,都是语言意义的相关因素。所以,语言游戏作为一种实践活动,就是人的存在状态,其根本特征就在于践行,而生活形式就是语言游戏别无选择的基础。语言游戏之所以最终确证了人的存在,就在于人是在自己的活动中确证了自己的存在,而人的一切活动又都是在语言中发生的,这就是说,人在语言实践中确证了人自身的存在。同时,由于一种语言就是一种文化,不同的语言就形成了不同的文化模式,语言着的人亦即文化着的人。所以,维特根斯坦在强调实践的语言性及语言使用者的同时,也突出了实践的文化性,即突出了人类存在的文化状态,正是语言实践确证了人类存在的意义。

前后期维特根斯坦都关心语言,但前期的维特根斯坦所关心的是语言的逻辑分析和逻辑结构;而后期维特根斯坦所关心的就是语言实践——语

---

① 鲁宾斯:《马克思和维特根斯坦》,伦敦 1981 年版,第 204 页。
② 《维特根斯坦手稿》,转引自希尔明《后期维特根斯坦》,第 292 页。

言的使用和践行语言的基础。维特根斯坦指出："语言是一种活动，或是生活形式的一部分。""想象一种语言就意味着想象一种生活形式。"① 从语言与人类生活、人的活动紧密相连的视角考察语言，使得语言不再是静止不动的指称、僵死不变的符号，而是生活中活生生的有生命的语言，是动态中的语言，是有根基的语言。而活动就是语言使用的活动，语言游戏就根植于生活形式。正是人使用语言的活动赋予语言以生命、以灵魂、以意义。语言在本质上是实践的，这不仅在于它是在实践中产生和发展的，是根源于生活实践的，而且在于其生命和活力也来自于实践，更在于其规则和意义皆来自于实践。而生活形式对每个人来说都是先在的、必须接受的、被给予的、别无选择的。每个人都必须接受学习、训练和教育，任何活动都是在生活形式的基础上发生的。所以，"理解一种语言意味着掌握一门技术。"适应生活形式，亦即学会生活，懂得生活；掌握一门技术，也就是掌握一种生活形式，在不同的生活形式中学会适应并能适应生活形式的变化。

维特根斯坦立足语言实践，提出了其践行的语言规则论——参与，强调遵守规则只能在语言游戏中实现。如果脱离语言游戏的实践活动，抽象地、孤立地、静态地谈论规则问题，就不可避免地出现规则与理由的对峙；如果将语言游戏与规则分离，到游戏之外找规则，就会陷入遵守规则的悖论。那么，要避免规则与理由的对峙，消解规则悖论，只有一条途径：训练与参与，即在参与语言游戏中感受规则，在训练和教育中理解规则，在活动和实践中遵守规则。

意义是语言的灵魂，没有意义的语言是难以想象的。后期的维特根斯坦改变了对问题的提问方式，由以往的"什么是意义?"变成了"什么是意义的说明?"这一变换就使逻辑问题变成了实际问题，就把人们从寻找意义的对象的束缚中解放出来，从而用"用法"替代了"指称"。"意义即用法"引导着语言哲学由理想语言、逻辑语言回归到日常语言、生活实践，冲出了由语言的逻辑结构为其确定意义的囚笼，突出强调了语境的具体特定性及使用方式的差别性对于意义的规定性，这样，人们对语言意义

---

① 《哲学研究》，安斯康英译，英国布莱克威尔出版公司 1953 年版；汤潮、范光棣译，三联书店 1992 年版；李步楼译，商务印书馆 1996 年版。Philosophical Investigations, tr. G. E. M. Anscombe Blackwell, 1953, §19。

的研究也由静态走向了动态。语言是具体的、多样的、可变的，语言的意义也是具体的、多样的、可变的；而语言的每一次不同的使用，都会产生不同的意义。这种不同，不仅仅是由于语境的不同，更在于使用者使用方式的差别。因此，理解语言的意义不是通过定义的方式或解释说明的方式，而是要深入生活，参与游戏。

语言不仅为我们划定了生活的世界，也向我们"显示"了生活的意义。由此，"意义"与"语言"不再是一种外在的关系，而是一种内在的关系，意义不存在于语言游戏之外，而是存在于语言游戏之中，只有在语言的实际使用中才能理解意义。意义之于语言，就如同规则之于游戏；游戏必有规则，语言必有意义；规则不外在于游戏，意义不外在于语言；遵守规则是一种实践，意义就在于语言游戏中的用法。显然，维特根斯坦后期所关心的就是语言的使用——语言实践。

结束语

人，正是由于使用语言而成为人。人之所以被赞为"制作者"，被誉为"理性者"，被称为"游戏者"，正在于人为"语言者"。

语言游戏是生活形式的浓缩，生活形式是语言游戏的展开。生活形式涵盖了人类语言的语用语法、世代承继的文化模式、社会共同的行为方式、历史沿革的风俗习惯，它作为语言游戏赖以存在、得以进行、借以展开的基础，比语言游戏更为宽广、稳定、可靠，因而成为维特根斯坦哲学的最终落脚点。

人类共同的行为方式，是我们据以理解语言的参考系。语言存在于语言共同体之中，它必然受到公共所承认和使用的语法规则有效的指导和约束。制度化的、社会化的存在对于个人而言都具有某种强制性。人作为社会的人，本身已经社会化，亦即规范化、秩序化，人的自由只能是相对的。

人"语言地"生活着，也就是"社会地"生活着。人之为人在于人"语言着"，所谓"真我"或"本我"就是语言地生活着的"我"，"社会地"生活着的"我"，或者说，"社会化"、"制度化"、"建构性"的"我"，才是"本我"，才是"真人"。因此，当一个人固执地追求超制度、超秩序、超社会的绝对自由时，就会造成混乱，就会导致精神困惑，受疾患的折磨。

人类的交往活动是以语言为枢纽、以时空为向度的。语言游戏在于参与，在于身体力行，在于使用，在于过程，在于践行。只有参与语言游戏，才能实现社会交往以及更为广泛、更为深刻的精神交往、文化交往。后现代主义正是借助维特根斯坦语言游戏的助力，实现着伽达默尔所构建的"现代形式的实践哲学"的愿望。

人类的语言并不简单地表现为可听的声音或可见的墨迹，它不是简单的生物学过程。语言的意义在使用，语言实践之于生活、之于语言极为重要。我们在语言中生活，在语言中改变着生活，创造着生活。践行语言，才使人的理性得以张扬；践行语言，才使语言获得意义、获得生命；践行语言，才使社会文化，世界进化，一切更人性化。

社会性的、制度性的存在都将依赖于人，有赖于建构者、创造者。语言本身就是一种制度性存在、社会性存在，语言的意义、规则及遵守规则，都离不开语言使用者——人，不使用语言，不在语言活动中，就不是语言使用者，就不是真正社会交往实践中的人。践行语言中才成为语言使用者。所以，离开语言活动，既没有语言使用者，也没有意义、规则，更谈不上规则的遵守。

社会在语言中制度化，世界在语言中秩序化，人在语言中文化。

人类生活作为语言游戏的基础随着它的深厚、淀积，语言游戏会更丰富多彩；而语言游戏的更新又不断改变着人类的生存状态。人，正是在丰富的语言游戏中，不同的文化意义世界里，既学会了遵行规则，承载着历史文化，又改变着规则，创生着新的文化；而同时，也文化着自我，提升着自我，建构着自我，丰富着、拓展着意义世界。

人既是历史性的存在，又是文化性的存在。文化的根基就是人类独有的"有意识的"实践活动、"有意识的"语言交往实践。

人用自己创造的文化诠释"生活"。人在创造有意义的生活世界过程中，不断反思自我，否定自我，实现着人自身的历史性发展。人类的自我发展、人类的"生活世界"的不断丰富，构成了人的"生活活动"及其所创造的"生活世界"的全部意义。人类自身的创造性、开放性和未完成性，使得人类自己所创造的有意义的生活世界将永远处于一个未完成的开放状态。而人对自我的认识，对生命的理解，对世界的把握，对历史的反思，对意义的追寻，对生活的诠释，也将永远未完成。

人类的历史，是文化的历史；人类的发展，是文化的发展。人创造文化，亦即创造自我。一部人类发展史，就是一部创造史。人，用自己永不自足的"创造"，诠释"生活"，诠释"意义"。

生活因智慧而灵光，社会因创造而多彩，世界因语言而生动。

一切哲学上的革命，皆来自于思维方式的革命。维特根斯坦所给予后人的震撼是巨大的，然而这种震撼更多的不是来自于他的思想，而是来自于方法，来自于思维方式的转换。"使人们按照教条进行思维所产生的后果，是非常奇怪的。我并不认为这些教条左右了人们的看法，而是认为它们绝对地控制了一切观点的表达方式。人们将生活在绝对的、露骨的专制统治下……这很像某人在你的脚上缚上重物，以便限制你的行动自由。"①所以，维特根斯坦说："我不愿意让我的著作代替别人的思考。然而假如可能的话，希望它能激发别人的思考。"②

　　人是理性者，所以，我思故我在。让我们在哲学研究中，独立地思考吧！

---

　　① Wittgenstein, Ludwig, Culture and Value.（Vermischte Bemerkungen）Chicago, 1980.（《文化与价值》，德文版《混合的评论》，芝加哥1980年。）［缩 CV. ］

　　② 维特根斯坦：《哲学研究》，安斯康英译，英国布莱克威尔出版公司1953年版。汤潮、范光棣译，三联书店1992年版；李步楼译，商务印书馆1996年版。（Philosophical Investigations, tr. G. E. M. Anscombe, Blackwell, 1953 年）

参考书目

一　中文

1. 罗素：《哲学和自然之镜》，三联书店 1987 年版。
2. 乔姆斯基：《语言与心理》，华夏出版社 1989 年版。
3. 马尔康姆：《回忆维特根斯坦》，商务印书馆 1984 年版。
4. 伽达默尔：《科学时代的理性》，国际文化出版公司 1988 年版。
5. 涂纪亮：《语言哲学名著选辑》，三联书店 1988 年版。
6. 涂纪亮：《英美语言哲学概论》，人民出版社 1988 年版。
7. 涂纪亮：《分析哲学及其在美国的发展》，中国社会科学出版社 1987 年版。
8. 江怡：《维特根斯坦》，社会科学文献出版社 1998 年版。
9. 江怡：《维特根斯坦传》，河北人民出版社 1998 年版。
10. 舒炜光：《维特根斯坦哲学述评》，三联书店 1982 年版。
11. 韩林合：《维特根斯坦哲学之路》，云南大学出版社 1996 年版。
12. 邹铁军：《现代西方哲学》，吉林大学出版社 2001 年版。
13. 孙正聿：《哲学通论》，辽宁人民出版社 1998 年版。
14. 陈嘉映：《语言哲学》，北京大学出版社 2003 年版。
15. 钱伟量：《语言与实践——实践唯物主义的语言哲学导论》，社会科学文献出版社 2003 年版。
16. 姜望琪：《当代语用学》，北京大学出版社 2003 年版。
17. 盛晓明：《语言规则与知识基础——语用学维度》，学林出版社 2000 年版。
18. 杨玉成：《奥斯汀：语言现象学与哲学》，商务印书馆 2002 年版。
19. 王安民等编：《后现代性的语言话语——从福柯到赛义德》，浙江人民出版社 2001 年版。

20. 塞尔：《心灵、语言和社会——实在世界中的哲学》，上海译文出版社 2001 年版。

21. 胡伊青加：《人：游戏者——对文化中游戏因素的研究》，贵州人民出版社 1998 年版。

22. 王健平：《语言哲学》，中共中央党校出版社 2003 年版。

23. 费尔克拉夫：《话语与社会变迁》，华夏出版社 2003 年版。

24. 马蒂尼奇：《语言哲学》，商务印书馆 2004 年版。

25. 苏波特尼克：《言语行为哲学》，天津人民出版社 2003 年版。

二 外文

1. Wittgenstein, Ludwig. *The Blue and Brown Books*. Oxford, 1969. （维特根斯坦：《蓝色和棕色笔记本》，牛津 1969 年）［缩 BB.］

2. Wittgenstein, Ludwig. *Letters to C·K·Ogden*. Oxford, 1973. （《致 C. K. 奥格登的信》，牛津 1973 年）

3. Wittgenstein, Ludwig. *Philosophical Grammar*. Oxford, 1974. （《哲学语法》，牛津 1974 年）［缩 PG.］

4. Wittgenstein, Ludwig. *Philosophical Investigations*. Oxford, 1958. （《哲学研究》，牛津 1958 年）［缩 PI.］

5. Wittgenstein, Ludwig. *Philosophical Remarks*. Oxford, 1975. （《哲学评论》，牛津 1975 年）［缩 PR.］

6. Wittgenstein, Ludwig. *Lectures and Conversations*. Berkeley, 1966. （《讲演与谈话》，伯克利 1966 年）

7. Wittgenstein, Ludwig. *On Certainty*. New York, 1969. （《论确定性》，纽约 1969 年）［缩 OC.］

8. Wittgenstein, Ludwig. *Remarks on Colour*. Oxford, 1977. （《论色彩》，牛津 1977 年）

9. Wittgenstein, Ludwig. *Remarks on the philosophy of Psychology*. 2Vols. Oxford, 1980. （《关于心理哲学的评论》，2 卷本，牛津 1980 年）［缩 RPP.］

10. Wittgenstein, Ludwig. *Schriften*, Vol. I. Frankfurt, 1960. （《遗著集》第一卷，法兰克福 1960 年）

11. Wittgenstein, Ludwig. *Remarks on the Foundations of Mathematics*. London, 1956. （《关于数学基础的评论》，伦敦 1956 年）［缩 RFM.］

12. Wittgenstein, Ludwig. *Wittgenstein's Lectures Cambridge*, 1930 – 1932. New Jersey, 1980. （《维特根斯坦 1930—1932 年剑桥演讲集》，新泽西 1980 年）［缩 WLC.］

13. Wittgenstein, Ludwig. *Wittgenstein's Lectures Cambridge*, 1932 – 1935. Chicago, 1979. （《维特根斯坦 1932—1935 年剑桥演讲集》，芝加哥 1979 年）

14. Wittgenstein, Ludwig. *Zettel*. Oxford, 1967. （《片断集》，牛津 1967 年）［缩 Z.］

15. Wittgenstein, Ludwig. *Notebooks* 1914—1916, Oxford, 1961. （《1914—1916 笔记》，牛津 1961 年）［缩 NB.］

16. Wittgenstein, Ludwig. *Culture and Value*. （Vermischte Bemerkungen）Chicago, 1980. （《文化与价值》，德文版《混合的评论》，芝加哥 1980 年）［缩 CV.］

17. Baker, G. P. and Hacker, *P. M. S. Wittgenstein*：*Meaning and Understanding*. Chicago, 1985. （贝克和哈克：《维特根斯坦：意义与理解》，芝加哥 1985 年）

18. Baker, G. P. and Hacker, *P. M. S. Wittgenstein*：*Rules*，*Grammar and Necessity*. Oxford, 1986. （贝克和哈克：《维特根斯坦：规则、语法和必然性》，牛津 1986 年）

19. Frege, G. *Translations from the Philosophical Writings of Gottlob Frege*. Oxford, 1980. （弗雷格：《弗雷格哲学译著选》，牛津 1980 年）

20. Kenny, Anthony. *Legacy of Wittgenstein*. Oxford, 1984. （肯尼：《维特根斯坦的遗产》，牛津 1984 年）

21. Kenny, Anthony. *Wittgenstein*. London, 1975. （肯尼：《维特根斯坦》，伦敦 1975 年）

22. Kripk, S. *Wittgenstein on Rules and Private Language*. Oxford, 1982. （克里普克：《维特根斯坦论规则和私人语言》，牛津 1982 年）

23. Malcolm, N. *LubwigWittgenstein*：*A Memoir*. London, 1958. （马尔康姆：《回忆维特根斯坦》，伦敦 1958 年）

24. McGinn, C. *Wittgenstein On Meaning*. Oxford, 1984. （麦基：《维特根斯

坦论意义》，牛津 1984 年）

25. Pole, D. *The Later Philosophy of Wittgenstein.* London, 1958. （波尔：《维特根斯坦的后期哲学》，伦敦 1958 年）

26. Searl, J. *Expression and Meaning.* Cambrige, 1979. （塞尔：《表达和意义》，剑桥 1979 年）

27. Jones, O. R. （ed.）*The Private Language Argument.* London, 1971. （琼斯编：《私人语言论证》，伦敦 1971 年）

28. Pitcher, G. （ed.）*Wittgenstein：the Philosophical Investigations.* New York, 1966. （皮彻编：《维特根斯坦的〈哲学研究〉》，纽约 1966 年）

29. Ogden, C. K. and Richards, I. A. *The Meaning of Meaning.* London, 1923. （奥格登和理查兹：《意义的意义》，伦敦 1923 年）

30. Rhees, S. （ed.）*Lubwig Wittgenstein：Personal Recollections.* Oxford, 1981. （里斯编：《路德维希·维特根斯坦：个人的回忆》，牛津 1981 年）

31. Klemke, E. D. （ed.）*Essays on Wittgenstein.* Urbana, 1971. （克莱门克：《论维特根斯坦》，厄巴纳 1971 年）

32. Shanker, S. G. （ed.）*British Philosophy Today.* London, 1986. （桑克编：《今日英国哲学》，伦敦 1986 年）

33. Spengler, O. *Decline of The West*, London, 1926. （斯宾格勒：《西方的没落》，伦敦 1926 年）

34. Binkley, T. *Wittgenstein's Language.* The Hague, 1973. （宾克莱：《维特根斯坦的语言》，海牙 1973 年）

35. Bogen, J. *Wittgenstein's Philosophy of Language.* London, 1972. （鲍根：《维特根斯坦的语言哲学》，伦敦 1972 年）

36. Gier, N. *Wittgenstein and Phenomenology*, Albany, 1981. （吉尔：《维特根斯坦与现象学》，奥尔巴尼 1981 年）

37. Hallet, G. A Companion to Wittgenstein's "Philosophical Investigations". New York, 1977. （哈利特：《维特根斯坦〈哲学研究〉指南》，纽约 1977 年）

38. Finch, H. L. R. *Wittgenstein；The Later Philosophy.* New York, 1977. （芬奇：《维特根斯坦后期哲学》，纽约 1977 年）

39. Hamfling, O. *Wittgenstein's Later Philosophy*. London, 1989. （汉夫林：《维特根斯坦的后期哲学》，伦敦 1989 年）

40. Hilmy, S. S. *The Later Wittgenstein*. Oxford, 1987. （希尔明：《后期维特根斯坦》，牛津 1987 年）

41. Gadamer, Hans-Georg. *Truth and Method*. London, 1979. （伽达默尔：《真理与方法》，伦敦 1979 年）

42. Guttenplan (ed.) *Mind and Language*. Oxford, 1975. （古滕普兰编：《心灵与语言》，牛津 1975 年）

43. Chomsky, N. *Language and Mind*. New York, 1968. （乔姆斯基：《语言与心灵》，纽约 1968 年）

44. Holtzman, S. and Leich, C. (eds.) *Wittgenstein：To Follow a Rule*. London, 1981. （赫兹曼和李奇合编：《维特根斯坦论遵守规则》，伦敦 1981 年）

45. Block, I. (ed.) *Perspectives on the Philosophy of Wittgenstein*. Oxford, 1981. （布洛克编：《维特根斯坦哲学概观》，牛津 1981 年）

46. Durfee, H. A. (ed.) *Analytic Philosophy and Phenomenology*. The Hague, 1976. （杜菲编：《分析哲学与现象学》，海牙 1976 年）

47. Waismann, F. *Wittgenstein and the Vienna Circle*. Oxford, 1979. （魏斯曼：《维特根斯坦与维也纳小组》，牛津 1979 年）

48. Winch, P. (ed.) *Studies in the Philosophy of Wittgenstein*. London, 1969. （温奇编：《维特根斯坦哲学之研究》，伦敦 1969 年）

49. Toulmin, S. and Janik, A. *Wittgenstein's Vienna*. New York, 1974. （图尔明、雅尼克：《维特根斯坦的维也纳》，纽约 1974 年）

50. Staten, Henry. *Wittgenstein and Darrida*. Oxford, 1985. （斯泰坦：《维特根斯坦与德里达》，牛津 1985 年）

51. Soiegelbeug, H. *The Phenomenological Movements*, Vol. I. The Hague, 1965. （斯皮格伯格：《现象学的运动》第一卷，海牙 1965 年）

52. Hussell, Edmund. *Formal and Transcendental Logic*. The Hague, 1980. （胡塞尔：《形式的与超验的逻辑》，海牙 1980 年）

53. Hussell, Edmund. *The General Idea of Pure Phenomenology*. London, 1969. （胡塞尔：《纯粹现象学的一般观念》，伦敦 1969 年）

54. Wittgenstein：the Duty of Genius. Jonathan Cape Ltd. , London, 1990.

（瑞·玛克：《维特根斯坦：天才的职责》，伦敦××公司1990年）
［缩 WTG.］

55. Philosophical Ocasions 1912－1251, ed. Tames C. Klagge and Alfred Nord-
man. Hackett Publishing Compang, Indianagzolis, Indiana, 1993. （克
拉格、诺德曼编：《哲学时刻，1912—1951》，哈克特出版公司1993
年版）［缩 PO.］

56. David Rubinstein. Marx and Wittgenstein, Routledge & Kegain Paul. Lon-
don, 1981. （鲁宾斯：《马克思和维特根斯坦》，伦敦1981年）

附　录

一　维特根斯坦生平年表

1889 年 4 月 26 日路德维希·约翰·维特根斯坦生于维也纳一个犹太裔富豪家庭。

其父卡尔·维特根斯坦是当时 19 世纪末欧洲钢铁巨头之一，其母列奥波丁·卡尔姆斯是维也纳一位银行家的女儿，在音乐艺术上造诣颇深，笃信罗马天主教。路德维希·维特根斯坦受洗于天主教堂。

维特根斯坦有四个哥哥（汉斯［Hans］、库尔特［Kurt］、鲁道夫［Rudolf］ 和保罗［Paul］）和三个姐姐（赫尔闵［Hermine］、海伦［Helene］ 和玛格丽特［Margarete］）。维特根斯坦作为这个家庭的八个孩子中最小的一个，非常讨人喜欢。八个孩子可以分为两组：赫尔闵、汉斯、库尔特和鲁道夫属于年长的一组；玛格丽特、海伦、保罗和路德维希属于年幼的一组。

他家是当时维也纳音乐生活的中心之一，克拉拉·舒曼、古斯塔夫·马勒是他家的常客，而约翰尼斯·勃拉姆斯则是他家的亲密朋友。

其父卡尔是个极其严厉而又神经质的人，父亲为了让三个哥哥继承其实业，没有送他们去学校而是在家里进行严格的商业生活训练。然而三个兄长没有经商兴趣，与父亲之间不断冲突。两个哥哥相继自杀（1902 年汉斯自杀，1904 年鲁道夫自杀）。

1889—1902 年，维特根斯坦一直在家里受教育，主要学习了拉丁语、古典文学、英语和德语。其家庭生活环境和教育方式给维特根斯坦的终身生活都打上了印记。

1903—1906 年，维特根斯坦在奥地利林茨的一所实业学校学习。此校之所以广为人知，并不是因其培养了著名的实业家，而是因其造就了希特勒的世界观。在林茨的三年是他一生中感到最不愉快的时期。三年的学习成绩很不理想，甚至可以说是差等生。毕业后本想随玻尔兹曼学习物理，由于后者于 1906 年去世作罢。三年实业学校的生活，最主要的收获不是来自课堂和工程技术的主课，而是来自课外，来自对战线和宗教问题的不断思考。期间三位重要的思想家在一定程度上影响了他的一生，他们分别是奥地利社会民主党的一员卡尔·克劳斯（Karl Kraus）、叔本华（Arthur Schopenhauer）和怪才奥托·魏宁格（Otto Weininger）。

1906—1908 年，维特根斯坦在柏林沙罗顿堡技术学院学习机械工程。

1908—1911 年，维特根斯坦在曼彻斯特技术学院从事航空学研究。起初是发动机吸引着他，后又埋头于推进器的设计，这实际上是一项数学任务。从这时起维特根斯坦的兴趣开始转移，首先转向数学，后又转向数学的基础。在此期间他读了罗素于 1903 年出版的《数学的原则》一书，决心放弃工程学研究，在弗雷格的建议下去剑桥就学于罗素。

1912 年，维特根斯坦来到剑桥三一学院，注册为本科生，后成为研究生。他的第一位导师是逻辑学家 W. E. 约翰逊，但同时也跟罗素研究逻辑和数学基础，还听过穆尔关于心理学的讲座。除罗素、穆尔外，他还结交了凯恩斯、G. H. 哈代、平逊特等人。在这一年维特根斯坦第一次比较广泛地阅读了哲学书籍，据平逊特讲，他对于他过去"因无知而崇拜过的"一些哲学家所表现出的"愚笨、不诚实以及他们所犯的一些令人讨厌的错误"而深感震惊。在这一期间，他与罗素建立了密切关系。

1913 年 1 月 20 日，维特根斯坦的父亲去世，他继承了巨额遗产。3 月 6 日，在《剑桥评论》上发表了《评柯菲的〈逻辑科学〉》一文，这是他的战线处女作。

1913 年 9 月，向罗素口述了他的《逻辑笔记》。

1914 年 3 月 26 日—4 月 14 日，穆尔来访，维特根斯坦向他口述了一本笔记。稍后他给了《熔炉》主编菲克尔十万克朗，匿名资助贫困的艺术家们。由此得到资助的两个诗人是乔治·特拉克和瑞勒·玛丽亚·里尔凯。

8 月，第一次世界大战爆发，维特根斯坦虽因病而免于服役，但他作为志愿人员参加了奥军，在维斯杜拉河的一艘船上服役。

1915 年 7 月，在克拉科夫一个生产大炮的车间工作。

1916 年 3 月，被派往加西利亚的一个榴弹炮团作大炮监测员。

10 月，奉命去摩拉维亚的阿尔木兹接受军官训练。

12 月，与恩格尔曼首次会面。

1917 年 1 月，回到自己的兵团，后在布考维纳战斗了数月。

1918 年 2 月 1 日，维特根斯坦被升为中尉。

3 月，被派往意大利前线。

8 月，即使在战争期间维特根斯坦也没有中止哲学思索和写作，从 1914 年 8 月起他写了至少有七本到八本笔记。以这些笔记本为基础，1918 年 8 月，维特根斯坦完成了《逻辑哲学论》的初稿写作，并将其寄给维也纳一出版商，以期出版，但遭拒绝。

11 月 3 日，维特根斯坦被意军俘虏，大部分时间被关在南意大利的蒙特·卡西诺俘虏营。在俘虏营中他对《逻辑哲学论》的初稿进行了一些修改（这一年其二哥库尔特自杀）。

1919 年 6 月，在凯恩斯的帮助下维特根斯坦将《逻辑哲学论》的修订稿寄给了罗素一份（在此之前已寄给弗雷格一份）。

8 月，维特根斯坦获释，返回维也纳，将他所继承的遗产分给了他的一个哥哥和两个姐姐，并继续为自己的著作寻找出版机会，但又两度遭到拒绝。

12 月 26 日，维特根斯坦进入维也纳一所师范学校，接受教师培训，以获得成为教师所必需的证书。

1920 年 1 月，莱比锡的莱克拉姆出版社同意出版他的书，不过要有罗素的序才行。

4 月，罗素应维特根斯坦之邀写了一篇长序，但维特根斯坦对之不甚满意。

5 月，维特根斯坦以罗素的序的德译不佳为由拒绝将它与自己的著作一同付梓，结果莱克拉姆出版社也就没有接受他的书。

7 月，维特根斯坦得到了教师证书，之后做了一段园丁工作。

9 月，维特根斯坦成为奥地利南部特拉腾巴哈村的小学教师，他对自己的学生既关心又要求甚严。

1921 年，几经周折，在罗素的关心下，《逻辑哲学论》终于发表在奥斯特瓦尔德主编的《自然哲学年鉴》最后一期上（罗素的序也同时刊行）。

1922 年，《逻辑哲学论》以穆尔提议的拉丁文名字 "Tractatus Logico - philosophicus" 德英对照本由凯根·保罗出版社在英国伦敦出版，由奥格登和兰姆西合译。

8 月，维特根斯坦与罗素在茵斯布鲁克会面，两人间的关系出现危机。

9 月，他转到普希堡当小学教师。

1923—1924 年，兰姆西多次到普希堡拜访维特根斯坦，他写的"对《逻辑哲学论》的批判的注释"一文于 1923 年发表在《心灵》杂志第 32 卷上。此间兰姆西和凯恩斯力劝维特根斯坦回到剑桥，回到哲学。

1924 年，他转到奥特霍小学任教。12 月 25 日，莫里茨·石里克写信给维特根斯坦试图与他建立联系。此后维也纳小组成员开始逐句分析、讨论《逻辑哲学论》。

1925 年夏，维特根斯坦应兰姆西和凯恩斯之邀访问英国，重返剑桥和曼彻斯特。

1926 年 4 月，维特根斯坦的学生开始厌烦他过于严格的教学方法，而他们的父母也对他产生了敌对情绪，因为在他们看来他对他们的孩子产生了有害的影响（如他曾企图将他们从农场上拉走）。事情甚至发展到这样的地步：他们联名控告维特根斯坦残酷地对待他们的孩子。结果他不得不接受强制性的精神病检查。这一切使他不得不永远结束了他的小学教师生涯，而后他又在维也纳附近胡特道夫的一所修道院做园丁工作，并一度产生了当修士的念头。

6 月，其母亲病逝。

秋天，维特根斯坦开始和恩格尔曼一起为他的姐姐在维也纳建造一幢住宅，这花费了他近两年的时间和精力。他曾说"搞建筑"之难甚于"搞哲学"。

是年，他编的《小学生字典》（*Worterbuch fur Volksschulen*）出版。1927 年，石里克再度写信给维特根斯坦，希望能见他一面，结果石里克的这个愿望得到了满足，并彼此留下了很好的印象。此后石里克（还有魏斯曼）便经常来拜访他。

这一年，维特根斯坦和一个富有的瑞士商人的女儿建立了密切的关系，后来后者嫁给了维特根斯坦家一位朋友的儿子。

1928 年，继续与石里克和魏斯曼以及维也纳小组的其他一些成员（卡尔纳普、费格尔等）来往。

3 月 10 日，在魏斯曼和费格尔的一再规劝下，维特根斯坦听了荷兰著名数学家布劳维尔的题为"数学、科学和语言"的演讲。

秋，维特根斯坦完成了他的建筑任务，开始计划回剑桥。

1929 年 1 月，到剑桥作短暂访问，但后来改变初衷决定在那里待一段，重新开始哲学研究，并注册为三一学院的研究生，提交《逻辑哲学论》作为博士论文。2 月，开始撰写《哲学评论》。

6 月，罗素和摩尔主持博士论文答辩，6 月 18 日，获博士学位。

6 月 19 日，获三一学院研究基金。

7 月 13 日，参加心灵协会和亚里士多德学会联席会议，按事先安排他本应宣读他为此而写的《关于逻辑形式的几点看法》一文（该文后来发表在《亚里士多德学会会议录：副刊》1929 年第 9 卷上），但他却谈了另外一个题目：数学无穷。

11 月 17 日，在"赫克利斯学会"上做了一次有关伦理学的演讲，首次公开批判他的前期哲学［这篇演讲后来发表在美国《哲学评论》第 74 卷（1965 年 1 月）上］。

自 1929 年 12 月起到 1932 年初，维特根斯坦和维也纳小组一些成员不定期地进行数学、逻辑、心理学、哲学等问题的一系列讨论。对这些讨论的内容魏斯曼做了较详细的笔记，后来麦克奎奈斯以这些笔记为基础编辑出版了《维特根斯坦和维也纳小组》一书。

1930 年 1 月 18 日，兰姆西病逝，年仅 27 岁。

1 月 20 日，维特根斯坦第一次主持了关于语言、逻辑和数学问题的研讨班。

1 月 31 日，在道德科学俱乐部上宣读了一篇关于"其他人的心的存在性的证据"的论文。

8 月，完成《哲学评论》的写作，开始撰写《哲学语法》。

12 月 5 日，维特根斯坦正式成为剑桥的研究员。

1931 年，维特根斯坦继续有关语言、逻辑和数学问题的讲座。这一年他同道德科学俱乐部的关系陷于危机。

1932 年，维特根斯坦仍继续有关语言、逻辑和数学问题的讲座。他和魏斯曼的关系渐趋紧张，对后者在《逻辑、语言和哲学》中对他思想的表述十分不满。

5 月，完成《哲学语法》的写作。

8 月，维特根斯坦与卡尔纳普的关系陷于危机，他认为卡尔纳普剽窃了他的某些思想。

1933—1934 年，维特根斯坦口述了《蓝皮书》（他本人并没有这样称呼它），此间他的思想发生了巨变。

1934—1935 年，维特根斯坦向他的两个学生（弗朗西斯·斯金纳和爱丽丝·安姆布洛斯）口述了《棕皮书》。1934 年 5 月 16 日，维特根斯坦写信给魏斯曼，抱怨他在最近的一篇题为"论同一性概念"的论文中没有详细说明他在多大程度上吸收了他的思想，至此二者间曾一度非常亲密的关系宣告破裂。同年 9 月，他到爱尔兰拜访了 M. O. C. 朱厄利。

1935 年 6 月 30 日，维特根斯坦写信给凯恩斯，询问他能否帮助他访问俄国并在那里谋到一份工作。

9 月，应邀去俄国访问，参观莫斯科大学和喀山大学，并得到喀山大学哲学教授之职。

10 月 1 日，由于当时俄国社会和生活状况之严酷而提前返回剑桥。自 10 月份起，维特根斯坦开始讲授心理哲学。

1936 年 6 月底，维特根斯坦在三一学院的研究员任期届满。这时他写信给朱厄利，希望到都柏林学医。

8 月，到都柏林拜访了朱厄利，月底他回到了自己在挪威斯科约顿的小屋，着手写《哲学研究》。

1937 年的很大一部分时间是在挪威小屋中度过的。

1938 年 1 月，回到剑桥，开始讲授哲学和数学基础。

是年，德国吞并奥地利，维特根斯坦申请英国国籍。

1939 年 2 月 11 日，接替摩尔任剑桥大学哲学教授职务。

2 月 14 日，被授予英国国籍。

8 月 1 日，再次被聘为三一学院的研究员。

9 月，第二次世界大战爆发。

1940 年，维特根斯坦继续在剑桥讲课，先讲哲学，后讲美学。

1941 年 10 月 11 日，弗朗西斯·斯金纳去世。

11 月 20 日，维特根斯坦不愿做战争的旁观者，到盖伊医院做实验技术员，直到 1943 年春。在此期间他定期回到剑桥讲授数学基础。

1943 年 4 月，转到纽卡索的一个医学实验室工作。

1944 年 2 月，结束在医院的工作，回到剑桥，然后去斯旺西和瑞斯一起待了几个月。

10 月，又回到剑桥。

1945 年，维特根斯坦得了肾病，但继续紧张地工作。这一年他完成了

《哲学研究》第一部分的写作。

1946 年，在剑桥讲授数学基础和心理哲学。

1947 年秋，离开剑桥前往爱尔兰度假，决定不再担任教授职务。先到了都柏林，住在罗斯大林旅馆。推荐冯·赖特接替他的工作。

1948 年，继续待在爱尔兰，5 月份住到西海岸戈尔韦的一所海边小屋里，潜心于哲学研究。12 月份再次到斯旺西拜访了瑞斯。

1949 年 4 月，维特根斯坦回维也纳探望病危的姐姐海尔曼。

5 月，回到都柏林。

6 月，在剑桥和冯·赖特在一起。

7 月 21 日，应马尔康姆之邀动身去美国，访问诺尔曼·马尔康姆。在访美期间和马尔考姆以及康乃尔大学的其他一些哲学教员进行了一系列哲学讨论。开始感兴趣于确实性问题。

10 月，启程重返英国，回到英国后被查出患有前列腺癌。此后到维也纳住了四个月。

1950 年 4 月，回到英国伦敦，在剑桥和牛津的朋友家中轮流暂住。

9 月，在朋友理查兹的陪同下，重游挪威。

11 月 27 日，回到剑桥他的医生比万博士处接受检查。

1951 年 1 月，维特根斯坦在牛津立下了他的最后遗嘱。

2 月，开始住在比万医生家里。

4 月 26 日，维特根斯坦度过了最后一个生日。

4 月 27 日，他写完《论确定性》的最后一节评论。从这一天起，他不时地陷入昏迷。比万夫人陪他度过了 28 日晚上，并告诉他：他最亲密的英国朋友都已通知到了，将于明日到达。在他完全昏迷前，告诉比万夫人："告诉他们（他的英国朋友），我度过了美好的一生！"这成为他的临终遗言。

4 月 29 日，刚过 62 岁生日三天，维特根斯坦逝世。

5 月 1 日，被葬在剑桥圣·吉尔斯公墓。

维特根斯坦的逝世，使哲学界失去了一位具有传奇般经历和思想的、当代最具独创性的哲学家。

二　维特根斯坦主要著作索引

1. 《逻辑哲学论》，郭英译，商务印书馆 1985 年版；Tractatus Logico Philosoph-icus tr. D. F. Pears and B. F. McGuinnness，Routledge，1961.

2. 《哲学研究》，安斯康英译，英国布莱克威尔出版公司 1953 年版；汤潮、范光棣译，三联书店 1992 年版；李步楼译，商务印书馆 1996 年版；Phil-osophical Investigations，tr. G. E. M. Anscombe，Blackwell，1953.

3. 《1914—1916 笔记》，冯·赖特、安斯康编辑，安斯康英译，布赖克威尔出版公司 1961 年版；Notebooks 1914—1916，ed. G. H. von Wright and G. E. M. Anscombe，tr. G. E. M. Anscombe，Blackwell，1961.

4. 《哲学语法》，里斯编辑，肯尼英译，布赖克威尔出版公司 1974 年版。（Philosophical Grammar，ed. R. Rhees，tr. A. Kenny，Blackwell，1974）

5. 《哲学评论》，里斯编辑，哈个里弗斯、怀特英译，布赖克威尔出版公司 1975 年版。（Philosophical Remarks，ed. R. Rhees，tr. R. Hargreaves and R. White，Blackwell，1975）

6. 《关于数学基础的评论》，赖特、里斯、安斯康编辑，安斯康英译，布赖克威尔出版公司 1974 年版。Wittgenstein，Ludwig. Remarks on the Foundations of Mathematics. London，1956.［缩 RFM.］

7. 《关于心理学哲学的评论》第一卷，安斯康、冯·赖特编辑，安斯康英译，布赖克威尔出版公司 1980 年版。（Remarks on the Philosophy of Psychology，Vol. I，G. M. Anscombe and G. H. von wright，tr. G. E. M. Anscombe，Blackwell，1980）

8. 《关于心理学哲学的评论》第二卷，冯·赖特、尼曼编辑，勒克哈特、奥尔英译，布赖克威尔出版公司 1980 年版。（Remarks on the Philosophy of Psychology，Vol. II，ed. G. E. M. Anscombe and G. H. von wright and Heikki Nyman，tr. C. G. Luckhardt and M. A. E. Aue，Blackwell，1980）

9. 《蓝色和棕色笔记本》，里斯编辑，布赖克威尔出版公司 1958 年版。(The Blue and Brown Books，ed. R. Rhees，Black-well，1958)

10. 《维特根斯坦 1930—1932 年剑桥演讲录》，德斯蒙德·李编辑，布赖克威尔出版公司 1980 年版。（Wittgenstein's Lectures，Cambridge，1930—1932，ed. Desmond Lee，Blackwell，1980)

11. 《维特根斯坦 1932—1935 年剑桥演讲录》，安布罗斯编辑，布赖克威尔出版公司 1979 年版。（Wittgenstein's Lectures，Cambridge，1932—1935，ed. Alice Ambrose，Blackwell，1979)

12. 《维特根斯坦关于数学基础的演讲》，戴蒙德编辑，收获者出版社 1975 年版。(Wittgenstein's Lectures on the Foundations of Mathematics，ed. C. Diamaond，Harverster Press，1975)

13. 《论确定性》，安斯康、冯·赖特编辑，保罗、安斯康英译，布赖克威尔出版公司 1969 年版。(On Certainty，ed. G. E. M. Anscombe and G. H. von Wright，tr. D. Paul and G. E. M. Anscombe，Blackwell，1969)

14. 《关于色彩的评论》，安斯康编辑，麦卡利斯特、肖托英译，布赖克威尔出版公司 1977 年版。（Remarks on Colour，ed. G. E. M. Anscombe，tr. L. Mc Alister and M. Schattle，Blackwell，1977)

15. 《片断集》，安斯康、冯·赖特编辑，安斯康英译，布赖克威尔出版公司 1967 年版。(Zettel，ed. G. E. M. Anscombe and G. H. von wright，tr. G. E. M. Anscombe，Blackwell，1967)

16. 《哲学时刻，1912—1951》，克拉格、诺德曼编辑，哈克特出版公司 1993 年版。(Philosophical Occasions，1912 – 1951，ed. James C. Klagge and Alfred Nordmann，Hcketttr Publishing Company，1993)

17. 《维特根斯坦和维也纳小组》，麦奎尼斯编辑，舒尔特、麦奎尼斯英译，布赖克威尔出版公司 1979 年版。（Ludwig Wittgenstein and the Vienna Circle：Conversations Recorded by Friedrich Waismann，ed. B. Mc Guinness，tr. J. Schulte and B. Mc Guinness，Blackwell，1979)

三 论文中所引著作缩写

BB. 《蓝棕皮书》，或《蓝色和棕色笔记本》(*The Blue and Brown Books*)

CV. 《文化与价值》(*Culture and Value*)

NB. 《论确定性》(*On Certainty*)

TLP. 《逻辑哲学论》(*Tractatus Logico-Philosophicus*)

WLC. 《维特根斯坦 1930—1932 剑桥讲座》(*Wittgenstein's Lectures，Cambridge，1930 – 1932*)

WVC. 《维特根斯坦与维也纳小组》(*Wittgenstein and Vienna Circle*)

PI. 《哲学研究》(*Philosophical Investigations*)

PO. 《哲学时刻，1912—1951》(*Philosophical Occasions，1912 – 1951*)

PG. 《哲学语法》(*Philosophical Grammar*)

PR. 《哲学评论》(*Philosophical Remarks*)

Z. 《片断集》(*Zettel*)

RFM. 《关于数学基础的评论》(*Remarks on the Foundations of Mathematics*)

后　记

　　本书从维特根斯坦后期哲学——语言游戏论入手，从语用学的视角对维特根斯坦后期语言哲学思想进行研究。书中全面阐述了维特根斯坦后期哲学思想在哲学发展史上的地位和作用，从语用学的哲学观——践行语言、语用的基础——生活形式、语用学的规则论——参与、语用学的意义说——使用等五个方面较为深入地探讨了后期维特根斯坦的语言游戏论，力图转换一个新的视角理解"语言"、"生活"、"实践"及其相互之间的辩证关系。语言游戏是一种语言实践，而人类使用语言这一基本活动就是人类最基本的实践。这种使用语言的实践也就是人类存在的基本状态。人正是由于使用语言而成为人。人之所以被赞为"制作者"，被誉为"理性者"，被称为"游戏者"，皆在于人为"语言者"。维特根斯坦的"实践"指的就是人类特有的使用语言的社会活动。他在强调实践活动性的同时，突出了实践的语言性及语言的使用者。语言游戏作为一种实践活动其根本特征就在于践行，而生活形式就是语言游戏的基础。

　　半个多世纪以来，维特根斯坦以富有独创性的哲学思想及其传奇式的经历和特立独行的个性引起了西方哲学界的广泛兴趣和研究。其哲学在促使西方哲学"语言转向"中发挥了先导作用并引领了西方两大哲学潮流——逻辑语言分析与日常语言分析。作为 20 世纪卓有成绩的伟大的哲学家，他对当代西方哲学的影响，是毋庸置疑的，而且这种影响也是前所未有的。

　　本书付梓之际，令我感慨万千。我的导师刘大椿教授，他那渊博的知识、深邃的思想、缜密的思维、严谨的治学态度、超前的学术理念、独特的理论视角，令我受益匪浅！长期以来对我的谆谆教导、悉心关怀、鼎力相助，更令我没齿难忘！

　　如果说本书能顺利出版，或是书中尚"略有新意"，首先应归功于恩师的培养和帮助。在此，我谨向我的恩师刘大椿教授表示深深的、深深的谢意！此时此刻我感到语言的匮乏，千言万语、千恩万谢也难以表达我内心深处的感激之情。我只能将这份沉甸甸的师生情谊珍藏心底，我将以百倍的努力、优异的业绩回馈恩师的培养和教诲。

在此，对我写作此书期间给予我帮助和关照的朋友、同学表示深深的谢意！对给予我支持和关怀的家人表示深深的谢意！

著书过程的点点滴滴都将化作美好的回忆，我将怀着一颗感恩的心，面对未来的生活；并把我在写书过程中所收获的一切变成今后工作的动力，不愧恩师的培养、朋友的帮助、家人的支持。

借本书即将出版之际，特别感谢中国社会科学出版社的帮助，感谢编审老师为本书付出的辛勤！

此外，本书借鉴、吸收了国内外专家、学者的大量相关研究成果，在此一并表示感谢！

由于本人资质平平，才疏学浅，本书中难免存在不妥、疏漏和遗憾。恳请各位师长、专家、同仁斧正，以便于在未来的进一步研究中予以弥补和修正。我怀着极大的热忱、谦恭的态度、严谨的学风，期待与各位同仁、读者共同切磋探讨。

范秀英
于山东烟台鲁东大学
2013 年 10 月 29 日